本书受到云南大学实施中西部高校提升综合实力工程项目"马克思主义理论学科建设项目"经费出版资助

云南大学马克思主义理论学术丛书

私营出版业社会主义改造研究：
1949—1956

张春燕 ◎ 著

中国社会科学出版社

图书在版编目（CIP）数据

私营出版业社会主义改造研究：1949—1956/张春燕著. —北京：中国社会科学出版社，2016.10
ISBN 978-7-5161-9409-6

Ⅰ.①私… Ⅱ.①张… Ⅲ.①私营企业—出版业—社会主义改造—研究—中国 Ⅳ.①G239.297.1

中国版本图书馆 CIP 数据核字（2016）第 290713 号

出 版 人	赵剑英
责任编辑	张　林
特约编辑	席建海
责任校对	张依婧
责任印制	戴　宽

出　　版	中国社会科学出版社
社　　址	北京鼓楼西大街甲 158 号
邮　　编	100720
网　　址	http://www.csspw.cn
发 行 部	010-84083685
门 市 部	010-84029450
经　　销	新华书店及其他书店
印刷装订	三河市君旺印务有限公司
版　　次	2016 年 10 月第 1 版
印　　次	2016 年 10 月第 1 次印刷
开　　本	710×1000　1/16
印　　张	16.75
插　　页	2
字　　数	238 千字
定　　价	62.00 元

凡购买中国社会科学出版社图书，如有质量问题请与本社营销中心联系调换
电话：010-84083683
版权所有　侵权必究

云南大学马克思主义理论
学术丛书编委会

顾　问： 赵　金
主　任： 何祖坤　杨　林　林文勋
副主任： 张昌山　杨泽宇
成　员： 彭　斌　邹文红　侯　勇　何　飞
　　　　　何天华　孙绍武　吴　涧　马志宇
　　　　　李晨阳　赵琦华　杨志玲　李　兵
　　　　　李维昌　杨　毅

出版说明

  云南大学马克思主义学院始建于20世纪50年代，始称"政治课教研室"，后改为马列主义教学研究部。1999年7月，云南大学在原马列主义教学研究部和政治学与行政管理学系的基础上，组建公共管理学院，同时保留马列主义教学研究部。2003年，恢复设置马列主义教学研究部，负责全校本科生、硕士研究生和博士研究生的思想政治理论课教学工作。2008年4月，作为独立二级机构的马列主义教学研究部更名为马克思主义研究院。2013年10月，为适应形势发展需要，马克思主义研究院更名为马克思主义学院，成为云南大学重点建设的学院。2015年3月，中共云南省委宣传部与云南大学共建马克思主义学院。

  学院具有完整的人才培养和学科体系。从20世纪80年代以来，学校依托政治学学科，招收过中共党史、中国革命史、思想政治教育方向的研究生。1998年获马克思主义理论与思想政治教育硕士学位授权。2000年获批马克思主义民族理论与政策硕士、博士学位授权；同年，"马克思主义理论与思想政治教育"获批为云南省"十五规划"重点建设学科。2006年获批思想政治教育博士学位授权；同年，获批马克思主义理论一级学科硕士学位授权。2012年获批马克思主义理论博士后科研流动站。目前，学院拥有3个二级学科博士学位授权、9个二级学科硕士学位授权和1个博士后科研流动站。

  随着中央马克思主义理论研究和建设工程的实施，马克思主义理论作为一个独立的一级学科得到了进一步的确立和发展。云南大学的马克思主义理论研究和建设工作也乘势而上，取得新的进展。为了贯彻中央关于要使高校成为马克思主义学习、研究、宣传、教育的重要阵地的精神，深入推进和实施我省的马克思主义理论研究和建设工程，云南省率先在全国开展了部校共建马克思主义学院工作。共建学院将以争创全国重点马克思主义学院为契机，着力打造有全国影响的马克思主义理论研究和宣传教育平台，全面提升云南省马克思主义理论学科水平，造就一支马克思主义理论人才队伍，更好地发挥马克思主义理论学科的社会服务功能，努力把马克思主义学院建设成为边疆民族地区马克思主义理论研究的高地、宣传教育的阵地和人才培训的基地。

部校共建马克思主义学院，是新形势下把党的思想理论建设和高校马克思主义学院建设结合起来的一项新探索和新实践。为了不断推进共建工作的开展，展示和扩大共建工作的成果，马克思主义学院遵循开放合作、集成创新的理念和思路，围绕共建目标和云南大学建设"双一流"大学的发展战略，结合云南大学马克思主义理论学科建设的实际和要求，凝练学科方向，推动科学研究，提升科研水平，决定编辑出版一批"马克思主义理论学术丛书"。编委会将按照"注重基础、着眼前沿、支撑显著、成果精良"的标准和要求，做好丛书的编辑出版工作。

云南大学马克思主义理论学术丛书编委会
2016 年 4 月

前　言

　　中国私营出版业发端于清末，发展成熟于民国。民国时期的出版业格局以及私营出版业的组织架构、运行机制等在1950年新中国社会转型中都发生了巨大变化。因此，本书在梳理民国时期私营出版业发展脉络的基础上，集中探讨私营出版业在新中国社会主义改造中的变迁，并联系改革开放以来我国出版业的改革，历史地看待当年伴随经济领域的"三大改造"，新闻、电影、戏曲等文化领域之"文化改造"中的重要一环——私营出版业改造。

　　私营出版业社会主义改造方面的已有研究成果偏重于国家政策的变迁，对改造对象——私营出版业组织机构、规章制度和经营模式在改造中的转型并未涉及。据此，本书在充实资料的基础上，通过梳理私营出版业改造前的组织机构和运作机制，阐述国家制订改造方略的政策依据和私营出版业改造的历史脉络和基本特点。对比分析私营出版业改造前后的改组与转型，凸显计划出版体制的特点，展现新时期出版体制改革的现实意义。本书在内容和体例安排上，不仅关注国家出版政策的变化，更重要的是探析私营出版业改造中组织制度、运作模式的变迁，同时关照其同1980年出版体制改革的历史关联。

　　新中国成立初期，为调整公私出版业关系，确立国营出版力量的领导地位，构建新中国出版业格局，1950年9月，第一届全国出版会议贯彻落实"合理调整工商业"要求，遵循"统筹兼顾，分工合作"

原则，提出了"出版、印刷、发行分工"和"出版分工专业化"政策。此后，私营出版企业逐渐摆脱发行和印刷业务，将其委托给专营的公私发行机构和印刷厂。新中国政府以分工专业化为导向，对私营出版社、印刷厂和发行机构实施分类指导，在利用中对私营出版业进行全面的调整改组。通过私私联营、公私合营等方式，初步改造私营发行机构；采取委托印制方式利用、整顿私营印刷业；通过实行出版与发行分工、调整出版专业方向、废除总经理制、改组编审机构等举措，促使私营出版企业发生内部变革，从而逐步打破近代以来我国私营出版业编辑出版、印刷、发行三位一体的组织模式和经营机制，实现了中国出版业发展史上的"大变革"。与此同时，得益于公私出版业关系的合理调整，1951年至1952年私营出版业获得短暂的快速发展，但新增私营出版力量在组织机构、人员配备等方面均不完备，这也为后来的社会主义改造埋下了伏笔。

过渡时期总路线提出前后，国家颁布《管理书刊出版业印刷业发行业暂行条例》，对私营出版业进行核准营业，实行出版业许可制度，废除民国时期的出版业登记制度。在此基础上，以商务印书馆、中华书局公私合营为开端，以出版业为重点，国家对私营出版、印刷、发行业进行全面公私合营，私营出版业的资本运作与组织管理方式向"国家化"转轨，逐步由国家完全领导和掌握，实现了出版资源国家化和资产的公有化。新中国对私营出版业的社会主义改造，采取循序渐进、有所区别、富有弹性的改造政策，在逐步改造中实现了私营出版业的改组与转型。总体而言，私营出版业社会主义改造既有外在的政治压力，亦有自身经营困难的现实需求，最终以私有制向公有制的过渡为根本特征，实现了企业的"国家化"与体制化。国家不再允许私营出版、印刷、发行力量的存在，出版业作为一种文化事业，基本上形成了公有制一统天下的计划出版体制。

然而，1950年私营出版业的社会主义改造未能重视对近代以来中国私营出版业已发展成熟的出版机制及出版经验的继承和吸收，在阶级斗争主导社会话语权的情况下，将私营出版业的组织模式和管理机制统统作为资本主义经营方式加以摒弃。同时,受"左"的思想影响,出版工作的政治宣教功能被极端化,特别是"文化大革命"期间,出版作为一种政治宣教工具,将其意识形态属性突出到无以复加的极端境地,忽视它的商品属性和产业属性,制约了出版业的发展活力和空间。

1980 年囿于计划出版体制,出版业所进行的一系列改革并未突破"事业性质、企业化管理"的运行模式,明显滞后于同时期的经济体制改革。中共十六大提出深化文化体制改革、发展出版产业的战略任务,积极推动经营性出版单位"转企改制",开创了我国出版体制改革的新局面。当下出版体制改革既对私营出版业社会主义改造后确立的计划出版体制进行变革,取得了重大突破,同时两者也有着一定的历史继承。相对而言,新世纪以来,出版体制改革更加注重借鉴民国时期私营出版业在经营管理机制方面的成熟经验,一定意义上存在着某种历史的复归,但毕竟当前出版业发展的经济基础、体制环境、社会条件、传播技术相比民国时期,已发生深刻变化。因此,积极发展经营性出版产业方针下的"复归",绝不仅仅是完成转企改制,更重要的是创新机制,革除体制性障碍,解决主要矛盾,破解难点问题,转变政府职能,推动经营性出版产业按照市场经济原则建立现代企业制度,重塑出版市场主体。这一改革方向,奠定了当下的出版体制改革必将在更高的基础上以更加开放的姿态解放和发展出版生产力。

目 录

导 论 ……………………………………………………………… 1
  一　引入性问题思考：当代中国出版业与文化管理体制 …… 1
  二　研究综述 …………………………………………………… 5
    （一）关于社会主义改造的研究 …………………………… 5
    （二）关于"1950年代的中国"研究 ……………………… 8
    （三）关于中华人民共和国出版史的研究 ………………… 10
  三　概念界定与研究思路 ……………………………………… 18
    （一）概念界定及相关问题说明 …………………………… 18
    （二）研究思路 ……………………………………………… 20
    （三）研究难点 ……………………………………………… 24

第一章　新中国成立之初的私营出版业与国家出版政策 …… 25
  一　民国时期私营出版业概况 ………………………………… 25
  二　私营出版业的经营窘境 …………………………………… 31
    （一）私营出版业务"萎缩" ……………………………… 31
    （二）私营发行业亏损严重 ………………………………… 35

（三）私营印刷业生产能力过剩 …………………………… 37
（四）私营出版业经营困境的历史分析 …………………… 38
三 中国共产党的出版事业与政策 …………………………… 44
（一）民主革命时期中国共产党的出版事业 ……………… 45
（二）新中国的出版政策 …………………………………… 54
四 小结 ………………………………………………………… 63

第二章 改造的"先行军"：私营发行业的整顿（1949—1953） … 64
一 私私联营：私营批发、租赁业的整顿 …………………… 66
（一）通过私私联营创设专业批发机构 …………………… 67
（二）加强对私营租赁业、零售业的管理 ………………… 70
二 公私合营：中国图书发行公司 …………………………… 71
（一）中国图书发行公司的组建与运营 …………………… 72
（二）中国图书发行公司的国营化变迁 …………………… 76
三 国营发行力量的整合与新制度趋向 ……………………… 81
（一）国营发行力量的整合 ………………………………… 82
（二）国营发行机制的初步建立与新制度趋向 …………… 90
四 小结 ………………………………………………………… 98

第三章 私营出版业的整顿与初步改造（1949—1953） …… 100
一 新中国成立初期私营出版业的初步整顿 ………………… 102
（一）图书市场的整顿 ……………………………………… 103
（二）军管世界书局、大东书局 …………………………… 110
（三）利用、限制：印刷业的整顿 ………………………… 118
二 专业分工新政策下私营出版社的整顿 …………………… 127

目 录

　　（一）调整改组：大型私营出版机构的整顿转型 ……… 128
　　（二）私私联营：中小型私营出版企业的联合重组 ……… 136
　　（三）公私合营：私营出版业改造的初步尝试 ……… 139
　三　整顿中私营出版业的发展 ……………………………… 150
　　（一）私营出版业发展状况 ………………………………… 151
　　（二）私营出版业发展原因分析 …………………………… 154
　四　小结 …………………………………………………………… 159

第四章　私营出版业的全面改造与结果(1953—1956) ……… 160
　一　准入制度：全面改造的重要准备 ……………………… 161
　　（一）《管理书刊出版业印刷业发行业暂行条例》的
　　　　　公布及其实施 …………………………………………… 161
　　（二）营业核准与淘汰机制 ………………………………… 170
　二　全面公私合营 ………………………………………………… 176
　　（一）私营出版社的全面公私合营 ………………………… 177
　　（二）私营图书发行业改造的基本完成 …………………… 195
　　（三）私营印刷业公私合营的完成 ………………………… 206
　三　私营出版业改造的结果 …………………………………… 209
　　（一）出版中心的北移 ……………………………………… 209
　　（二）市场的萎缩与计划出版体制的确立 ………………… 211
　四　小结 …………………………………………………………… 223

**结　语　私营出版业社会主义改造与1980年以来的
　　　　　出版体制改革** …………………………………………… 227

参考文献 ………………………………………………………………… 237

后　记 …………………………………………………………………… 253

导 论

一 引入性问题思考：当代中国出版业与文化管理体制

进入21世纪，文化生产力作为综合国力的重要标志，使得文化软实力在综合国力竞争中的地位和作用越来越突出，文化改革与建设在中国特色社会主义整体格局中具有的全局性、战略性地位和作用日益凸显，文化体制改革的重要性和紧迫性现实地提上了国家发展大局的议事日程。因此，从2002年中共十六大第一次在党的文件中明确"积极发展文化事业和文化产业"的文化体制改革要求，到2012年中共十八大把文化建设同经济建设、政治建设、社会建设、生态文明建设结合起来，提出"五位一体"的中国特色社会主义建设格局；从2003年文化体制改革试点工作启动到2006年在全国范围内全面展开；从2011年党的十七届六中全会通过《中共中央关于深化文化体制改革、推动社会主义文化大发展大繁荣若干重大问题的决定》到党的十八大以来的"双效统一"，以及开展以简政放权为最大特点的新一轮改革，加快转变文化行政部门职能，使市场在资源配置中起决定性作用和更好发挥政府作用，深入推进文化体制改革，努力建设社会主义文化强国，文化体制改革的战略部署前所未有。我国文化体制改革正处于全面推开的关键时期，进入破解深层次矛盾和问题的关键阶段。鉴于此，近年来文化体制改革逐渐成为学术界的研究热点。

出版体制改革作为文化体制改革的一部分，新时期以来，进行了有益探索，特别是中共十六大后，为进一步深化文化体制改革，发展文化产业，适应社会主义市场经济发展要求，包括中国出版集团在内的7家出版单位参加了2003年启动的文化体制改革试点。2004年3月，中国出版集团经国务院授权更名为"中国出版集团公司"①，成为新时期以来我国第一家具有企业身份的出版单位。中国出版集团公司原党组书记、总裁杨牧之将这一变迁概括为"由原来各自为战的一群事业单位集结为一个集团然后再整体转制为企业"②。中国出版集团的转企改制为我国出版体制改革提供了有益经验，逐步破解了出版机构"事业性质、企业化管理"的难题，"转制"成为出版业改革的"关键词"，2004年也被业内人士称为"转制元年"。③ 2005年年底，总结文化体制改革试点经验，中共中央、国务院下发《关于深化文化体制改革的若干意见》（以下简称《若干意见》），提出了对文化事业和文化产业实行区别对待、分类指导的改革方针。就出版业而言，要求"少数承担政治性、公益性出版任务的出版单位，实行事业体制"，坚持和完成出版事业发展政策措施，构建以政府为主导的出版公共服务体系。一般出版单位以及新华书店则"逐步转制为企业"，积极发展出版产业，提高我国出版产业的整体实力和竞争力。同时，调整文化领域所有制结构，"坚持以公有制为主体，鼓励和支持非公有资本以多

---

① 中国出版集团公司拥有人民文学出版社、商务印书馆、中华书局、中国大百科全书出版社、中国美术出版总社、人民音乐出版社、生活·读书·新知三联书店、中国对外翻译出版公司、东方出版中心、现代教育出版社、新华书店总店、中国图书进出口总公司、中国图书商报社、荣宝斋，以及新华发行集团总公司等90多家子公司、控股公司和参股公司。2010年2月，中国民主法制出版社加入中国出版集团公司，成为我国中央各部门各单位出版社体制改革中首家脱离原主管主办单位的出版社。

② 曲志红：《中国出版集团公司借"转制"东风铸造更大辉煌》，http://news.sohu.com/20050808/n226605153.shtml。

③ 参见曲志红《打破坚冰——我国新闻出版体制改革成效卓著》，《人民日报》2004年12月31日第11版。

种形式进入政策许可的文化产业领域，逐步形成以公有制为主体、多种所有制共同发展的文化产业格局"[①]。由"文化事业和文化产业"两分法延伸出的发展"出版事业和出版产业"，创造性地突破了我国出版业长期以来政企不分、管办不分等体制性障碍，明确经营性出版事业单位转变为企业后，将由单一的国有企业转变为股份制企业，重塑出版市场主体。因此，《若干意见》的各项方针为转企改制后出版企业吸纳社会资本，进行投资主体多元化的股份制改革提供了政策支持。

在中国科学出版集团公司、中国电力出版社有限公司等改革试点单位成功转制基础上，2009年3月25日，新闻出版总署根据中共中央关于深化文化体制改革的要求，颁布了《关于进一步推进新闻出版体制改革的指导意见》，在实施公益性出版单位体制改革，构建出版公共服务体系的同时，重申了出版业改革的决心，要求2009年年底和2010年年底，所有地方、高等院校和中央各部门各单位的经营性出版单位分别完成转企改制，逐步与原主办主管的党政机关脱钩，建立现代企业制度，"充分发挥市场在资源配置中的基础性作用，全面推进出版体制机制创新"，"推动跨媒体、跨地区、跨行业、跨所有制的战略重组"，改变计划经济体制下出版资源行政化、出版资源分散、结构趋同以及出版产业集中度低、规模小、实力弱、竞争力不强等突出问题。同时，提出了"引导非公有出版工作室健康发展，发展新兴出版生产力"的改革举措，要求"积极探索非公有出版工作室参与出版的通道问题"，"鼓励国有出版企业在确保导向正确和国有资本主导地位的前提下，与非公有出版工作室进行资本、项目等多种形式的合作"[②]，探索非公有资本参与出版的新途径。上述改革措施的出台，使中国出版业迎来了改革的春天。对此，有人指出中国出版体制改革，"发端于中国加入WTO的2001年，破冰之年始于2003，攻坚之年始

[①] 《中共中央国务院发出深化文化体制改革若干意见》（2006年1月12日），http://news.xinhuanet.com/politics/2006－01/12/content_4044535.htm。

[②] 《关于进一步推进新闻出版体制改革的指导意见》，《中国出版》2009年第4期。

于 2009"①。

  计划经济体制下，我国出版机构是事业性质、企业化管理，实际上是"一个非事非企的怪胎"，"人往事业靠、钱按企业拿"，"单位没活力，事业难发展"。为此，2009 年 5 月，中国出版发展论坛上，新闻出版总署署长柳斌杰指出，我国出版业在经营模式上，"还没有完全转变旧有的管理模式、运行方式和发展方式，有些出版单位机构名称改了，公司牌子挂上了，管理者头衔也变了，但计划经济体制下形成的思维定式、僵化的管理体制和落后的运行模式却并没有根本性的转变"②。所以，转企改制为我国出版业"事业性质、企业化管理"问题的解决，找到了突破口。而转企改制后，关键在于建制，即如何建立适应社会主义市场经济发展要求的出版企业组织管理和经营运作机制。③ 因此，当下中国出版业改革正处于全面推开的关键时期，进入破解深层次矛盾和问题的关键阶段，在进一步扩大内需，妥善应对国际金融危机，保持我国经济平稳较快发展的挑战和机遇面前，出版体制改革显得更为重要和紧迫。

  出版业"旧有的管理模式、运行方式和发展方式"，尽管是束缚出版业快速发展的体制性障碍，但也是当下我国出版体制改革的基础，因而弄清这些旧有的管理模式、运行方式和发展方式是如何形成、运作的及其运作结果，才能使出版业改革做到有的放矢，抓住改革关键点。对于改革开放以来我国各方面改革的基础源自何处，学术界是有共识的。"50 年代为今日之基础，影响既深且远，今日之结构、框架，均奠定于此时期……从 50 年代初开始或从更久远处启动的一切，仍在以不同的方式影响当下的社会和人们的生活。"④ 由此，"回

---

① 陈远：《公私合营：中国出版业破局》，《中国周刊》2009 年第 3 期。
② 《柳斌杰在中国出版发展论坛上的讲话》，《人民日报》2009 年 5 月 11 日第 10 版。
③ 2004 年，新闻出版总署副署长柳斌杰（2007 年 4 月被任命为新闻出版总署署长）指出，出版单位转制包含两个层面，一是一部分经营性事业单位转变为企业，二是已经转为企业的出版单位，由单一的国有企业转变为股份制企业。
④ 高华：《叙事视角的多样性与当代史研究——以 50 年代历史研究为例》，《南京大学学报》（哲学·人文科学·社会科学版）2003 年第 3 期，第 85 页。

到 1950 年代"①在改革开放史和当代中国史研究中就具有了特殊意义。

新中国的出版力量和管理体制，是依托民主革命时期中国共产党领导的新华书店和三联书店等党营出版力量基础上，借鉴苏联出版经验，整顿改造私营出版业而建立起来的。因此，本书以私营出版业社会主义改造为切入点，梳理 1950 年私营出版业的改造过程及通过改造而建立、同计划经济相适应的计划出版体制，特别是考察社会主义改造对民国时期以商务印书馆和中华书局为代表的私营出版企业所创设的成功经验的扬弃，对照 1980 年以来的出版业改革进程，回应当前的出版体制改革。

二 研究综述

本书是一个涉及社会主义改造、当代中国史、中华人民共和国出版史等领域的题目。综观这几个领域的已有研究成果，在史料积累和研究方法上，既为后学夯实了研究基础，又为进一步研究存留了很大空间。

（一）关于社会主义改造的研究

关于社会主义改造问题，从 1978 年以来一直争论至今，且出现了三次高潮。20 世纪 70 年代末 80 年代初，伴随《关于建国以来党的若干历史问题的决议》的讨论而被提出。1981 年 6 月，中共十一届六中全会通过的《关于建国以来党的若干历史问题的决议》指出："党提出的过渡时期总路线是完全正确的"，在过渡时期"创造性地开辟了一条适合中国特点的社会主义改造的道路"，但这项工作也有缺点

---

① 陈永发：《专号：1950 年代的海峡两岸·导言》，《中央研究院近代史研究所集刊》第 40 期。

和偏差,"要求过急,工作过粗,改变过快,形式也过于简单划一,以致在长期间遗留了一些问题"①,最后在基本肯定社会主义改造的前提下,以"四过"表述,结束了当年那场争论。

1987年,中共十三大提出社会主义初级阶段理论后,这个问题成为"党史研究中的一股强劲思潮"②。对1950年的社会主义改造,在肯定历史决议已有结论基础上,提出"可以进一步研究""探讨"历史决议没有涉及的问题。胡乔木、薛暮桥、龚育之、于光远、胡绳等都参与了此时期的讨论。而最激烈的一次争论当数20世纪末,1998年12月26日胡绳在中央文献研究室和湖南省委联合召开的"毛泽东、邓小平与马克思主义中国化"理论研讨会上发言强调,毛泽东提出了新民主主义理论,但20世纪50年代初,没有坚持这一理论,反而染上了民粹主义的色彩,所以才会出现向社会主义过渡开始时间提前、过渡时间缩短等问题。伴随这三次大的争论,涌现出不少论著,但这场争论至今仍未有定论。③ 总体而言,研究的问题主要是在宏观层面上围绕着改造提前的原因、改造评价以及产生失误的缘由而展开的。多年来囿于史料开放程度,社会主义改造的微观研究仍是一个比较薄弱的环节。近年来,相关文献史料集的陆续出版、1950年档案资料的次第开放以及当事人回忆录的大量涌现,为社会主义改造研究内容的拓展,提供了较好的史料基础,便于通过新的视角,发掘、深化对社会主义改造的研究。实际上除工业、农业和资本主义工商业的"三大改造"外,文化领域包括新闻、出版、电影、戏曲等,当年也经历了一场深刻的变革过程。

对1950年文化领域的变革,中央文献研究室陈晋研究员提出了"文化改造"概念,指出:中国社会由新民主主义到社会主义的过渡,不仅仅是人们惯常理解的在1953年到1956年之间进行的经济上的

---

① 中央文献研究室编:《三中全会以来重要文献选编》(下),人民出版社1982年版,第800—801页。

② 龚育之:《党史札记末篇》,中共党史出版社2008年版,第145页。

③ 参见韩钢《中共历史研究的若干难点热点问题》(下),《晚霞》2007年第6期。

"三大改造",也应该有一个,事实上也存在一个毛泽东非常关注且投入很大精力的"文化改造"①。新中国成立初期,伴随着经济领域的社会主义改造,文化上也存在着一个向社会主义过渡和转变的问题,这一文化转型问题已引起业界学者的关注,报业、电影业等的社会主义改造及其在新中国成立初期的改组与转型研究都有相关成果问世。②而20世纪90年代以来,从文化史角度研究中共党史,在人物的个案研究及新民主主义文化思想、文艺、宗教、知识分子政策等专题研究和通史性研究上,都有重要论著问世③,相关论著也均涉及了1950年我国从新民主主义到社会主义的文化转型问题。本书选取1950年私营出版业社会主义改造,从出版业视角探讨,以期对"文化改造"研究有所贡献。

目前关于1950年私营出版业社会主义改造研究,成果较少,主要有方厚枢的《对私营出版业的社会主义改造》(《出版史料》2006年第2期),和朱晋平的博士论文《1949—1956年中国共产党对私营出版业的改造》(中共中央党校2006年),可谓这方面研究的拓荒之作。朱晋平博士作为一位出版从业人员,将论文写作着眼于发现我国出版

---

① 陈晋、王均伟:《毛泽东、邓小平、江泽民与中国先进文化》,广东教育出版社2003年版,第101页。
② 参见孙旭培《解放初期对旧新闻事业的接收和改造》,《新闻与传播研究》1988年第3期;施喆《建国初期私营报业的社会主义改造》,《新闻大学》2002年第1期;曾宪明《解放初期大陆私营报业消亡过程的历史考察》,《新闻与传播研究》2002年第2期;彤新春、李兆祥《20世纪五六十年代〈大公报〉的改组与转型》,《当代中国史研究》2007年第5期;钱春莲《新中国私营电影业研究》(上、下),《北京电影学院学报》2002年第1、2期;顾倩《建国初期私营影业体制转轨之概观》,硕士学位论文,西南师范大学,2004年;张硕果《论上海的社会主义电影文化(1949—1966)》,博士学位论文,华东师范大学,2006年;刘宇清《上海电影传统的分化与裂变(1945—1965)》,博士学位论文,上海大学,2007年;张硕果《解放初期上海电影发行放映初探(1949—1952)》,《电影艺术》2008年第1期;张硕果《上海电影制片业的"社会主义改造"(1949—1952)》,《电影艺术》2009年第1期。
③ 近年来,这方面的相关论著有:陈晋、王均伟:《毛泽东、邓小平、江泽民与中国先进文化》,广东教育出版社2003年版;朱志敏:《中国共产党与20世纪中国文化》,中国社会出版社2004年版;杨凤城:《中国共产党的知识分子理论和政策研究》,中共党史出版社2005年版;郑师渠:《中国共产党文化思想史研究》,中共中央党校出版社2007年版;刘辉:《中国共产党人的文化自觉——新民主主义文化思想再研究》,中共党史出版社2008年版。

体制当中的不足和私营出版业曾有过的长处，从出版管理的角度，探寻对当下出版体制改革的借鉴作用。[①] 作为1950年私营出版业社会主义改造研究的开篇之作有其奠基之功，但改造过程的梳理偏重于国家政策的变迁，对改造对象——私营出版业组织机构、规章制度和经营模式在改造中的转型并未涉及，这无疑削弱了其提出的研究命题，问题提出后却未得到切实解决。

《私营出版业社会主义改造研究：1949—1956》意在借鉴已有研究成果，补充近年来陆续出版的相关出版文献史料和北京、上海两市档案馆馆藏档案，赋予私营出版业社会主义改造研究时代高度和客观性。通过梳理私营出版业改造前的组织机构和经营运作机制，阐述国家制订改造方略的政策依据和私营出版业改造的历史脉络和基本特点。对比分析私营出版业改造前后的改组与转型，凸显计划出版体制的特点，展现对新时期出版体制改革的现实意义。因此，本书在充实资料的基础上，重新梳理1950年私营出版业的改造历程，不仅关注国家出版政策的变化，更重要的是探析私营出版业改造中组织制度、运作模式的变迁，同时关照其同1980年出版体制改革的历史关联。

（二）关于"1950年代的中国"研究

20世纪90年代以来大陆学术界就开始提倡当代中国史研究，作为当代中国史研究的起点，"1950年代的中国"研究越来越引起学术界的关注，有学者指出，史学界正在兴起"1950年代的中国"研究热。"研究热"的说法，学术界能否达成共识暂且不论，但"1950年代的中国"研究作为"历史学研究的新视野"[②]，其在当代中国史研究中的重要价值和意义，却从1990年以来特别是近几年的研究成果中得到

---

① 参见朱晋平《1949—1956年中国共产党对私营出版业的改造》，博士学位论文，中共中央党校，2006年。

② 朱英：《"年代"史：历史学研究的新视野》，《光明日报》2007年4月20日第9版。关于"1950年代的中国"研究现状及其存在问题和研究方法的创新，参见高华《叙事视角的多样性与当代史研究——以50年代历史研究为例》，《南京大学学报》（哲学·人文科学·社会科学版）2003年第3期。

了充分体现。1999年新中国建国五十周年纪念之际，中国社会科学院近代史所在北京举办了"1949年的中国"国际学术讨论会，来自美国、日本、韩国、澳大利亚、葡萄牙等国和中国大陆及中国台湾、香港地区的80余位学者参会，提交的论文，涉及1949年前后中国的政治、经济、外交、文化、社会与人物研究等各个方面。尽管讨论会以"1949年的中国"为题，但观照的并不是孤立的1949年。正如张海鹏在开幕词中所言，讨论会的用意就是"提醒朋友们高度重视40—50年代这一中国历史上的关键年代"，"从历史上看，40—50年代中国历史的变化带有根本的性质。探讨这个变化的由来和原因，探讨这个变化的各个方面"成为学术会议的主要目的。① 提交论文关涉1950年代的主要集中于中苏、中印以及英美对华政策等外交问题以及土地改革中的富农政策和1950年混合经济模式等经济问题。如果说"1949年的中国"国际学术讨论会仍是在1949年的基点上观照"1950年代的中国"研究，那么2002年，台湾中研院近代史所召开的"50年代海峡两岸研讨会"，则将"1950年代的中国"凸显出来，旨在倡导加强对1950年代历史的研究，从而使台湾学术界在"1950年代的中国"的研究内容、研究方法、研究旨趣上更加自觉，并且出现了一个依托中研院近代史研究所的"1950年代的海峡两岸研究群"，辐射台湾大学、政治大学等高校从事"50—60年代历史"的研究群体。② 2004年8月，复旦大学历史系同《中国社会科学》编辑部联合主办的"1950年代的中国"学术讨论会，是大陆学术界首次召开的有关1950年中国历史的专题讨论会③，集中展示了中国学术界在这一问题上的研究成果，使得"1950年代的中国"研究范围扩展至金融、教育、文化、社会、人物研究等领域，并将1950年台湾的政治社会变迁纳入

---

① 参见中国社会科学院近代史研究所《划时代的历史转折——"1949年的中国"国际学术讨论会论文集》，四川人民出版社2002年版，第3—4页。

② 参见耿化敏《从宏大叙事到实证分析："1950年代的中国"研究热述论》，《党史研究与教学》2006年第1期。

③ 参见吴景平、徐思彦《1950年代的中国》，复旦大学出版社2008年版。

"1950年代的中国"研究视野。

学界在深化"1950年代的中国"研究基础上,对其研究方法也做了有益探索。通过对"革命叙事"和"现代化叙事"的理性分析,提出一种"灰色历史观"[①],并推崇与此相联系的"新实证主义"的历史研究方法。上述对"1950年代的中国"研究领域的扩展和研究方法的总结,都为本书的开展提供了很好的研究基础。《私营出版业社会主义改造研究:1949—1956年》,作为一个当代中国史题目,旨在从国家层面,借助档案文献史料,运用实证研究方法,透视1949年后私营出版业的命运起伏,探讨1950年私营出版业改造同新中国文化转型的历史逻辑。

(三) 关于中华人民共和国出版史的研究

中国出版史研究肇始于19世纪末20世纪初,但直到1946年,杨寿清的《中国出版界简史》的问世,才有了第一本中国出版史研究专著。至1950年,始现中国近现代出版史料的奠基之作,即张静庐积二十年之功编辑的《中国近现代出版史料》,共8卷。全书收录了自京师同文馆创立至中华人民共和国成立我国出版业发展的重要资料,对我国出版史研究做出了突出贡献。张静庐在出版史研究上的远见卓识,为后人赞叹,被尊为"建国后我国出版史研究的开创者"[②]。此外,上海作为近代中国出版中心,为整理上海出版史料,1961年上海出版系统成立出版文献资料编辑所,主要任务是搜集、整理、编辑近现代出版资料,揭示上海近现代出版业的创建与发展轨迹及其对文化进步事业的贡献,兼以供当代出版业参考、借鉴。参加的老编辑、老出版工作者多达数十人,其中就有曾主持亚东图书馆的汪原放、主持北新书局的李小峰等人。除出版史料的系统整理外,他们根据各人的具体经历,分头撰写回忆录;有的专题,还用集体回忆、专人执笔

[①] 高华:《叙事视角的多样性与当代史研究——以50年代历史研究为例》,《南京大学学报》(哲学·人文科学·社会科学) 2003年第3期,第83—84页。
[②] 王益、王仿子、方厚枢:《推动出版史的研究和学习——谈我国出版史著作和史料出版》,《中国出版》2000年第3期,第50页。

的办法。据1965年2月统计，共搜集、整理出版资料142种。① 这个机构虽在"文化大革命"中被撤销，但搜集整理的几百万字极其珍贵的出版史料却得以保存下来。

综观新中国成立至十一届三中全会前的出版史研究，主要集中于出版史料整理上，且史料收集时限止于新中国成立，学理性研究并未展开。② 中华人民共和国出版史料的系统整理及专门研究，则是改革开放以后逐步展开的。这一方面源于出版行业组织对出版史料的搜集整理中关涉新中国出版史的相关内容，更得益于中共中央宣传部以及文化部出版事业管理局③从1980年年初起对新中国成立以来宣传、出版工作文献集的编辑出版，特别是国家出版局主导下"党史资料征集工作"的开展。根据1985年中共中央办公厅下发的40号文件要求，国家出版局1986年3月专门成立了国家出版局党史资料征集工作领导小组，进行党的出版史料征集、整理、编纂、研究工作，1987年改名为新闻出版署党史资料征集工作领导小组。④ 党史资料征集工作领

---

① 参见宋原放、孙颙主编《上海出版志》，上海社会科学院出版社2000年版，第279页。

② 从1946年上海永祥印书馆出版的第一本出版史专著《中国出版界简史》算起，到1998年的半个世纪内，全国出版的出版史研究专著和各种出版史料书（不包括书史、印刷史），约有120种，其中1946—1977年的31年间，仅有10种；而改革开放后的20年间（1978—1998）则出版了110种之多。（参见方厚枢《也谈重视出版史的研究》，《出版发行研究》1999年第8期，第45页）

③ 新中国成立后，我国出版行政管理机构的沿革：1949年11月1日，中央人民政府政务院成立出版总署，1954年11月3日，出版总署结束，所有出版行政业务划归文化部，由其下设的出版事业管理局具体负责。这个机构一直持续到1969年9月，后被国务院出版口取代。1973年9月26日，国家出版事业管理局成立，属国务院领导。1982年5月5日，根据国务院部委机构改革的决定，原文化部、国家出版事业管理局、国家文物事业管理局、外文出版发行事业局、对外文化联络委员会五个单位合并组成新文化部，国家出版事业管理局改称文化部出版事业管理局。1985年7月国务院批准文化部设立国家版权局，文化部出版事业管理局改称国家出版局，与国家版权局为一个机构、两块牌子，仍由文化部领导。1986年10月6日，国务院下发文件，国家出版局和国家版权局脱离文化部，国家出版局恢复为国务院直属领导建制。1987年1月，撤销国家出版局，成立新闻出版署，直属国务院领导。2001年4月7日，升格为正部级单位，改称新闻出版总署。参见余甘澍《新闻出版署机构沿革（1949年10月—1988年12月）》，《北京出版史志》第1辑，北京出版社1993年版，第124—125页。

④ 1992年2月，新闻出版署党组决定，撤销党史资料征集工作领导小组，将党的出版史料征集、编组、研究工作交给中国出版科学研究所。

导小组在全国20多个省市区开展调查研究、查阅档案资料、采访、座谈等工作基础上，下达了38个全国性选题，涉及全国28个省、市、自治区[①]，其中新中国成立后的出版史选题有3个，包括党史资料征集工作领导小组负责的《新中国出版大事记（1949—1966）》《中国共产党出版组织史（1949—1987）》及青海省负责的《青海人民出版社简史》《青海民族出版社简史》。党史资料征集领导小组除组织指导各地出版史选题工作外，还推动有关人员撰写回忆录，如王益、周保昌合著的《战争年代的山东新华书店》、周保昌编著的《东北解放区出版工作的回顾》等。并约请老出版工作者写作回忆性文章，在报刊上登载。同时推动新华书店、三联书店、各级人民出版社等店史、社史的编辑出版，某种程度上为学术研究提供了一种更为直观、形象的现场感。

为保存和集中一部分在出版事业管理中所形成的重要文件，1981年1月，文化部出版事业管理局开始编印《出版工作文件选编》。首先出版了1976年10月至1980年12月间的部分，选编内容除当时仍在执行的各项指示、规章等文件以外，还包括"一些已经废止或涉及已被平反的人和事，或已不能适应目前的情况，或已另有新的规定，但还有一定查考价值的文件"[②]。所收入的文献基本上按照业务性质和文件时间顺序排列，保持文件原貌，对内容未作改动，具有重要的史料价值。至1984年9月，按照上述编选原则和体例相继编印了1949年至1966年5月以及1981年至1983年12月的出版工作文件选编，共四册。1986年7月，由国家出版局办公室编印了《出版工作文件选编（1984—1985.12）》。至此，除"文化大革命"十年外，《出版工作文件选编》将新中国成立至1985年12月间的中央和国家的出版工作

---

① 关于党史资料征集工作领导小组组织的"出版史料征集、整理和编纂"工作情况，参见余甘澍《六年征集 成绩喜人——中国共产党的出版史料征研工作的回顾与思考》，《出版史研究》第1辑，中国书籍出版社1993年版。

② 文化部出版事业管理局编印：《出版工作文件选编（1976.10—1980.12）》（内部文件），1981年1月。

文件分6册全部出版。

1987年新闻出版署成立后，改称《新闻出版工作文件选编》，与前6册相衔接，采用先前的编辑体例，将每年的新闻出版文件逐年加以编印，从未间断。这为研究新中国成立以来我国出版业改革发展情况尤其是1980年以来的出版业变迁提供了重要的文献史料，同时也是20世纪90年代中期开启，由中央档案馆、中国出版科学研究所共同编辑出版的《中华人民共和国出版史料》多卷本的主要参考资料。

与此同时，各省新闻出版局的党史资料征集工作部门，根据地区实际和主客观条件，编写了地区的出版大事记、出版组织史，搜集、整理本地区重点人物的传记和回忆录，编纂本地区在中国共产党出版史上有较大影响的专题史，然后在此基础上编写地区出版志。从1991年《湖南省志·新闻出版志》至2007年《浙江省出版志》的出版，24个省、直辖市、自治区的出版志全部出齐，这些地方志的出版补充丰富了私营出版业社会主义改造研究中中观层面的历史资料。

除出版行政机关致力于新中国成立以来出版史料的整理工作外，中共中央宣传部用内部发行方式编辑、出版的文献资料对此也有所贡献。1991年，中共中央宣传部出版局编辑的《出版工作文献选编》，分"言论"和"文件"两部分。"言论"部分收录了马克思、恩格斯、列宁、斯大林和毛泽东、周恩来、刘少奇、朱德、邓小平、陈云关于出版的言论；而"文件"部分则包括了截至1990年年初，中共中央、国务院、全国人民代表大会常务委员会和中共中央宣传部、新闻出版署（包括前出版总署、国家出版局、文化部出版事业管理局）及其他有关部委自新中国成立以来制定、颁布的与出版工作相关的重要文件。此外，1993年12月，中共中央宣传部办公厅编辑的《党的宣传工作文件选编（1949—1992）》（4卷）及随后由中共中央宣传部和中共中央档案馆共同编辑出版的《中国共产党宣传工作文献选编（1915—1992）》（4卷），编选内容各有侧重，形成互补，对新中国成立以来的出版史料均有所涉及。

作为政府主导的补充力量，出版史研究专业期刊自1980年陆续出现,且卓有成就。1981年年初,上海出版工作者协会成立后,将"组织从事出版工作的同志撰写出版工作回忆录;收集、整理并组织出版史料,特别是上海出版史料"[1]作为协会的主要任务之一。此后,成立了文史资料委员会,从事出版史料的搜集整理,主要辑录近当代出版机构、出版人、出版物和出版事件等方面的原始资料,对中国出版史料进行了抢救性整理,成为出版史研究资料的重要园地。1982年创刊的《出版史料》(上海版)[2],是出版界最早创办的出版史料专刊,挖掘、积累了许多有价值的史料,产生了深远影响,深受出版界、史学界的推崇。而创刊于1989年的《江苏出版史志》[3]后来居上,设有"党的出版史料""社会主义出版工作"等栏目,也积累了一批重要的出版史料。另外,需要特别指出的是叶再生自费经营编辑的《出版史研究》,从1993年下半年到1998年坚持了6期,设有"专论""考述""回顾""调查""分论""人物""书评""概述"等栏目,对中国共产党革命和建设时期领导出版事业的史料整理和学术研究着力较多。

进入1990年后,有关新中国出版史料的搜集整理有了重大突破。这主要表现在《当代中国的出版事业》及1990年中期启动、由中国出版科学研究所主持的《中华人民共和国出版史料》《中国出版通史》(第9卷,中华人民共和国卷)[4]及"中国出版论丛"的整理编纂上。中国出版科学研究所和中央档案馆编撰的《中华人民共和国出版史料》从1995年5月至今,已出版13卷,涵盖了1949年至1966年4月间中共中央、全国人大、国务院(政务院)、中共中央宣传部、国家文委、出版总署、文化部等领导机关历年颁布的有关出版工作的重

---

[1] 赵家璧:《共同努力办好〈出版史料〉》(代发刊辞),《出版史料》1982年第1期。
[2] 由学林出版社在上海出版,上海出版工作者协会主办,共出32期,是我国第一本出版史刊物。1993年7月因必须"节省开支"停刊,与《编辑学刊》合并。2001年7月以丛刊形式开始出版,至2002年年底共出版4辑。2003年3月起恢复为期刊(季刊),于每季度末出版。
[3] 1989年创刊,1996年因《江苏出版志》编纂任务的结束而停刊。
[4] 《中国出版通史》是关于中国出版历史的通史性著作,研究时段上起商周,下迄公元2000年,共9卷,分别是:《先秦两汉卷》《魏晋南北朝卷》《隋唐五代卷》《宋辽夏金元卷》《明代卷》《清代卷(上)》《清代卷(下)》《中华民国卷》《中华人民共和国卷》。

要文件、法令、法规及召开的重要会议文件及领导同志的讲话、报告等；出版管理部门向上级的工作请示报告和上级的批示及重要的事业规划、工作计划、调查报告；党和国家领导人有关出版工作的讲话、指示、题词等；《人民日报》《光明日报》发表的有关出版工作的社论、评论及重要文章；出版、印刷发行等方面的重要统计资料、有价值的出版史料等。此外，宋应离等主编的《中国当代出版史料：1949—1999》（9卷）以及宋原放主编的《中国出版史料（现代部分）》第三卷（1949.10—1999.12），分别于1999年、2001年出版。这三套大型的出版史料集，相比较而言，前者为1950年我国出版政策的研究提供了较为充分的基础史料。后两者，因二手资料所占比例太大，一手资料少，故其史料价值和参考价值就逊色很多。与此同时，在1980年推动老出版工作者撰写回忆录基础上，90年代中期，中国出版科学研究所主持出版了"中国出版论丛"，将胡愈之、叶圣陶、陈翰伯、陈原、刘杲、宋木文等数十位新中国成立以来国家出版机关主要领导人的出版文集次第出齐，从而为当代中国出版史研究，提供了较为立体、多样的出版史料。同时也推动了重要出版人物，如张元济、王云五、胡愈之、叶圣陶等以及商务印书馆、中华书局等大型老牌出版机构的个案研究。

当代中国出版史的研究目前仍以通史著作为主，例如《当代中国的出版事业》（当代中国出版社1993年）、《中国出版通史》（中华人民共和国卷）（中国书籍出版社2008年）。这两部著作对1949年后新中国出版事业的发展状况均进行了宏观层面的梳理和叙述，且基本以介绍国营出版业的发展为主要内容。《中国出版通史》新中国前30年部分的主笔方厚枢[①]1962年从新华书店北京发行所调到文化部出版事

[①] 1980年后，曾任国家出版事业管理局研究室副主任、中国出版科学研究所副所长。1987年调入中国出版科学研究所后，长期从事中国出版史研究，1993年退休。曾任《中国大百科全书》（新闻出版卷）出版学科和《中国出版百科全书》编委暨"中国出版史"分支学科主编，《中国出版年鉴》主编，《中华人民共和国出版史料》副主编及多卷执行主编，《中国出版史料（现代部分）》和《补卷》中当代部分的辑注。

业管理局出版处后,受张静庐《中国近现代出版史料》启发,即注意从多方面收集有保存价值的当代出版史料,40多年来未曾中断过。利用多年积累的大量出版资料,1980年,方厚枢开始涉足当代中国出版史研究,在新中国出版事业的开端、通俗读物出版、私营出版业社会主义改造、"大跃进"年代的出版工作、新中国稿酬制度变迁等领域,都有拓荒之作。

具体到《中国出版通史》(中华人民共和国卷)(以下简称《通史》),用四章篇幅分别论述了1949年至1966年"新中国出版事业的开端以及建立和发展(上中下)",并专节阐述了私营出版业的社会主义改造。新中国前30年部分有20处引用了1995年以来陆续出版的《中华人民共和国出版史料》,并利用到《上海出版志》及中央和地方出版行政机构编印的某些内部出版物。相比1993年《当代中国的出版事业》中"新中国出版事业的建立(1949—1956)"的论述,尽管同属宏观研究,但后者因其有史料的架构和学术化取向,对新中国出版事业历史脉络的梳理更胜一等,基本廓清了新中国出版业恢复、发展、走向社会主义改造的历史逻辑。但通史著作也有它的不足之处,首先,《通史》"对私营出版业的社会主义改造"一节仅对《中华人民共和国出版史料》作了5处引用,故而《中华人民共和国出版史料》未得到广泛深入的利用,改造过程的梳理仍侧重于国家对私营出版业改造政策的变迁,很少涉及改造对象——私营出版业在整个改造过程中的抉择。其次,在目前出版概念、出版史研究对象、范围和分期等基本问题学术界至今没有明确界定的情况下,出版通史研究就存在"研究过于宽泛"和"主体对象缺失"的问题。[①]

作为一部断代出版史著作,《中国出版通史》不易看出中国出版业自身发展的规律以及在1950年社会大转型中出版业传统和经验的历史承袭关系。因此,本书的撰写,了解1949年之前的中国出版业

---

① 参见胡国祥《近代传教士出版研究(1807—1911)》,博士学位论文,华中师范大学,2008年。

状况就成了其研究前提,即"跨越 1949 年的间隔"[①],将 1949 年前后的中国出版业发展置于一个长时段演进的背景下加以研究,既看到 1950 年社会转型中其"变革"的一面,又要重视其"延续"的一面。超越新旧中国二元对立的历史观,赋予历史断裂性和延续性同样的意义,从更为宏观的长时段历史中把握小时段。[②] 当代中国出版史研究 1990 年以来的另一特色就是社史、店史借助周年纪念的集中出版,充实了当代中国出版史的微观史料。

纵览 1949 年后中国出版史研究,其特点:一是出版史料整理成绩卓著,研究性成果相对逊色;二是综合著述强于专题研究;三是古代出版史研究较多,近现代出版史研究尚显薄弱,中华人民共和国出版史研究则冷清孤寂;四是出版史研究群体中出版业从业者多,学界研究者少;五是就中华人民共和国出版史研究而言,参与研究的学者中,中国现当代文学专业多,历史专业少,且因其集中于近代出版史,研究下限多止于 1949 年;[③] 六是就中国共产党出版史研究而言,新民主主义革命时期的研究又优于新中国时期。中国近现代出版史和新民主主义革命时期出版史的研究,在史料、研究路径和方法上已有了初步开拓和积累,这就为私营出版业社会主义改造的研究开阔了视野,既可以作中国共产党出版史的纵向比较研究,又可联系民国时期国民政府的出版业和私营出版业概况,作中国共产党、国民党及私营出版业的横向比较研究。

[①] 高华:《叙事视角的多样性与当代史研究——以 50 年代历史研究为例》,《南京大学学报》(哲学·人文科学·社会科学版)2003 年第 3 期,第 86 页。

[②] 参见耿化敏《从宏大叙事到实证分析——"1950 年代的中国"研究热述论》,《党史研究与教学》2006 年第 1 期,第 93 页。

[③] 熊月之:《上海通史》(第 14 卷),上海人民出版社 1999 年版;邹振环:《20 世纪上海翻译出版与文化变迁》,广西教育出版社 2000 年版;姚福申:《中国编辑史》(修订本),复旦大学出版社 2004 年版。

三 概念界定与研究思路

由于目前出版史研究中对"出版"概念及研究对象还未形成统一的说法。为行文方便,对本书所使用的概念及相关问题作一界定。

(一) 概念界定及相关问题说明

现在使用的"出版"一词,通常是指用印刷或其他复制办法将作品制成出版物在社会上传播,有广义和狭义两种区分。狭义的出版是指图书报刊的编辑、印刷和发行;广义的出版不仅指图书报刊,还指录音、录像以及其他文字语言和图像的媒介载体的编辑、印刷、制作和传播。[①]为论述方便,本书在使用"出版"一词时,沿用出版总署行文中的惯例。1949 年 10 月,胡愈之(时任新华书店总编辑,后任出版总署署长)在新华书店全国出版工作会议上的报告中将出版物大致分为三类:教科书、杂书、期刊[②],而报纸归新闻总署管理。同年 11 月 1 日,出版总署成立,作为全国最高的出版行政管理机构,下设出版事业管理局、印刷事业管理局、发行事业管理局,管理图书、期刊和教科书的出版工作。因此,以出版总署管理范围而言,20 世纪 50 年代,在我国"出版"范畴大致所指即为教科书、图书、期刊的编辑出版、印刷和发行,而不包括报纸。所以本书所指私营出版业,仅限于书刊范围内。本书中的"出版业",在两种语意上使用,一种涵盖出版、印刷、发行三个环节,另一种仅指出版社,特此说明,行文中不再逐一注明。

关于"旧币""新币"问题。根据 1955 年 2 月 21 日国务院发布

---

① 参见许以力《出版和出版学》,《中国大百科全书》(新闻出版卷),中国大百科全书出版社 1990 年版,第 8 页。

② 参见《全国出版事业概况》(1949 年 10 月 4 日),中国出版科学研究所、中央档案馆编《中华人民共和国出版史料(1949 年)》,中国书籍出版社 1995 年版,第 259 页。

导 论

的《关于新的人民币和收回现行的人民币的命令》规定，中国人民银行自 3 月 1 日起发行新人民币，新旧人民币的折合比率为 1 元等于 1 万元。① 因此，本书使用的资金计算单位，在 1955 年 3 月 1 日前均为旧币，此后改为新人民币。

在私营出版业改造行政职权归属上，按照 1953 年 6 月 18 日出版总署党组向中共中央宣传部、政务院文化教育委员会党组所作关于出版总署职务范围问题的请示，出版总署只负责管理和指导全国私营出版业的出版工作以及省会及省辖市以上城市的私营发行业和省会以上城市的私营书版印刷业。② 除此之外，其他行业的改造和管理均由相关部门负责，如木刻年画业的管理由文化部负责；海外华侨举办的报纸、杂志、图书以及专供海外华侨阅读的报纸、杂志、课本、图书的出版发行工作由华侨事务委员会负责管理；以少数民族语文出版和专供少数民族人民阅读的报纸、杂志、图书的出版工作由民族事务委员会指导；古旧书工作由文化部负责；旅客携带和邮运周转中进出口报纸、杂志、图书的检查由公安部门和海关负责；城市中出租图书的书摊书贩由市、区文教局、科和工商行政机关管理；不以承印书刊为主要业务的印刷业、不以出版和发售书刊为主要业务的晒图业、照相制版业、文具业以及清排房、装订作坊等，由工商行政部门管理，或由公安部门协同工商行政部门共同管理。因此，本书所述私营出版业的社会主义改造范围只限于出版总署和文化部（1954 年出版总署撤销，相关行政业务并入文化部出版事业管理局）行政职权范围内的改造情况，其他的暂不涉及。

私营出版业社会主义改造研究在史料运用上，除借助 1980 年以来政府和民间机构、行业组织整理出版的文献资料外，1950 年档案资料的开放，也为当代中国出版史研究提供了扎实的一手资料。本书选

---

① 参见李子超、卢彦《当代中国价格简史》，中国商业出版社 1990 年版，第 207 页。
② 参见《出版总署党组小组关于出版总署职务范围问题的请示》（1953 年 6 月 18 日），中国出版科学研究所、中央档案馆编《中华人民共和国出版史料（1953 年）》，中国书籍出版社 1999 年版，第 353 页。

取北京、上海两市档案馆,利用其馆藏的1950年北京市新闻出版处和上海市新闻出版处及华东军政委员会新闻出版局的档案资料。这主要是因为京、沪两地在1950年私营出版业社会主义改造中的重要地位。据1950年3月初步统计,全国11个大城市(北京、天津、上海、南京、杭州、济南、武汉、长沙、广州、重庆、西安)共有私营书店1009家,其中经营出版业的有244家(专营贩卖的书店765家)。上海199家,占81%,北京23家。[①] 上海作为近代中国出版业的中心,考察私营出版业社会主义改造,缺失上海史料,是难以做成的。经过1950年的整顿和改组,1949年前出版业的"五巨头"中,世界书局、大东书局被军管,开明书店最早参加公私合营,1954年商务印书馆、中华书局总部迁到北京,实行公私合营。到1956年年底,私营出版业全部被改造完毕。而全国国营出版社从1950年的25家发展到82家,公私合营出版社从1950年的2家发展到19家,全国国营、公私合营出版社共计101家(其中中央级54家,地方级47家)。[②] 同期,上海只剩下10家"专业化"的地方出版社[③],中央一级国营出版社大多设在北京,中国出版中心逐渐北迁至新中国首都。北京作为新中国出版业的中心,研究私营出版业社会主义改造后确立起来的计划出版体制,北京市的档案资料不可不察。因此,目前当代中国出版史料的整理出版以及1950年档案资料的开放情况,使得私营出版业社会主义改造研究具备了比较充足的实证研究资料。

(二)研究思路

本书以1949—1956年的私营出版业社会主义改造为研究对象,透过档案文献资料,借鉴传统史学的叙事方式,运用实证研究方法,

---

① 参见《关于领导私营出版业的方针问题》(1950年4月),中国出版科学研究所、中央档案馆编《中华人民共和国出版史料(1950年)》,中国书籍出版社1996年版,第120页。

② 参见刘杲、石峰《新中国出版五十年纪事》,新华出版社1999年版,第52页。

③ 参见万启盈(上海市人民委员会出版事业管理处副处长)《改进出版工作,贯彻"百家争鸣"的方针》(1956年4月),上海市档案馆馆藏档案,案卷号:B167—1—122,第9页。

导 论

依循私营出版业社会主义改造的实际进程,以编年体和纪事本末体相结合的方式,运用"问题史学"的研究理念,围绕私营出版业是怎样完成社会主义改造的问题,按照整顿继而全面公私合营的历史脉络,考察和梳理1949—1956年私营出版业的社会主义改造,并分析其改造的历史条件以及私营出版业社会主义改造在新中国计划出版体制建立过程中的角色定位和对1980年以来我国出版体制改革的历史影响。具体而言,本书将从以下五个方面展开。

第一章概述新中国成立初期我国出版业的简况。围绕改造前私营出版业的基本状况,描述民国时期我国私营出版业的发展格局、管理制度和运营机制,并深入分析新中国成立初期私营出版业的困境及其原因。同时,简要论述中国共产党领导的出版事业发展情况和新中国"统筹兼顾、分工合作"的新出版政策,以此探寻私营出版业社会主义改造的历史基础。

第二章阐述私营发行业初步的整顿和改造。发行业作为私营出版业整顿改造的"先行军",通过私私联营创设专业批发机构和加强私营零售业、租赁业的组织化管理,实现私营发行业的联合重组和专业化。更重要的是组建公私合营中国图书发行公司,为私营发行业的全面公私合营积累了有益经验。集中统一后的新华书店,按照"分工专业化",成为书刊专业发行机构,在确立图书发行市场主渠道的过程中,改变着公私发行业力量的对比,壮大了国家改造私营发行业的实力。

第三章叙述私营出版业印刷业的整顿和初步改造。旨在说明通过调整出版专业方向、加工订货、机构改组、私私联营、公私合营以及委托印制等整顿措施,国家实现了政府主导下对私营出版业印刷业的初步调整。在"分工合作,出版分工专业化"政策下,私营出版、印刷业务实现专业化,对国家的依赖性增强,逐步被纳入国家计划轨道。

第四章梳理私营出版业全面公私合营的历史脉络和社会主义改造的结果。重点分析国家通过准入制度、限制渠道、全面公私合营等方式，基本完成了对私营出版业的社会主义改造，私营出版业运营机制发生根本性变化，实现了企业的国家化。私营出版业改造的直接结果是出版中心的北移、自由市场的萎缩，初步确立了以出版资源行政化、国营出版业一统天下、出版企业事业化为特征的新中国计划出版体制。

结语总结1950年"百花齐放、百家争鸣"时期出版界对私营出版业社会主义改造的认识和评价，分析改造后新出版体制对旧有出版机制及成熟的出版经验的扬弃及其存在的问题。并对比1980年以来我国的出版体制改革，透视私营出版业社会主义改造与当下出版体制改革的历史关联。

本书要表达的主要观点有：一是新中国对私营出版业的社会主义改造，首先采取了循序渐进、有所区别、富有弹性的改造政策，在逐步改造中实现了私营出版业的改组与转型。其次，1950年私营出版业的转型既有外在的政治压力，亦有自身经营困难的现实需求。最后，以私有制向公有制的过渡为根本特征，实现了企业的"国家化"与体制化。国家不再允许私营出版、印刷、发行力量的存在。出版业作为一种文化事业，基本上形成了公有制一统天下的计划出版体制。与一般工商业的改造有所不同，国家出于意识形态的考虑，对私营出版业的社会主义改造在新中国成立初期便明确下来。这主要是时代使然，是执政党、国家和私营出版商互动的结果。当然，从更深层的原因上讲，也是计划经济理念和文化资源国家化观念落实的结果。

二是1950年的社会主义改造未能重视对近代以来私营出版业已逐渐发展成熟的出版机制及出版经验的继承和吸收，在阶级斗争主导社会话语权的情况下，将私营出版业的组织模式和管理机制统统作为资本主义经营方式加以摒弃。受"左"的思想影响，出版工作的政治宣教功能被极端化，特别是"文化大革命"期间，出版作为一种政治宣教工具，服务于国家的政治需要，将其意识形态属性突出到无以复加的极端境地，忽视了它的商品属性和产业属性，出版业的商业属性成为禁区，制约了出版业的发展活力和空间。

三是 20 世纪 70 年代末以拨乱反正开启的出版体制改革，囿于计划出版体制，所进行的一系列改革并未突破"事业性质、企业化管理"的运行模式，明显滞后于同时期的经济体制改革，使得出版业成为新世纪以后"改革的最后一个堡垒"[①]。出版业的实质性改革是在中共十六大后逐步展开的。中共十六大提出深化文化体制改革、发展出版产业的战略任务，积极推动经营性出版单位"转企改制"，开创了我国出版体制改革的新局面。国家区分公益性出版事业和经营性出版产业，积极发展出版产业，推进跨行业、跨地区、跨所有制的产业结构调整，鼓励非公有资本以多种形式进入政策许可的出版产业领域，打造以公有制为主体、多种所有制共同发展的出版产业格局，在出版领域的所有制结构、出版机构属性以及管理模式上都有了突破性转变。

综上所述，当下出版体制改革既对私营出版业社会主义改造后确立的计划出版体制进行变革，取得了重大突破，同时两者也有着一定的历史继承。相对民国时期私营出版业的组织管理机制，21 世纪以来我国出版体制改革更加注重吸收借鉴 20 世纪前期我国出版业发展的成熟经验，一定意义上存在某种历史的复归，但毕竟当前出版业发展的经济基础、体制环境、社会条件、传播技术相比民国时期，已发生深刻变化。因此，积极发展经营性出版产业方针下的"复归"，绝不仅仅是完成转企改制，更重要的是创新机制，革除体制性障碍，解决主要矛盾，破解难点问题，转变政府职能，推动经营性出版产业按照市场经济法则，建立现代企业制度，重塑出版市场主体。这一改革方向，奠定了当下的出版体制改革必将在更高的基础上以更加开放的姿态解放和发展出版生产力。因此，从"中华民国"到社会主义改造再到改革开放，我国出版业恰好走了一条"否定之否定"的道路。

---

① 曲志红：《打破坚冰——我国新闻出版体制改革成效卓著》，《人民日报》2004 年 12 月 31 日第 11 版。

（三）研究难点

本书虽选取 1950 年私营出版业的社会主义改造作为论述对象，但为说清楚这段改造过程的来龙去脉，所需的关涉面却比较大。既要弄清楚社会主义改造前私营出版业的生存业态，又要明确改造后我国新出版体制的运行机制，以及 1980 年以来我国出版体制改革与私营出版业社会主义改造的历史关联。因此，在查询资料过程中，更注重档案文献资料的搜集，以期运用档案史料还原当年的改造场景。无可置疑，档案文献的史料价值高，但档案中更多透露出的是政策的变迁，却很少言说到变革主体——人在其中的感受和作用。这一点也是在论文撰写过程中越来越强烈的感受，但这方面的资料多因散见于文集或回忆性文章及著作中，或者是内部资料，如商务印书馆的《馆务通讯》《商务印书馆馆史资料》等，搜集起来极为不便，因此，不免留下了诸多遗憾。当然，丰富私营出版业改造中业界同人的所思所想、所作所为，凸显改造历史进程中个人和企业的取舍选择，彰显出版政策变迁中"人"的跌宕起伏，这也成为今后笔者修改完善的重要着力点。

第一章

新中国成立之初的私营出版业与国家出版政策

中国私营出版业发端于清末，发展成熟于民国。民国时期的出版业格局、私营出版业的组织架构和运行机制等在1950年社会转型中都发生了巨大变化。因此，为明确私营出版业社会主义改造的历史必然性，有必要对民国时期私营出版业给予历史的考察。

一 民国时期私营出版业概况

近代初期，在中国出版领域，教会出版机构和官办书局两分天下。至甲午战争后，清政府变法维新，废科举、办学堂，从改革教育入手，以谋国家富强。1906年清学部颁布的《第一次审定教科书凡例》规定，"凡本部所编教科书，未出以前，均采用各家著述，先行审定，以备各学堂之用"[1]，确立了新式教科书的审定制，这一制度一直沿用到新中国成立前。各类学堂对新式教科书的需要，催生了以商务印书馆为代表的私营出版业的发展壮大。创办于1897年的商务印

---

[1] 转引自刘哲民《近现代出版新闻法规汇编》，学林出版社1992年版，第17页。

书馆，初期为主要承印商业印件的印刷所。1902年张元济加入后，创办编译所和发行所，招揽贤才开始编辑教科书，创建了编印发三位一体的组织体系。1903年，引进日资，改组为股份有限公司，借鉴资本主义国家成熟的企业运作管理模式，采取西方现代化的印刷技术，出版中小学教科书并兼及其他，实行"一业为主、多种经营"的经营战略，迅速成长为国内最大的综合性私营出版企业。继商务印书馆之后，文明书局、南洋公学等私营出版企业也开始编印各类教科书。① 1906年清学部的第一次审定教科书102册，其中由私营出版业出版的就有85册（其中商务印书馆54册），占全体4/5以上。② 因此，私营出版业凭借着19世纪末维新变法运动所带来的革新氛围获得第一次飞跃式发展，逐渐取代教会出版机构和官办书局的地位。在近代中国出版史上，商务印书馆不仅培养了大批编辑出版、经营管理人才，而且其所创设的组织机构和经营管理模式，都为后起之秀诸如中华书局、大东书局、世界书局、开明书店等近代知名出版企业所效仿，在激烈竞争中，逐步形成了商、中、世、大、开五家独大、中小型出版印刷企业林立的近代中国出版格局。承继晚清出版业的初步发展，民国时期私营出版业的主体地位更加巩固，市场化运作的商业手段更加成熟，规模化经营的产业特征更加明显。③ 因行文需要，本书侧重论述1927年南京国民政府成立后的出版界情况。

1927年南京国民政府成立后，在行政院领导下，由国民党中央宣传部、民政部、司法行政部建立中央宣传委员会，指导管理出版工作。各地则由省市社会局担负出版行政管理职责。为控制舆论宣传，国民政府也着手筹设官办出版机构，先后创办了如正中书局、拔提书店、中国文化服务社等数十家党政系统的出版社和书店，其中以正中

---

① 参见杨寿清《中国出版界简史》，永祥印书馆1946年版，第20页。
② 参见李泽彰《三十五年来中国之出版业》（1931年），张静庐《中国近现代出版史料·现代丁编》（下）（8），上海书店出版社2003年版，第384页。
③ 参见王余光、吴永贵《中国出版通史》（民国卷），中国书籍出版社2008年版，第1页。

书局、拔提书店最为有名。正中书局利用官办书局优势，短短数年，在上海、杭州、武汉、重庆、北平、天津等地建立了分局，出版大量的系列丛书，并编印各级学校教科书，打破了民国以来由商务印书馆、中华书局、世界书局、大东书局、开明书店 5 家私营出版企业垄断国内教科书市场的局面，跻身于民国时期大型出版机构之列。隶属于不同党政系统的国民党官办书局，协同构建起国民党的官办出版系统。

由于中华民国成立后，政治控制的松动和新思想、新文化大量传入中国，出版业实行登记制度，进入门槛相对较低，特别是"五四"新文化运动和 20 世纪 20 年代图书馆运动的推动，大书局规模扩充，中小书局力量壮大，书刊出版数量逐年攀升，私营出版业的发展由此进入一个"超常规发展时期"。[①] 以出版物数量而论，1927 年全国新出版物只有 1323 册，1937 年则增至 9438 册，约 7 倍于前者。中间只有 1932 年，因"一·二八"事变，新出版物较以前有所减少。在 1927—1937 年的后 5 年间新出版物的增速最快，相比前 5 年增长率超过 50%。[②] 此一时期，私营出版物不论数量还是质量都达到历史最高，出版了大量沿用至今、有价值的论著和丛书。商务印书馆、中华书局为代表的私营出版机构其印刷发行也取得了骄人业绩。商务印书馆自 1903 年建汉口分馆始，在各地陆续设分支馆，至 1930 年前后共设有 86 处[③]，同时利用"现批处""特约经销处"及"经销店"等渠道，构建起上海发行所通过各地分支馆（大都在省会城市）和广泛零售商相联系的庞大发行网。此外，在北京、上海、香港三地建有印刷厂，印刷设备和技术堪称国内一流。而同时期的中华书局则在广州、北京、天津、保定、开封、成都、汕头、重庆等约 50 个城市设

[①] 参见王余光、吴永贵《中国出版通史》（民国卷），中国书籍出版社 2008 年版，第 18 页。

[②] 参见王云五《十年来的中国出版事业（1927—1936）》（1937 年），张静庐《中国近现代出版史料》（4），上海书店出版社 2003 年版，第 350 页。

[③] 参见汪家熔《1931 年前商务印书馆的发行》，《商务印书馆史及其他——汪家熔出版史研究文集》，中国书籍出版社 1998 年版，第 120 页。

立有分支局和1000余家分销处①，并且在新加坡建有分局。至1934年香港九龙印刷厂建成时，连同上海新老两个印刷厂，中华书局印厂职工近3000人，在印刷设备和技术条件方面，当时不仅在全国，即使在东亚地区也是首屈一指。因此抗日战争前夕，出现了近代中国出版业发展的黄金时期。但1937年抗日战争的爆发，直接导致了中国私营出版业由盛转衰。敌占区出版机构大举内迁，承受着严重的经济损失。物资匮乏，交通不便，民众购买力下降等因素，使得出版业处于"维持发展"状态。

抗战胜利后，内迁私营出版业，纷纷返沪，冀望政局稳定，重整旗鼓，走上复兴之路。国民参政会参政员王冠英等人曾在1946年2月上书教育部，提交"迅速援助民营出版业，以拯救文化危机案"，指出"民营出版事业已陷绝境，由于印价及纸价暴涨与读者购力之薄弱，不特自然科学之书刊几绝迹坊间，即社会科学之巨著亦寥若晨星，市面所充斥者，多为迎合低级趣味之色情小说，及无永久价值之短篇论文等"②，呼吁政府应以最大努力速予救济。然而国共内战爆发，复兴计划遂化为泡影。先盛而转衰，基本上反映出国民政府时期私营出版业的历史发展脉络。

纵览民国时期以商务印书馆、中华书局为代表的私营出版业发展情况，出版业态上的独特性，在中国近代出版史可算是浓墨重彩的一笔。

首先，出版格局多元化，私营出版业占据主体地位。官营书局与民营书局并存、政治倾向不同的出版业林立以及经营规模大小上的差异凝聚成多元化的出版格局。例如在企业规模上，除几家实力较强外，资本都不大，设备也不全。大多数出版企业规模都比较小，或由发行转而兼营出书，或出书兼营发行，很少有如商务印书馆、中华书局这般既有自己的编辑出版机构，又在各地设分馆，拥有独立的印刷

---

① 参见叶再生《中国近代现代出版通史》（第二卷），华文出版社2002年版，第364页。
② 乐美素：《民国时期山东出版业概述》，《新民主主义革命时期出版史学术讨论会文集》，中国书籍出版社1993年版，第102页。

厂。据统计，20世纪30年代上海书业公会会员共40余家，资本900余万元，其中商务印书馆500万元，中华书局200万元，此外都是一二十万元以下的。[①] 彩印局、石印局、铅印局、旧书店、新书店等非书业同业公会会员，资本大多数千元乃至数万元，10万元以上的很少。同时期，生活书店、读书出版社、新知书店等革命出版机构也陆续建立，获得快速发展，成为国统区出版业中的一支新力军。

其次，民国时期私营出版业实行编辑出版、印刷、发行一体化经营模式。商务印书馆设编译、印刷、发行三所，1915年成立总务处，形成"三所一处"体制，初具现代企业管理雏形。1932年总经理王云五实行改革，调整组织机构，实行总经理负责制，下设总管理处，分设生产部（负责印刷、编审工作，后单独成立编审部）、营业部、供应部、主计部、审核部及秘书处、人事委员会，构建起"二处五部"管理体制[②]，确立了各部门对总经理负责的高度集中管理模式。作为民国时期私营出版机构比较成熟的企业管理体制，为其他出版社纷纷效法，中华书局、世界书局等大型综合性出版机构均采取这一模式，中小出版社则或者出版兼发行，或者发行兼出版，情况比较复杂，但均无分工的实践。编辑业务上，商务印书馆、中华书局等规模最大的出版企业，分工比较细致，有独立的编辑部门，配有专职编辑，实行编著合一，并且编辑对稿件采用有决定权，例如商务印书馆编译所，专司编辑、翻译、审读、编书之职，集编、译、著于一身。开明书店、生活书店、读书出版社、新知书店等大多亦如此，社内编辑既从事编辑工作，又是笔耕不辍的著作者。其他规模较小的出版社则未做到明确分工，往往是出版社负责人身兼数职。

再次，实行公司制，采取产业化的经营方式。在注重文化经营的同时，把出版物作为一种商品进行流通，以实现企业盈利目标。这一

[①] 参见陆费逵《六十年来中国之出版业与印刷业（1932年）》，张静庐《中国近代现代出版史料》（6），上海书店出版社2003年版，第279页。

[②] 参见王云五《商务印书馆与新教育年谱》，江西教育出版社2008年版，第372—373页。

点上最显著的特征就是出版企业大多采取股份有限公司形式，董事会是企业的最高权力机构，决定企业的经营方针大计以及其他重大事项，对股东大会负责。董事会选任总经理，负责企业全面业务。这种资本管理体系，赋予总经理资本运作的主体地位，具体执行股东大会的资本意志，实现资本与经营管理的分离。总经理制作为依托资本运作的现代企业管理模式，适应了出版产业化的运营机制，锻造出1930年私营出版业发展的黄金时代。公司制作为一种现代企业制度，成为资本运作的核心。[①]

最后，民国时期实行出版业登记制度，企业存在自由竞争机制。国民政府要求旧有的从业者填表登记，新开业者在商业局申请登记批准，手续简单，入业门槛低，申请很少被驳回。据统计，民国时期曾出现过一万多家出版社，但大多资金较少，没有专职编辑、发行人员，往往一人身兼数职，所以，真正能长久维持下来的为数不多，至新中国成立，仅剩下200余家。[②]而竞争中也塑造了商务印书馆、中华书局等中国近代出版史上的综合性现代出版企业，出版物涉及社会科学、自然科学、应用技术、文学艺术、儿童读物、大中小学教科书、中外语文辞书和各类专科工具书等门类，比较均衡。同时，编辑出版了一批优秀的高质量出版物，如商务印书馆的《辞源》《四部丛刊》《万有文库》及中华书局的《辞海》《四部备要》等，沿用至今。

新中国成立后，随着国家出版理念和出版政策的改变，民国时期的出版业格局和出版企业经营管理机制成为整顿和改造私营出版业的主要内容。而私营出版业的自身经营困境，也为这种整顿和改造打开了方便之门。

[①] 参见王建辉《旧时代商务印书馆与政府关系之考察（1897—1949）》，王建辉《出版与近代文明》，河南大学出版社2006年版，第260页。

[②] 参见汪家熔《商务印书馆史及其他——汪家熔出版史研究文集》，中国书籍出版社1998年版，第334页。

二 私营出版业的经营窘境

抗战胜利后,因国共内战的爆发与国统区恶性的通货膨胀,加之劳资矛盾空前尖锐,至1949年新中国成立前,中国私营出版业普遍陷入业务衰退、经济效益滑落状态,营业清淡,经营困难,尤其是商务印书馆、中华书局等大型出版机构,因"船大难掉头",营业萧条,亏损很大,处境更为艰难。不仅已收缩或停止了新书出版业务,甚至靠变卖机器、纸张和向银行贷款度日。中小出版业,除了一些投机书商外,也大多陷入困境。出版、发行、印刷作为出版业有机联系的三个重要组成部分,在新中国成立前后,都不同程度地面临着困难局面。

(一)私营出版业务"萎缩"

私营出版社的苦闷,主要源于出版业务的"萎缩"。新中国成立初期,出版业务的"萎缩"表现在两个方面,一是教科书国营,私营出版业逐步退出教科书市场,二是出版物"缺乏时代性",组织新稿源困难,当然这都与1949年后出版政策的改变密切相关。

首先,教科书国营,私营出版业逐步退出教科书市场。清末以来,新式教科书的出版,成就了私营出版业的崛起与辉煌。同时中小学教科书以其数量大、供应对象固定等特点,在近代中国出版业务中占有很大份额,甚至可以说缔造了私营出版业的巅峰时代。当年出版人言"教科书是书业中最大的业务,不出教科书,就算不得是大书局"[①]。1949年之前,中国五家最大的私营出版企业——商务印书馆、中华书局、世界书局、大东书局、开明书店(即商、中、世、大、

---

① 刘寒英:《垄断教科书印行的"七联处"之始末》,全国政协文史资料编委会《文史资料存稿选编精选》(9),中国文史出版社2006年版,第140页。

开），就是以其印售中小学教科书数量之多寡而排列次序的。教科书成为企业盈利的主要来源，对此，商务印书馆董事陈叔通直言"商务发财主要靠教科书"①。新中国成立后，宣布废止国民政府时期的教科书，并实行"教科书国营"② 政策，改变了民国时期的教科书出版审定制。

  1912年9月13日，中华民国政府颁布法令规定"初等小学校、高等小学校、中学校、师范学校教科用书，任人自行编辑；唯须呈请教育部审定"，各地教科书采用则依"各省组织图书审查会，就教育部审定图书内择定适宜之本，通告各校采用"③。依此法令，教科书由各出版社遵照中小学课程暂行标准自行编撰，印成样本送教育部审定，取得准予发行执照后即可出版发售。各地学校教科书没有全国统一版本，而是自主采用教育部审定过的教本。而教科书出版权收归国家，使得"商、中、世、大、开"等大型综合出版机构过去主要依靠印行教科书盈利的条件不复存在，例如商务印书馆，原有小学课本存货全部作废、就地切毁、卖作废纸，经济损失惨重。当然，更严重的是，私营出版社曾享有的教科书编辑出版权逐渐丧失，虽然废止国民政府时期的所有教科书和"教科书国营"不可能一步到位，需要有一个过渡时期。1949年7月，中共中央宣传部出版委员会联合包括商务印书馆、中华书局等25家私营出版企业合资组建华北联合出版社，此后又仿效北京经验组建上海联合出版社，以供应京津、华东地区的中小学教科书。但"实物保本"的定价制度使其难以达到盈利目标，无法弥补其经营上的巨大亏损。1950年9月第一届全国出版会议后，联合出版社的工作相继结束，新成立的人民教育出版社成为中小学教科书专业出版机构。由此，以商务印书馆为首的私营出版业逐渐退出

---

  ① 陈叔通：《回忆商务印书馆》，《商务印书馆九十年》，商务印书馆1987年版，第135页。
  ② 《陆定一在全国新华书店出版工作会议上的闭幕辞》（1949年10月19日），《中华人民共和国出版史料（1949年）》，中国书籍出版社1995年版，第445页。
  ③ 《审定教科用图书规程》（民国元年九月十三日教育部令第九号），转引自刘哲民《近现代出版新闻法规汇编》，学林出版社1992年版，第68—69页。

第一章 新中国成立之初的私营出版业与国家出版政策

教科书出版市场。即便因国营力量薄弱而难以完全承担编辑全套中小学教科书的任务，政府从私营书店的教科书中审核采用一部分[①]，但从1950年秋季用书中商务印书馆向政府推荐111种教材但入选仅10种的情况中[②]，亦可察知"教科书国营"政策的影响力。

其次，出版物"缺乏时代性"，组织新稿源困难。新书稿源缺乏，是新中国成立后，各类私营出版业普遍面临的困难，如重庆的60余家私营书店，业务极其清淡，主要表现为新书出不来，旧书又无销售市场。[③] 而在京沪私营出版业集中地，这种现象尤为严重。近代中国最大的私营出版企业——商务印书馆创建以来奉行"在商言商"的经营原则，"业务向来避免和政治接触"[④]，但在1949年后遭遇到了符合新时代要求的新稿来源极度缺乏的难题。早在1948年9月，商务印书馆的出版物就因"太缺乏时代性"而不为部分青年读者所喜爱。1949年年初，即着手调整编辑方针，改变数十年来以编纂各级学校教科书、参考用书、工具用书、理论科学及应用技术各书并翻译世界名著为主的编辑方针，转而致力于编纂"合于人民大众需要之儿童读物、少年读物及一般人民读物""中学校、职业学校、大学校自然科学及应用技术各教科用书及参考书""工业农业医学各小丛书""人民小辞典及中小学生辞典"和翻译世界著名文艺作品。[⑤] 7月19日，商务印书馆董事会决定将原有的编审部改为出版委员会，聘请沈雁冰担任会长。9月，张元济借北上参加新政治协商会议之机，拜访商务故旧，商谈商务印书馆在新形势下的发展方向。但此时曾效力于商务印书馆的著名编辑出版家如沈雁冰、胡愈之、叶圣陶等人都已在政府担

[①] 参见《出版总署三个月（1949年11月至1950年1月）工作简报》（1950年1月26日），《中华人民共和国出版史料（1950年）》，中国书籍出版社1996年版，第63页。

[②] 参见汪家熔《黎明前后的商务印书馆》，《编辑学刊》1997年第3期，第69页。

[③] 参见《西南军政委员会新闻出版局关于新闻出版工作的报告》（1950年5月31日），《中华人民共和国出版史料（1950年）》，中国书籍出版社1996年版，第278页。

[④] 汪家熔：《黎明前后的商务印书馆》，《编辑学刊》1997年第3期，第64页。1950年商务印书馆董事会在股东年会上向股东陈述公司经营状况时，也曾特别提到这一点。

[⑤] 参见商务印书馆《编辑方针》，上海市档案馆：全宗号Q431目录号1案卷号218，以下凡引用上海市、北京市档案馆馆藏档案时，书写形式简化为Q431—1—218。

33

任要职,这使得商务印书馆应对困境的种种计划无法实现,新稿来源上的困难由此加剧,而出版的新书如《小学教师学习丛书》《小学行政设施丛书》《小学教学技术丛书》《小学教师自学丛书》等也没有适销对路,其原因正是"缺乏新意,不足以适应新时代的需要,作者和读者的兴趣亦由此转向其他出版社"①。不独商务印书馆新书出版困难,中华书局亦是。1949年7月13日,中华书局编辑所副所长金兆梓在函请退休的信中指出"编辑计划已拟就,但不得人为之,纵有纸上方略,又何补于事。目下厂方借增产节约为名,则所以多发稿。人不许增而欲增稿,势不可能,即许增人增稿,印出后而衡以目下购买力,销路可睹,届时则又将以造废纸相督责矣"②。因此,编辑人才缺乏,加剧了商务印书馆、中华书局的经营困难,而且这一现象在当时私营出版企业中颇具普遍性。如民国时期的另一著名出版机构——贵阳文通书局也面临此类问题。文通书局负责人华问渠曾派人到北京,邀请文通书局编辑所副所长白寿彝教授和著名诗人臧克家先生,出面继续主持文通书局编辑所的工作。而两位先生均表示:"全国刚解放,一切工作都要重新开始,以后国家会有统一安排,到时候再说。"③而对比新华书店、三联书店业务发达,工作紧张,神舟国光社负责人陈铭枢也发出"力薄孤零、惨淡凄凄"④ 之感,形象地道出了当时出版业务萎缩带来的窘境。新中国成立后,商务印书馆、中华书局等私营出版企业因旧教科书可用者甚少,其他出版物可售者亦大为减少,新书不及大量出版,在读者心目中已成"旧书店",威信降低,出版物销数大受影响,从而加剧了其经营上的困难。

近代中国出版业实行的是编辑、出版、印刷、发行一体化的经营机制,不论是印刷厂还是发行所,都是为了扩大编辑出版业务逐渐发

---

① 张人凤:《智民之师·张元济》,山东画报出版社2001年版,第229页。
② 钱炳寰:《中华书局大事纪要(1912—1954)》,中华书局2002年版,第245页。
③ 何长凤:《贵阳文通书局》,贵州教育出版社2002年版,第160页。
④ 《陈铭枢先生关于神州国光社问题致周总理信》(1949年12月2日),《中华人民共和国出版史料(1949年)》,中国书籍出版社1995年版,第587页。

展壮大的。印刷厂虽也承接社会印件,但其主要任务还是围绕企业书刊出版任务而不断更新设备、引进技术,而各类发行机构的设立目的也主要是为了推销本版书刊,谋求更多发行市场份额。因此,编辑出版业务的不景气也波及私营发行业和印刷业。

(二) 私营发行业亏损严重

新中国成立前,中国出版界没有专门的书刊批发商,商务印书馆、中华书局等大型私营出版机构一般由上海发行所管理指导在全国各地自设的发行分支机构。其他中小型私营出版社,或自办发行或委托其他发行机构代销。按规模和性质,全国私营发行机构大致可分为四类①,第一类是带有垄断性质的大私营书店,这类书店一般规模比较大,只经售本版出版物,如商务印书馆、中华书局、世界书局等设在各地的发行机构以及特约分销处;第二类是小商业性的发行机构,有的专营发行,有的则发行兼出版,这种机构数量很多;第三类是私营书刊租赁业,多租售旧小说、旧的大众读物连环图画之类的书;第四类是联合发行机构,如解放战争后期成立的上海联营书店和华北联合出版社、上海联合出版社依托私营力量设立的联合分销处。

新中国成立前后,各类发行机构都存在着程度不同的经营困难问题,尤其是商务印书馆、中华书局等大型出版企业设在各地的分支馆,处于机构收缩、营业下滑状态。1950年年初中华书局各地分支机构有33处。②在武昌、许昌、南阳、邢台支店逐步歇业后,1950年12月2日,又撤销桂林、太原、保定、厦门四处分局,至此,公司在各地及海外所设分支局尚余27处。而商务印书馆抗战爆发前夕,出版发行能力达到了历史巅峰,一年的图书发行数量相当于整个美国出

---

① 参见《全国出版事业概况》(1949年10月4日),《中华人民共和国出版史料(1949年)》,中国书籍出版社1995年5月第1版,第265—266页。
② 参见钱炳寰《中华书局大事纪要(1912—1954)》,中华书局2002年5月第1版,第237页。

版业的发行总量。① 但历经战争创伤后，由于分支机构众多，经营出现亏损且数量极大。即使开始出售外版书，仍难实现收支平衡。据1946年1至6月各地分馆营业报表，31个分馆除太原、汉口等4处报表未到以外，其余27个分馆，费用额超过30%的有15个（分馆开支达到营业收入30%以上即为亏本），最高的南昌分馆，竟高达127.06%，平均为32.92%②，各地分馆普遍处于亏损状况。1946年6月后，因新书供货减少，折本状况日益严重。至新中国成立前后参加联合出版社的分销处时，商务印书馆在发行方面已不具有先前的优势地位，各地分馆在负责发行的联合分销处投资极少。如南京联合分销处由大小60多家书业组成，资金分作1000股，其中新华书店占40%，"商务"南京分馆投资作49股，仅占总股份的4.9%③，根本难以弥补其经营上的巨大亏损。1949年10月9日，张元济对前来拜访的胡愈之谈到联合出版社时，指出"闻春季须大加扩充，若如今年秋季例，由各家比例出纸，再加以华东、华南、华西、华中，匪特商务一家为难，恐各家亦无此能力"④。由此可见，参加联合分销处，对商务印书馆摆脱"船大难掉头"的经营困局帮助不大，反而成了一种负担。因此，1950年5月，出版总署商讨商务印书馆克服困难计划时，"商务"经理谢仁冰就曾提出，将南京、西安、兰州、汕头、梅县、重庆、桂林、柳州、梧州、南宁、贵阳、昆明等营业无法维持的12处分支店⑤让渡给华北、西北、中南新华总分店，对实际无设立必要的地点，予以撤除（如重庆、昆明等）。

---

① L. W. Pye, "Foreword", C. Howe (ed), Shanghai Revolution and Development in An Asian Metropolis, Cambridge University Press, 1981. 转引自周武《从全国性到地方化：1945年至1956年上海出版业的变迁》，《史林》2006年第6期，第77页。据"商务"老人汪家熔回忆，新中国成立前，"商务"出版量占全国一半。参见汪家熔《商务印书馆的老档案及其出版品》，《档案与史学》1999年第6期，第74页。

② 参见汪家熔《黎明前后的商务印书馆》，《编辑学刊》1997年第3期，第71页。

③ 同上书，第69页。

④ 张元济：《张元济日记》（1949年10月9日），河北教育出版社2001年版，第1251页。

⑤ 参见《为商务印书馆问题出版总署致华东新闻出版局函》（1950年5月23日），《中华人民共和国出版史料（1950年）》，中国书籍出版社1996年版，第251页。

中华书局、商务印书馆等大型私营出版机构可通过收缩发行机构，规避经营亏损，集中于印刷或转变出版方向，而对数量众多的中小型专业私营发行机构来说（包括书刊租赁业在内），只有加大书刊销售额才能得以脱困。而当时私营出版业新书出版困难，旧存书又不合时需，难以供应大量适合新形势变化的书刊，因此，旧连环图画等通俗读物以及诸多投机性书刊泛滥于图书市场。同时由于各地干部教育的需要，政治类书刊需求量激增，而新华书店又无力充分供应，图书市场特别是北京出现了大量畅销政治类书刊的翻印书。图书市场的混乱状态导致书刊流通渠道的恶性循环，进一步加剧了私营发行业的经营困难。

（三）私营印刷业生产能力过剩

相比出版业务的萎缩和发行业的亏损严重，私营印刷业的困难更大，主要表现为生产能力过剩，失业和半失业人数较多。据上海市印刷同业工会统计，新中国成立初期，66家私营铅印书刊印刷厂，月产量4.3万令的生产能力，仅有20%左右的生产任务；126家私营彩印（包括石印）厂，月产15万令生产力，开工率仅有30%。截至1950年7月15日，向上海市印刷工会登记的失业印刷工人达2570人，需要工会救济与补助。[1] 同期重庆的146家私营印刷厂，一般业务清淡，有少数厂甚至已经倒闭。[2]

以居东亚第一的中华书局印刷厂为例，抗战胜利后，凭借总经理李叔明担任中国农业银行总经理的关系，为国民政府承印纸币和有价证券。印钞业务在中华书局整个业务中已占主要地位，出版图书的收入，包括联营的中、小学教科书在内，不到总收入的40%，而印钞收

---

[1] 参见沈家儒《解放以来的上海出版事业（1949—1986）》，上海市新闻出版局1988年版。转引自方厚枢《中国当代出版史料文丛》，中国书籍出版社2007年版，第52页。

[2] 参见《西南军政委员会新闻出版局关于新闻出版工作的报告》（1950年5月31日），《中华人民共和国出版史料（1950年）》，中国书籍出版社1996年版，第278页。

入，已占 60% 以上①，成为企业的主要盈利手段。在通货膨胀、纸币大量贬值的情况下，向市场抛售的纸币越来越多，中华书局的印钞业务也越做越大。据中华书局上海印刷总厂印钞检查课李湘波回忆："从 1945 年到 1949 年上海解放止，除了国民政府改革币制，换发金圆券时停了一个月左右外，其余时间，都是日夜赶印，连星期天都照样加班。……每天送货 200 万张，还不能满足银行的需要。"中华书局每月 5 日发放工资，从票面上所印的号码发现，往往就是当天送去银行的货币。有时"为了免得送来送去，经过银行允许，干脆在当天送货中扣下一箱，发放工资"②。新中国成立前后，中华书局协理舒新城三次致函董事会称"公司经济与同人生活均感困难，应付维艰"③。为解决中华书局经营困难，上海市解放后，中华书局上海印刷厂接受人民银行印钞业务，印钞成为其主要业务收入。就此，中华书局董事会曾于 1949 年 12 月 30 日在对印刷所所长王瑾士辞职议案中特别指出"公司目下经济困难，挹注所资，多赖印所"④，恳请王瑾士共担"挽救公司责任，以期渡过难关"。由此可见，新中国成立初期，印钞业务对中华书局的重要性。因此 1950 年 2 月，人民银行通知印钞业务停止后，中华书局印刷厂的困难程度已非常严重。其他如商务印书馆、大东书局、世界书局也均面临着印刷生产能力过剩的问题，因此，以委托印制方式，承接国家加工订货，成为私营印刷企业的普遍选择。

（四）私营出版业经营困境的历史分析

抗战全面爆发后，工农业生产遭到战争的破坏，国民政府财政本已吃紧，而国共内战的爆发，国民政府加大军费开支，靠大量发行钞票弥补财政赤字，致使国统区通货膨胀愈演愈烈，至解放战争后期，

---

① 参见李湘波《我和中华书局上海印刷厂》，中华书局编辑部《回忆中华书局》（上编），中华书局 1987 年版，第 205 页。
② 同上书。
③ 钱炳寰：《中华书局大事纪要（1912—1954）》，中华书局 2002 年版，第 226 页。
④ 同上书，第 231 页。

第一章
新中国成立之初的私营出版业与国家出版政策

飞涨的物价已如脱缰野马,处于失控状况。据统计,1948年8月至1949年5月上海解放为止的9个月中,上海的物价指数上涨了646万倍[①],超过此前11年间的物价上涨总倍数(11年间共上涨564万倍),成为世界物价史上的奇闻。而出版业更是因此苦不堪言,对此,业内人士张静庐曾做过形象描述:"战前一令外国纸,只卖两块钱,目今就说江西黄土纸也要卖到每担九万多。成本天天高,读者日日少。……通货膨胀发大钞,搅得造货成本高。……苛捐杂税样样有,工商贷款你无分。邮费涨,书价高,出版新书无人要。"[②] "出版实在难"成了恶性通货膨胀下整个出版业的真实写照。物价飞涨情况下,一本书还未出版,成本价早已在书的定价以上,根本无法开印新书。因此,商务印书馆在1949年头5个月基本上没有出版书籍,现金收支入不敷出,以致董事会在议决发放上一年度股息时,不得已将股息改付书券,一律不折付现款。此外,因不明了新政权的出版政策,商务印书馆采取保守经营,一方面销售库存图书,不作新的举措,另一方面通告各地分馆,保存好公司财产,停止接收大单生意,以防公司资产流失造成损失。商务印书馆的处境,恰如董事长张元济所言"公司历经患难,元气大伤,现在勉强支持"[③]。因此,战争和通货膨胀造成的私营出版业经营困难,成为新中国成立初期私营出版业境况的普遍写照。

作为近代中国出版业中心,上海解放前夕,大小出版社有150余家,多处于风雨飘摇之中。1950年出版总署根据100余家私营出版社综合报告分析,当时"经济上有困难的约占50%"[④]。在类型上,向来以经营教科书为主要业务的出版企业,过去主要依靠印行教科书盈利的条件不复存在;其次是出版方向不明确的和经营不积极的。加之

---

① 参见李子超、卢彦《当代中国价格简史》,中国商业出版社1990年版,第9页。
② 张静庐:《出版难》,《读书与出版》1947年第2期,转引自周武《从全国性到地方化:1945至1956年上海出版业的变迁》,《史林》2006年第6期,第72页。
③ 张树年:《张元济年谱》,商务印书馆1991年版,第542页。
④ 《目前的出版概况》(1950年9月19日),《中华人民共和国出版史料(1950年)》,中国书籍出版社1996年版,第542页。

因战乱，交通不畅，一般购买力薄弱，发行也很困难。总括而言，私营出版业面临的困难主要有：一是企业收支不平衡，亏损严重；二是流动资金不足，甚至出现变卖资产以应付困局的情况，希望能得到新政府银行的贷款；三是出版理念差异，公私关系不协调。

首先，企业收支不平衡，亏损严重。通货膨胀带来的物价飞涨，物资奇缺，增加了企业生产成本，加之书刊非日用必需消费品，购买力低下，私营出版企业的生产和销售环节失调，一方面出书困难，另一方面市场疲软，销售不畅，难以及时回笼资金，特别是商务印书馆、中华书局等大型综合性出版企业，还有庞大的全国发行网络需要维持，"船大难掉头"，收入难抵支出，企业收支失衡，入不敷出。新中国成立前夕，中华书局已多年未发股利，书局经济与职工生活均感困难。上海解放后，承接国家银行的印钞业务成为其主要经营收入，1949年6月下半月薪资，延至7月10日通过向人民银行预借印钞工价，并息借千余万元，才得发清。但7月上半月薪资，不得已出售报纸9.5万磅、模造纸9万余磅，售得人民币4000余万元，用以偿还银行借款及发放7月上半月的工人薪资，但也仅及月薪的1/4。[①] 为此代总经理舒新城表示"应付繁剧，心力交瘁"，多次向董事会提出辞呈。1950年2月，印钞业务停止，其困难程度加剧，同年3月，中华书局赤字已高达20亿元，年终营业收入与成本及开支相抵净亏28.7亿元。[②] 而"元气大伤"的商务印书馆在解放战争后期，经营已出现了"靠课本一条腿维持"的局面。新中国成立后，国民政府时期的教科书不能再使用，因此以教科书为主要业务的经营格局，使其成为"困难最大"的出版企业。就用纸量来说，1948年商务印书馆用纸量仅及1936年的8.8%，而人均用纸量由1936年的341令降至130令，1949年、1950年更锐减为27令、17令。[③] 而新中国成立前夕，商务印书馆总馆职工的平均工资与公营、公私合营书店相比，竟高出

---

① 参见钱炳寰《中华书局大事纪要（1912—1954）》，中华书局2002年版，第227页。
② 同上书，第241页。
③ 参见汪家熔《黎明前后的商务印书馆》，《编辑学刊》1997年第3期，第64—65页。

第一章
新中国成立之初的私营出版业与国家出版政策

200％以上①，成为造成其经济困难的另一大因素。管理层虽有"裁员减薪"的举措，但并无成效。在裁员减薪难以推行的状况下，人均用纸量的减少，意味着收益锐减甚至亏损。除印刷厂因接受国家加工订货任务经营状况稍好外，商务印书馆的出版和发行都遭遇到严重困难。

大东书局虽凭借其印刷技术上的优势，在上海解放后，受人民银行及税务局、邮局的委托，代印钞票、税票及邮票等，成为维持企业生存的主要经济来源。但在1950年以后，由于全国物价的稳定，平版钞票及凹版钞票的印刷相继停止，税票及邮票的印刷也因税务局及邮局自印，大东书局再无承印的可能，即或有之，为数也是极微的。当时大东书局资产总值虽还有数十亿元，但大部分都是房屋、机器等不易变卖的固定资产，能够迅速变现的材料（以纸张为主）也不过20亿元左右，而当时大东书局每月开支却需要10亿元左右。②

其次，流动资金不足，靠举债或变卖资产度日。在收支失衡、亏损严重的情况下，各出版企业资金周转捉襟见肘，拆东墙补西墙，靠举债或变卖资产勉力维持。1949年10月初，全国新华书店出版工作会议期间，中共中央宣传部出版委员会邀请北京市同业及会议代表召开茶话会，与会同业反映资金短缺已成为困扰私营出版业发展的普遍难题，纷纷表示希望政府给予帮助。五十年代出版社金长佑指出，"出书多了，资金不够周转，希望有一个文化贷款，时间长而利息低"③。1949年年初，商务印书馆现金收支已入不敷出，开始卖闲置机器及纸张。上海解放后，董事长张元济与总经理陈懋解联合致函上海市市长陈毅，列陈商务印书馆营业每况愈下，职工薪金难支，不动产变卖无人承受等情形，恳求政府"垂念此五十余年稍有补助文化教

---

① 参见《为商务印书馆问题出版总署致华东新闻出版局函》（1950年5月23日），《中华人民共和国出版史料（1950年）》，中国书籍出版社1996年版，第250页。
② 参见《大东书局情况汇报》（1950年5月），《中华人民共和国出版史料（1950年）》，中国书籍出版社1996年版，第260页。
③ 《中共中央宣传部出版委员会邀请北京市同业茶会记录》（摘要）（1949年10月7日），《中华人民共和国出版史料（1949年）》，中国书籍出版社1995年版，第466页。

育之机关，予以指导，俾免颠覆"①。1949年年底，为摆脱困境，张元济再次致函陈毅，希望给予贷款，谓"再四思维，已濒绝境，不得已仰求我公体念五十余年民族文化之商务印书馆赐予救济，转商人民银行，准许贷款20亿元"②。而中华书局至1950年5月前后，公司财务已极为困难，因收支相差过巨，向银行借款困难，为此指出"一切支出非绝对紧缩，恐将无法应付"③。在开源空间逐渐缩小的条件下，中华书局不得不采取"节流"的办法，从1949年年底即着手"裁并现有机构"，动员科室人员参加印刷厂的印钞生产，同时彻底清售剩余物资及废置不动产，包括纸张、废书、房地产、生财器具等，以灵活公司资金。被军管的世界书局负累更甚，在1949年年底，世界书局负债银行日拆借款高利贷部分达人民币5000万元，每月利息支出近3000万元，职工薪金已欠发2个月，资金周转困难，已达极点。因此，世界书局负责人屡次要求出售机器、原料以解经济之困。因当时正清理世界书局资产，以确定官僚资本数额予以接管，为防止资产流失，世界书局军管代表王益、卢鸣谷致信出版总署出版管理局局长黄洛峰，以铅字或机器作抵押，要求政府给予5000万元贷款，期限定为2个月，月息6角④，帮助世界书局渡过难关。但新中国刚刚成立，百业待兴，为巩固政权，国防军费开支浩大，国家根本无力拿出更多资金对私营出版业给予适时援助。对新华书店的发展，也要求"切实执行企业化方针"⑤，加强经济核算，实现扩大再生产，以此缓解新中国财政压力。

最后，出版理念差异，公私关系不协调。民主革命时期，中国共产党领导的出版力量服务于政治宣传教育工作，因此出版工作被视为

---

① 张树年：《张元济年谱》，商务印书馆1991年版，第546页。
② 同上书，第553页。
③ 钱炳寰：《中华书局大事纪要（1912—1954）》，中华书局2002年版，第236页。
④ 参见《王益卢鸣谷关于世界书局处理问题的三点说明致黄洛峰等的信》（1949年11月16日），《中华人民共和国出版史料（1949年）》，中国书籍出版社1995年版，第539页。
⑤ 《中共中央华北宣传部关于当前出版工作几个问题的决定》（1949年1月7日），《中华人民共和国出版史料（1949年）》，中国书籍出版社1995年版，第3页。

一种政治任务,新华书店实行供给制,没有营利诉求。而近代以来私营出版业实行企业化经营,在商业化运作中实现其文化价值追求和企业营利双重目的。在管理上多奉行"在商言商"原则,这与新华书店"用革命文化占领思想阵地"政治化经营原则迥然不同。出版理念上的差异使得新政权对私营出版业整体评价较低,认为其图书品质"粗制滥造",经营方式落后,并将此归咎于"过去的出版事业,只是私人的而不是国家的"①,私营出版业因此处于"待改造"地位。新中国成立初期,出版界流行以政治标准区分新区私营出版业,认为从根据地来的新华书店是革命的,白区的三联书店是进步的,而商务印书馆和中华书局代表保守的书店,正中书局是反动、买办官僚资产阶级的出版社。② 因此出版工作存在着"重公营、轻私营"思想,意欲对私营出版业实施"拿过来"政策,采取"关门主义"态度。对以公私合作形式组建的华北联合出版社,认为是"肥了鸭子瘦了鹅"③。有些地区甚至有排挤私营书店、拒绝与之合作的现象,认为"出版事业可以迅速全国国有化,私营的无存在必要,亦无必要加以扶助"④。如华北区新华书店将商务印书馆、中华书局划为"中间书店",对其采取以货色对货色的竞争排挤态度,不往不来,甚至提请中宣部出版委员会加以没收。⑤ 重庆私营出版业发展中也存在类似问题,新华书店部分工作人员从单纯经济观点出发,排斥私营书店,不予照顾和便利。如批发书籍条件苛刻,收款非大额钞票不要等,公私关系因而非常紧张。1950年重庆市新闻出版处邀集私营同业召开座谈会,"公私关系

---

① 《胡愈之在三联书店第一次全国分店经理会议开幕式上的讲话》(1950年4月24日),《中华人民共和国出版史料(1950年)》,中国书籍出版社1996年版,第153页。
② 参见陈峰(口述)《关于商务印书馆史的研究》,《出版科学》1999年第4期,第43页。
③ 《出版委员会工作报告》(1949年10月5日),《中华人民共和国出版史料(1949年)》,中国书籍出版社1995年版,第277页。
④ 《中央宣传部关于目前宣传工作的指示》(1950年7月27日),《中华人民共和国出版史料(1950年)》,中国书籍出版社1996年版,第426页。
⑤ 参见《华北区新华书店工作报告》(1949年10月7日),《中华人民共和国出版史料(1949年)》,中国书籍出版社1995年版,第343页。

不协调"问题竟成为了讨论的重点。① 出版领域中的"左"倾偏向对"商务"等私营出版社的经营无疑是雪上加霜。正因为如此，1950年出版总署才以"合理调整出版业公私关系"作为工作重点，接连召开京津发行工作会议、京津出版工作会议、全国新华书店第二届出版工作会议及第一届全国出版会议等一系列会议，并召开北京、天津、上海、重庆等地私营出版业座谈会，了解情况，商讨对策，批评"提早消灭资本主义实行社会主义的思想是错误的"②，强调要团结利用私营出版业，共同建设新民主主义出版文化事业。

三 中国共产党的出版事业与政策

　　新中国的出版事业是在借鉴苏联出版经验的基础上，依托民主革命时期中国共产党创办的出版力量和积累的出版经验，通过改造私营出版业而建立起来的。新中国成立初期的出版界状况，正如有学者指出的："在解放区和国统区两支文化大军胜利会师后，除了接受过延安文化精神洗礼的人以外，分布在各个领域，如文艺、教育、新闻、出版以及社会科学研究的各方面，主要是原国统区的知识分子和文化人，他们不仅人数众多，而且一般都是带着旧有时代的思想意识、价值观念和文化刻痕投入新社会的。……他们的精神产品，同在延安整风基础上形成的延安文化，也存在着不协调甚至很不协调的地方。"③ 而毛泽东和中国共产党人是带着延安文化的经验和美好感受走进北京

---

　　① 参见《西南局宣传部召开重庆各公营、公私合营出版业党员会议的报告》(1950年9月6日)，《中华人民共和国出版史料（1950年）》，中国书籍出版社1996年版，第485—486页。

　　② 《为争取国家财政经济状况的基本好转而斗争》，《建国以来毛泽东文稿》(第1册)，中央文献出版社1987年版，第394页。

　　③ 陈晋、王均伟：《毛泽东、邓小平、江泽民与中国先进文化》，广东教育出版社2003年版，第101页。

的,因此按照延安时期形成的出版理念及经验,改造私营出版业,筹划新中国出版事业也就具有了某种历史必然性。

(一)民主革命时期中国共产党的出版事业

囿于特殊的政治环境,中国共产党领导的出版机构虽数度更迭,但中共中央宣传部门直接管理出版工作并从事实际的出版业务一直延续到新中国成立前夕。中国共产党领导下的出版力量主要分为两部分,一是早期地下出版机构及党营的新华书店。在延安,解放社担负编辑出版任务,新华书店负责书刊发行;而在各解放区,新华书店是集编辑、出版、印刷、发行于一体的综合性出版机构。二是国统区以生活书店、读书出版社、新知书店3家书店为代表的进步出版业。两者在出版经验及人才培养等方面成为新中国出版业的源头。不同于国统区及新中国的出版业发展,民主革命时期中国共产党领导的出版业具有自己的特色。相比国统区实行商业化运作模式,中国共产党领导下的出版业不以营利为目的,服务于革命斗争的需要。

首先,实行党营原则,确立了党的一元化出版领导体制。中国共产党成立之初并无专门的出版机构,出版工作由中央局宣传部领导,作为中国共产党宣传工作的一部分而存在。中国共产党"一大"通过的《中国共产党的第一个决议》指出"一切书籍、日报、标语和传单的出版工作,均应受中央执行委员会或临时中央执行委员会的监督"[1],确立了出版事业的党营原则。1921年9月创办的第一个出版机构——人民出版社,由中央局宣传部主任李达主持。大革命时期,为了方便中国共产党在国民党内开展工作,特别强调"宣传更重要于组织"[2]。

---

[1] 《中国共产党的第一个决议》(1921年7月),《中共中央文件选集》(第1册),中共中央党校出版社1982年版,第8页。

[2] 《共产党在国民党内的工作问题决议案》《党内组织及宣传教育问题议决案》,《中共中央文件选集》(第1册),中共中央党校出版社1989年版,第188页。

为使宣传鼓动工作"能有更明显的组织形式"[1]，先后建立了中央出版部、中央出版局、中共中央宣传部出版科、中央组织部发行科等机构，具体负责党报党刊及图书、宣传小册子的出版发行。第二次国内革命战争时期，中国共产党出版机构的频繁变动使其难以展开出版组织的制度化建设，这一状况在中共中央领导机关迁至延安后得以改变。为适应西安事变后统一战线的新形势、宣传党的抗战主张和政策，1937年1月，中共中央成立中央党报委员会，负责编辑出版《解放》周刊，领导新华社、《新中华报》，并编印马列著作和革命理论书籍，下设材料科和发行科，对外称"解放社"。所以解放社不是一个独立的建制，而是中央党报委员会出版马列著作和重要军事政治读物时用以对外的出版机构名称。同年5月，中央印刷厂划归中央党报委员会领导。由此，中央党报委员会成为延安新闻、出版、印刷、发行的统一领导机构。随着出版发行规模的扩大，1939年3月22日，中共中央发出《关于建立发行部的通知》，要求"从中央起至县委止一律设立发行部"[2]。同年4月，李富春、任弼时在向有关干部传达上述通知时，强调发行部的任务就是要把党的方针、政策、指示和马列主义理论通过书籍、报刊发行到敌后各抗日根据地和国统区的大后方去，以扩大党的影响，发展党的队伍。同年6月1日，中央党报委员会出版、发行两科并入新成立的中央发行部（9月改称中央出版发行部），李富春兼任部长。1941年12月，根据中央精兵简政方针，中央出版发行部精简改组为中央出版局，机构紧缩为出版、发行、指导三科。为集中领导，1943年3月20日，中央政治局会议通过《关于中央机构调整及精简的决定》，决定在中央政治局和书记处之下成立中央宣传委员会，撤销中央党报委员会，作为政治局和书记处处理宣

---

[1] 《党内组织及宣传教育问题议决案》，《中共中央文件选集》（第1册），中共中央党校出版社1989年版，第95页。

[2] 《中央关于建立发行部的通知》（1939年3月22日），中共中央宣传部办公厅、中央档案馆编研部《中国共产党宣传工作文献选编》（1937—1949）（内部发行），学习出版社1996年版，第38页。

第一章
新中国成立之初的私营出版业与国家出版政策

传、文化、教育的办事机关,统一管理中共中央宣传部、解放日报社、新华社、中央党校、文委和中央出版局。办报、办刊物、出书籍"成为党的宣传鼓动工作中的最重要的任务"①。1946年1月,由于需要延安大批干部分赴东北、华北等地工作,出版领导机构进行了调整,撤销中央出版局建制,并入中共中央宣传部,称中共中央宣传部出版科、发行科,各根据地及解放区出版机构受同级党委宣传部的领导。由此,中共中央宣传部成为中国共产党主要的出版领导机构,新中国成立后,仍沿用这一党政合一的模式,出版总署虽属国家行政系统,但实际上还是受中共中央宣传部的领导和监督。

其次,党营出版机构"服从革命需要",实行事业管理。民主革命时期,新华书店逐渐发展成为中国共产党在根据地领导的主要出版力量。新中国成立前,西北、华北、东北三区作为中国共产党最早控制的地区,辖区内新华书店的发展奠定了新中国国营出版业的基础。有别于国统区私营出版业发端于印刷厂或书店,新华书店是在社店合一体制下(即书店依托报社进行出版、发行、印刷工作)发展起来的编、印、发综合出版机构。初期由报社承担书刊的出版任务,借助报社发行系统开展书刊发行工作。新华书店的前身为中央党报委员会发行科,1937年4月24日,发行科在《解放》周刊创刊号上署名"陕西延安新华书局",同年10月初,改称陕西延安新华书店,因此发行科科长即为当时的新华书店经理,负责总发行《解放》周刊和延安解放社初重版的马恩列斯著作和毛泽东著作,当时影响所及陕西、山西、河北、山东、河南、甘肃、四川、湖北、江苏、上海等十几个省市。②1939年,中央党报委员会发行科并入中央出版发行部后,新华书店单独建制,改由中央出版发行部领导。1940年3月,在晋西北根据地兴县成立了延安新华书店的第一个分店,即晋西北新华书店(后

---

① 《中央宣传部关于党的宣传鼓动工作提纲》(1941年6月20日),转引自叶再生《中国近代现代出版通史》(第三卷),华文出版社2002年版,第778页。
② 参见郑士德《五十春秋话新华——新华书店总店简史》,《新华书店五十春秋》,新华书店总店1987年版,第3页。

· 47 ·

来的晋绥新华书店）。1940年9月1日，在晋冀鲁豫边区新华日报华北分馆基础上建立黎城新华书店，承担向华北、华中、华南等各抗日根据地输送书刊的任务。

1940年9月10日，中共中央发出《关于发展文化运动的指示》，要求"每一较大的根据地应开办一个完全的印刷厂，已有印厂的要力求完善与扩充。要把一个印厂的建设看得比建设一万几万军队还要重要。要注意组织报纸刊物书籍的发行工作，要有专门的运输机关与运输掩护部队，要把运输文化食粮看得比运输被服弹药还重要"[①]。为贯彻这一指示，1940年12月25日，毛泽东在为中共中央起草的党内指示——《论政策》中进一步强调"每个根据地都要建立印刷厂，出版书报，组织发行和输送的机关"[②]。此后，各根据地依照上述两个文件的指示精神，陆续建立、健全地方出版、印刷、发行力量。1941年年底，中央出版发行部改制为中央出版局后，新华书店隶属于中央出版局。

战争环境中，新华书店的书刊发行工作将重点放在各敌后根据地及大后方，对国统区和敌后根据地采取不同策略。为避免国民政府的检查、扣压，采取"明修栈道，暗度陈仓"[③]的办法，即一方面继续通过国民政府的邮局用挂号邮寄，若被查抄，也能取得由邮局按规定扣留挂号印刷品要有所交代的证据。另一方面则另辟蹊径，暗度陈仓，通过在陇东设立的发行站或地下交通线将大批书报发往成都、重庆及广西、云南、贵州等国统区。同时延安新华书店通过向兴县、黎城、陕甘宁边区书店、绥德西北抗敌书店批发书刊，逐步建立了与晋绥、晋察冀、晋冀鲁豫、山东等根据地发行网点的联系。

抗战胜利后，1946年1月，中央出版局并入中央宣传部，中央宣

---

① 《中央关于发展文化运动的指示》（1940年9月10日），中共中央宣传部办公厅、中央档案馆编研部《中国共产党宣传工作文献选编》（1937—1949）（内部发行），学习出版社1996年版，第162页。

② 《毛泽东选集》（第2卷），人民出版社1991年版，第769页。

③ 郑士德：《五十春秋话新华——新华书店总店简史》，《新华书店五十春秋》，新华书店总店1987年版，第10页。

第一章
新中国成立之初的私营出版业与国家出版政策

传部设发行科,发行科就是新华书店总店原机构,即一套人马,两块牌子。对各个根据地联系业务和出版发行图书,用新华书店总店名义;给各级党委发书用中共中央宣传部发行科名义。随着解放战争的节节胜利,东北、华北、华东、中原(后改为中南)新华书店的发行网点不断增加,先后成立了各大战略区新华书店总店或总管理处。至新中国成立前夕,据不完全统计,华北区、华东区、华中区、东北区、西北区五个战略区,新华书店分店 108 处,支店 589 处,印刷厂 29 处,全部人数为 8123 人,其中职员 3373 人,工人 4750 人。[①]

民主革命时期,中国共产党的出版事业从无到有,从由于工作需要在报馆里指定或调拨两三个人做出版工作,逐渐演化成书店,所以多数根据地实行社店合一体制。例如仿照延安新华书店,1941 年 5 月 5 日,以晋察冀日报社发行科为基础成立新华书店晋察冀分店,业务上受延安新华书店总店指导,行政上受晋察冀日报社领导,发行报社出版的书刊,代销和翻印延安出版的书刊。据曾在东北书店工作过的周保昌回忆,由于物质条件困难,加以干部有限,东北地区的书店初期也属于报社的一部分,由报社统一领导,书店负责报纸的发行任务同时依托报社印刷厂出版图书。随着条件的改善书店才逐步脱离报社的领导,独立建制,这一发展过程成为"各个解放区在开创时期带有共同性的规律"[②]。曾在苏中地区工作的宋原放也谈到,苏中区出版工作是有多少钱办多少事,有多少纸印多少报刊和书籍,书刊不定价,也没有经济核算,完全免费分送给党政军各级干部或教师,所有书刊由军邮系统送到各单位。1944 年,为加强书刊出版工作,苏中区委成立苏中出版社,但人员多是办报出身,当过报社的编辑、记者,不知道怎样办出版社,分不清出书和出报的区别,尽管看过上海商务印书馆、生活书店出版的图书,但不知道一本书是怎么产生的。对选题计划、封面装帧、扉页、版式、骑马钉等有关书的出版常识一窍不通,

---

① 参见《全国出版事业概况》(1949 年 10 月 4 日),《中华人民共和国出版史料(1949 年)》,中国书籍出版社 1995 年版,第 259 页。
② 周保昌:《东北解放区出版发行工作的回顾》,辽宁人民出版社 1988 年版,第 4 页。

只有边干边学,在干中学。①

最后,实行事业性和商业性兼顾的三联书店。抗战爆发前,受中国共产党影响和领导的生活书店、读书出版社、新知书店相继成立,出版发行进步书刊。初期三家书店均是合作社组织,实行"经营集体化、管理民主化、盈利归全体"②的组织原则。区别于解放区新华书店初期的"报社合一"体制,由于资金少及国统区发展革命出版事业的高风险,三家书店则以编辑期刊起家,进而转向出版发行。抗战初期至1939年上半年三店获得全面发展,这主要源于抗日民族统一战线的形成。以生活书店为例,战前只有武汉、广州两处分店,在这一时期先后建立了西安、重庆、长沙、成都、桂林、南昌、昆明、福州、金华、南宁、兰州、贵阳、衡阳、玉林等56个分支店,此外,还先后在中国香港、新加坡成立了分店。③仅1939年就出版新书250多种。但皖南事变后,除重庆分店外,三店大多数分支机构被迫停业。为"保存力量、继续战斗",1942年,周恩来在重庆指示三店,要划分一、二、三条战线,避免严重损失。在重庆,三店的招牌继续保持,出版和发行革命进步书刊;在另一些地方,改换店名,另起炉灶,或开辟财源,以副业辅助正业,或与别的出版社合作建立新的机构,建立二、三线阵地,保存实力。1943年12月,以三家书店为核心成立重庆新出版业联合总处,作为国统区出版业统一战线组织,团结上海杂志公司、作家书屋等13家私营出版社(抗战胜利后增至50余家),翌年在重庆、成都建立联营书店,黄洛峰选任董事长,上海杂志公司张静庐任经理,专营发行业务。三家书店利用这一合法的组织形式,对联营总处成员宣传中国共产党坚持抗战的政治主张并举办座谈会,领导国统区中小出版业开展斗争,争取出版自由。同时三店还积极向抗日根据地发展业务,1940年,三店联合派出干部到华北解

---

① 参见宋原放《出版纵横》,上海人民出版社1998年版,第101页。
② 生活书店史稿编辑委员会:《生活书店史稿》,生活·读书·新知三联书店2007年版,第34页。
③ 参见叶再生《中国近代现代出版通史》(第二卷),华文出版社2002年版,第1184页。

放区和延安开设了华北书店。1941年,又联合派出干部在苏北解放区创办大众书店,以此壮大根据地出版发行力量。

1945年春,周恩来接见新知书店负责人邵荃麟,谈了三店应该联合起来的意见。为集中力量迎接抗战胜利后中国进步出版发行事业的大发展,同年5月,三店负责干部联席会议传达了中共南方局关于三店联合的建议。后因内战阴影笼罩,为适应新形势,占领出版阵地,特别是建立中国共产党自己的出版发行阵地,中共中央指示"在上海的出版发行工作仍以三店暂时分散各自作战为宜"[1]。生活、读书、新知三店迅速返沪恢复各自的出版发行业务。1945年11月20日,重庆三店合并成立生活·读书·新知三联书店。除上海外,其他地方开设的新店也都实行合并,不过为避免国民政府的"围剿",则用兄弟图书公司、朝华书店等店名开业,如北平用朝华书店,广州、长沙用兄弟图书公司。1946年起,三店派干部北上,先后在山东、东北、华北解放区建立了光华书店、新中国书局等十几个分店,由三店上海方面供货,与新华书店共担革命书刊的出版发行工作。内战爆发后,三店被迫将编辑力量转移至香港。

随着解放战争的顺利进行,中共中央开始着手出版事业的集中统一工作。1948年6月6日,周恩来指示在香港的生活书店、读书出版社、新知书店负责人徐伯昕、黄洛峰、沈静芷,要求"即将三联工作人员及编辑人员主力逐渐转来解放区,资本亦尽可能转来"[2]。随即三店在香港中共文委领导下,加速合并工作,1948年,成立胡绳、邵荃麟、黄洛峰、徐伯昕、沈静芷等五人组成的合并工作筹备委员会,制定三店合并的新机构章程,建立临时管理委员会,推举黄洛峰为主任委员,徐伯昕为总经理。1948年10月26日,三联总管理处在香港成立。随后,三家书店的干部分批从沪港两地开赴华北、东北和华中解放区创办书店,开展出版发行工作。1949年3月,总管理处迁至北

---

[1] 徐雪寒:《徐雪寒文集》,中国财政经济出版社1989年版,第423页。
[2] 《周恩来年谱(1898—1949)》(修订本),中央文献出版社1998年版,第795页。

平。因无明确分工，三联书店与新华书店在经营范围、售书品种、书刊印制等方面产生了很多问题，为解决这些问题，1949年7月18日，中共中央对三联书店今后工作方针做出指示，认定新华书店是"完全公营的书店，将来中央政府成立后，该书店即将成为国家书店"，三联书店是"公私合营的进步书店，将来亦应仍旧保持此种性质，即国家与私人合营性质"[①]。除一定时期内在香港仍是革命出版事业的主要责任者外，"三联书店应成为新华书店的亲密助手与同行"，这样就意味着三联书店不可能如胡愈之所愿"改为国营最大书店"[②]。三联书店和新华书店同为中国共产党领导下的书店，为何新中国成立前夕中共中央赋予两店不同的性质？对此，黄洛峰曾解释，整个出版业中，革命的出版事业与私营出版业是一比四，私营出版业的力量"还是很大"，对这些力量"不能忽视"，一方面积极组织领导，另一方面要和其进行必要的斗争。"要完成这个任务，单靠一家力量就不够，基于这个要求，三联就还有单独存在一个时期的必要"，因此确定三联书店还是"以公私合营性质，协助主力（即国家出版局和新华书店）组织团结与领导分散在各大城市的私营出版业"[③]。因此中共中央对三联书店性质的界定，不是依据经济构成而是一种政治需要。为配合新华书店工作，三联书店首先收缩发行，"在中小城市与农村中只设新华书店不设三联书店"。除香港外，三联书店只在北平、天津、济南、沈阳、哈尔滨、大连、开封、西安、上海、汉口、长沙、重庆、广州

---

① 这种性质界定，更多是政治标准，而不是从资本构成而言。三联书店的资本比例按邵公文的估计是"国家资本占80%，私人资本占20%"，三家书店都是合作社性质的，最初集资都是以私人投资方式搞起来的，但三店的个人资本全部是在国统区做地下工作的中共党员或进步人士凑集起来的，如三家书店的邹韬奋、徐伯昕、薛暮桥、钱俊瑞、华应申、艾思奇、黄洛峰等都有股份。这些书店实行事业性与商业性兼顾的经营方针，不以营利为目的，同一般私营出版业迥然不同，也可以说这20%的私人资本实际上就是国家资本，新中国成立后，参股者都成为国家干部，也未实行定股定息。

② 《周扬对胡愈之关于出版问题之意见致中共中央电》（1949年3月17日），《中华人民共和国出版史料（1949年）》，中国书籍出版社1995年版，第48页。

③ 《三联书店今后的方针与任务》（黄洛峰在1949年7月20日华北区分店经理会议上的讲话），三联书店史料集编委会《生活·读书·新知三联书店文献史料集》，生活·读书·新知三联书店2004年版，第73—74页。

第一章
新中国成立之初的私营出版业与国家出版政策

等13个大城市设店①,团结当地私营出版业。1949年8月15日三联书店总管理处决定将各地光华书店(东北)、新中国书局(华北)的名称取消,全国统一名称为:生活·读书·新知三联书店。② 在配合新华书店参与新区出版接管工作的同时,三联书店培养起来的一大批出版发行工作者投入新中国出版事业建设中,如胡愈之、徐伯昕、黄洛峰、华应申、沈静芷等在国家及地方出版机构担任重要行政职务,以致有人反映"全是三联的干部"。如果说商务印书馆是近代民营出版业人才的摇篮,那么三联书店则是中共出版业的人才库。

  生活、读书、新知三家书店的发展历程和自身定位,使其有了既不同于私营出版业,也不同于新华书店的经营特色,突出地表现在三家书店的经营指导思想是"事业性和商业性兼顾"③。各地新华书店采取编、印、发一揽子的管理体制,实行供给制,不进行成本核算。以三联书店为代表的进步出版业作为中国共产党出版事业的一部分,在出版取向和出版物种类上是相同的,但运作机制却不同于解放区实行供给制的新华书店,而是运用商业化方式经营出版,十分注重经营策略,千方百计精打细算,量入为出,尽可能多地赚钱。当然进步出版业这一经营策略不是纯粹为了营利,而是适应客观环境,求得合法的存在。一方面,按照企业原则进行生产经营,保障事业的生存和发展。因为书店必须"靠自己的收入来支持事业,发展事业"④。如生活书店借鉴私营出版业的经营方式,采取开门办店,推行通信购书、书刊预订、批发业务等多样化的发行方式,并开展广告业务,多方筹措资金。同时,精减人员,减少开支,加速资金周转,提高资金利用

---

  ① 参见《中共中央关于三联书店今后工作方针的指示》(1949年7月18日),《中华人民共和国出版史料(1949年)》,中国书籍出版社1995年版,第190—191页。
  ② 参见《新中国书局、光华书店、生活读书新知联合发行所为统一店名启事》(1949年8月15日),生活·读书·新知三联书店史料集编委会《生活·读书·新知三联书店文献史料集》,生活·读书·新知三联书店2004年版,第76页。
  ③ 邹韬奋:《事业管理与职业修养》,上海三联书店1982年版,第116页。
  ④ 赵晓恩:《按企业原则进行文化生产经营活动的生活书店》,《出版发行研究》1993年第3期,第58页。

率。另一方面，经营不为营利，生活书店逐步靠近中国共产党，而新知书店和读书出版社则一开始就为中国共产党所领导，将书店当作一项革命出版事业来经营。书店是合作社组织，不接受非社员投资，经营收益全部投入扩大再生产。

（二）新中国的出版政策

随着解放战争的顺利进行，各解放区的出版发行力量得到快速发展，但由于各解放区长期处于分割状态，各地新华书店大多由各级党委建立，名称不一，经营分散，即使同一地区内，相互间也不存在隶属关系。因而，解放战争后期，统一集中各解放区新华书店、筹备新中国出版事业，成为中国共产党在出版领域亟待解决的问题。统一工作首先从华北区展开，1948年5月，晋冀鲁豫与晋察冀两解放区合并为华北解放区后，晋冀鲁豫华北新华书店与晋察冀新华书店也实行合并，成为华北局宣传部直接领导下的华北新华书店总店。同年11月22日，中共中央指示，攻下平津后，"把解放区出版事业统一起来，把编印马恩列斯文献及中共中央重要文献之权统一于中央，消灭出版工作中各自为政的无政府状态"[①]。平津解放后，1949年2月11日，中共中央致电北京市委并告中宣部出版组，要求"新华总店与华北新华书店即开始实行统一，从北平做起。北平只用新华书店招牌，不用华北名义。全国性的书籍出版时用新华书店名义，不用华北名义。中央未到北平前，总店及华北新华书店人员统归周扬（华北局宣传部长）管理，所需费用由华北局拨给"[②]。为此，中央决定组织临时的出版工作委员会[③]，统一领导新中国出版事业。1949年2月22日，由中宣部出版组、新华书店、新中国书局组成的中共中央宣传部出版委员会正式成立，统筹北京、天津地区及华北出版工作，并为实现全国

[①] 曹国辉、李俊杰：《华北区新华书店编年纪事（1937—1954年）》，中国盲文出版社2000年版，第74页。

[②] 《中共中央关于北平出版事业致彭叶赵电》（1949年2月11日），《中华人民共和国出版史料（1949年）》，中国书籍出版社1995年版，第12页。

[③] 成立时，改称"中共中央宣传部出版委员会"，简称"中宣部出版委员会"。

第一章
新中国成立之初的私营出版业与国家出版政策

新华书店的统一集中做准备。中共中央宣传部出版委员会的工作从两方面展开，一是中小学教科书、马恩列斯著作及毛泽东著作版本的统一，二是平津新华书店的统一工作，将平津新华书店全部并归出版委员会领导。同时，组织东北、华北、山东解放区新华书店力量，南下参与新解放城市的接管工作。

在将实现全国新华书店的集中统一、发展壮大已有力量、确立国营出版业的领导地位作为首要任务的同时，中国共产党对新区出版业采取区别对待的务实政策。1948年12月29日，中共中央发布《对新区出版事业政策的暂行规定》，对国民政府出版机构实行没收政策，"凡国民党反动政府及其地方政府下的各机关、各反动党派（如国民党各个反动派系、青年党、民社党等）与特务机关所主办的图书出版机关，连同其书籍、资财、印刷所等，一律没收"[1]，如正中书局、中国文化服务社、独立出版社、拨提书店、青年书店、兵学书店等，均属此类。对民营及非全部官僚资本经营的书店、出版社"不没收、仍准继续营业"，规定"凡书籍暂任其自由发卖，不加审查"，只是"党义公民"和"有关政治的教科书（如历史）"要求"自行停售和修改"[2]。对其他旧出版物，属自然科学及应用技术的图书、文学古典名著、部分文艺创作及工具书（词典、地图等）鼓励其继续出版发行；属于政治性思想性读物，除反动者予以查禁外，一般不加以干涉。依据这一指示精神，在接管新解放城市中，中国共产党将重点放在了接管官僚资本出版企业、创建新区新华书店上。对私营出版业只做"仍准继续营业"的原则性指示，还未出台具体政策。

对私营出版业的政策实际上是一种公私关系问题，即如何处理公私出版业在新中国出版事业规划中的地位和作用。1949年3月17日，著名编辑家、长期在国统区领导革命出版事业的胡愈之经时任华北局宣传部部长周扬转中共中央提出关于出版问题的四点意见：第一，要

---

[1]《中共中央对新区出版事业政策的暂行规定》（1948年12月29日），《中华人民共和国出版史料（1949年）》，中国书籍出版社1995年版，第1页。

[2] 同上书，第2页。

确立国营出版力量的领导地位,实现出版、印刷、发行的分工政策。强调"书店、书刊出版社及印刷业,实行分工,总原则应以国营事业处领导地位,民营出版业及印刷业应在党领导之下"。第二,依托三联书店建立全国国营发行系统。提出"三联书店应改为国营最大书店,控制全国文化商业,在城市、乡村普遍建立分店、分销处,在学校工厂设立书报合作社,但自己不出版任何书刊,政府控制了全国发行事业则进步书刊可大量行销而反动书刊不待命令禁止,自可限制其流行"。第三,明确私人出版自由原则。认为"出版社除由国营党营的以外,应按照出版自由原则准许私人自由经营"。第四,确立国营力量在印刷领域的领导作用。"印刷业照普通工业管理,大印刷厂由国营,小印刷厂由私营而受国营管理。"① 这四点意见在确立国营出版业领导地位的前提下,允许私营出版业的存在,并对出版、发行、印刷领域中公私关系提出了明确意见,特别是出版、发行、印刷实行分工的思想,后来被称为新中国出版业中的"大变革"。1949 年胡愈之被任命为新华书店总编辑,不久即出任新中国最高出版行政机关——出版总署署长,在 1952 年冬陈克寒任出版总署党组书记前,出版分工专业化及计划化政策的出台,均是在其主持工作期间完成的。根据王仿子②回忆,为推行出版分工专业化政策,胡愈之做了较多的说服解释工作。尽管未发现新中国初期出版方针受这份意见影响的直接证据,但两者间的暗合程度,则凸显了这份文件对确立新中国出版政策的重要性。

1949 年 9 月 29 日,中国人民政治协商会议通过的《共同纲领》将"发展人民出版事业"③ 作为新中国出版工作的指导方针。何谓"人民出版事业"、如何发展人民出版事业因而成为共和国缔造者们首

---

① 《周扬对胡愈之关于出版问题之意见致中共中央电》(1949 年 3 月 17 日),《中华人民共和国出版史料(1949 年)》,中国书籍出版社 1995 年版,第 48 页。
② 曾任中央人民政府出版总署出版管理局出版科科长,文化部出版局副局长兼中国印刷公司经理等职。
③ 《中国人民政治协商会议共同纲领》(1949 年 9 月 29 日),中央文献研究室编《建国以来重要文献选编》(第 1 册),中央文献出版社 1992 年版,第 12 页。

先要考虑的问题。1949年10月3日,在全国新华书店出版工作会议上,胡愈之对"人民出版事业"的内涵做了详细解说,指出"人民出版事业应该是指国营的出版事业。在人民民主专政的国家,出版事业为人民民主专政的工具,出版事业的领导权必需操在人民政权管理下的国营出版业手中。……国营要领导其他出版业"①。特别凸显国营出版业的主体地位,是缘于新中国成立初期,出版领域存在着国营经济(国营的书店、出版社和印刷厂)、合作社经济(即书报合作社)、个体经济(即书摊、书贩)、私人资本主义经济(私人经营的出版印刷发行企业)和国家资本主义经济(国家资本与私人资本合作的出版印刷发行企业)五种经济成分。出版领域中五种经济成分的关系如何处理,胡愈之强调"保护私人工商业,是政府的政策,私人资本经营的出版业,同样要发展"②。在处理公私出版业关系上,借鉴经济领域对私营工商业的保护政策,团结、领导私营出版业,而不是排挤他们。出版总署副署长叶圣陶在会议期间召开的北京市同业茶会上,指出"出版事业关系于文化建设,一方面是企业,但又不同于其他企业","发行与出版,都要统盘筹算,不能仅仅依靠一个新华书店,而要团结各同业,密切合作,定出具体的办法来执行"。③时任中宣部部长的陆定一就出版业公私关系更是强调要"诚恳坦白地和公私合营或私营的出版业合作",在《共同纲领》所规定的原则之下,在国家法令范围内,赋予私营出版业出版自由,"国营和私营书店之间的分工合作,应以自愿为原则,谁也不能强迫谁。私营书店,有权利代销或拒绝代销国营书店出版的书籍,国营书店对私营书店亦有同样的权利"④。因此团结各种经济成分,联合起来,采用协商办法,制定出版业的"共

---

① 《全国出版事业概况》(1949年10月4日),《中华人民共和国出版史料(1949年)》,中国书籍出版社1995年版,第256—257页。

② 《中共中央宣传部出版委员会邀请北京市同业茶会记录》(摘要)(1949年10月7日),《中华人民共和国出版史料(1949年)》,中国书籍出版社1995年版,第466页。

③ 同上书,第462页。

④ 《黄洛峰在全国新华书店出版工作会议第十六次大会上的工作总结报告》(1949年10月19日),《中华人民共和国出版史料(1949年)》,中国书籍出版社1995年版,第444页。

同纲领",共同建设人民出版事业,成为出版总署及共和国出版工作者的努力方向。为防止"左"的倾向影响,贯彻执行团结一切有利于人民的私营和公私合营的出版业政策,《人民日报》还专门撰文要求"随时随地反对关门主义倾向"①。

为全面掌握全国出版业情况,制定利用私营出版业的具体政策,1949年11月1日,出版总署成立后,制定各种统计表格,调查全国公营、公私合营、私营出版、印刷、发行业的生产力、经营规模、业务发展等情况,特别是整理北京、上海两地私营书店的材料。据统计,截至1950年3月,全国11个大城市(北京、天津、上海、南京、杭州、济南、武汉、长沙、广州、重庆、西安)共有私营书店1009家。②而同期全国新华书店分支店及其他公营、公私合营书店共约950家。在出版物种数上,以华北、华东、东北三区为统计对象(其他新解放区新华书店的出版力量都比较弱,主要以发行为主,所以上述三区可以代表当时全国国营出版的基本力量),新华书店仅占全国公私出版业总数的32.6%。而册数方面,新华书店则占77.93%③,这主要是因为当时发行量最大的中小学教科书及干部读物的出版均为新华书店所掌握。由此可见,新中国成立初期在全国出版业格局中,私营力量仍保持着优势地位。而国营力量相对薄弱,私营出版业自然成为"应予重视的力量"。此外,按照新中国临时宪法——《共同纲领》所确定的对私营经济实行"利用、限制、改造"的新民主主义经济政策,新中国政府也在此框架下制定实施出版业政策。

在出版总方针出台前,1949年11月,出版总署对私营出版业提出了三条原则性政策:第一,有计划地组织中小出版业扩大联营书

---

① 《祝全国新华书店出版会议》(《人民日报》短评,1949年10月3日),《中华人民共和国出版史料(1949年)》,中国书籍出版社1995年版,第253页。
② 参见《关于领导私营出版业的方针问题》(1950年4月),《中华人民共和国出版史料(1950年)》,中国书籍出版社1996年版,第120页。
③ 同上书,第121页。

店,由分散走向集中,以便于发展人民出版事业;第二,教科书在完全国营之前,先由公私出版机关联合经营的联合出版社承担部分教科书的印制发行任务;第三,维护私营出版事业,保存其原有生产力及生产器材和机构,在不违反《共同纲领》原则之下仍准其自由经营。[①] 但鉴于私营出版业整体陷于经营困境,其困难在于印机多,原料(主要是纸张)少,而书稿(适合当时迫切需要的书稿)更少[②],短时期内还不能恢复到抗战前的水准。重视私营出版业在新中国初期出版事业发展中的重要作用,就不仅仅是简单地利用,国家采取的是"扶助性"利用政策。主要的办法有三种:第一,是公私合营,并将三联书店树为这方面的典型。第二,是联合出版或联合发行,如华北和上海的联合出版社、北京和上海的联营书店以及在广州临时组织的教科书供应委员会,收到了公私出版业通力合作、共度时艰的效果。第三,是国营书店向私营企业订货。从而在利用私营出版业的政策指导下,初步确立公私合营、联合出版或联合发行、加工订货等扶助形式。

同时,为充分利用好国家有限的财力,避免平均用力,出版总署对私营出版企业实施"有重点的积极扶助"政策,避免消极性的救济。将"国家资本主义经营的出版业","历史悠久、规模较大并有社会影响的私营出版业,或已组织起来的联合机构"列为扶助的重点。而分散的小出版业,一般鼓励其"由分散走向集中",在自愿条件下,依据"出版分工"原则,逐渐收缩发行,转业出版,组建联合机构,政府的扶助则以其联合机构为主要对象。对全国大中小城市和乡镇中的私营书铺、小书摊则"任其存在,由新华书店逐步加以组织,使其成为统一的全国发行网的一部分"[③]。这是在政府文件中首次正式提出"出版分工"问题,将其作为新中国政府领导私营出版业的方针加以

---

① 参见《出版总署最近情况报告》(1949年11月),《中华人民共和国出版史料(1949年)》,中国书籍出版社1995年版,第524—525页。

② 参见《出版总署三个月工作简报(1949年11月至1950年1月)》,《中华人民共和国出版史料(1950年)》,中国书籍出版社1996年版,第61页。

③ 《关于领导私营出版业的方针问题》(1950年4月),《中华人民共和国出版史料(1950年)》,中国书籍出版社1996年版,第122页。

对待。随着新华书店在全国范围内执行集中统一方针,出版总署着手考虑统一后的分工问题。1950年4月24日,胡愈之在三联书店第一次全国分店经理会议上针对"统一与分工"问题,特别强调"要求统一,必须分工;一切业务,不能由一个机关来做,需要分工合作。分工就不至于冲突和重复,便可节省浪费","由分工而走向专业化,在新民主主义社会下,使出版事业包含国营、公营、公私合营、私营,都能得到合理的、各得其所的分工,非这样不能有发展"[①]。为此,出版总署积极筹划1950年秋季的第一届全国出版会议,致力于解决统一与分工问题。此后,七届三中全会提出的"合理调整现有工商业"的要求,极大地加快了出版总署在"统一与分工"框架下对新中国出版业发展提出一揽子政策方略的步伐。1950年6月20日,出版总署召开京津发行工作会议,胡愈之在大会报告中着重讲了出版总署对新中国出版工作的一般方针,指出"出版工作和一般财经工作相同,克服困难的主要关键是统一管理统一领导和调整公私关系"[②]。因此,为配合和争取国家财政经济状况基本好转的目标顺利完成,出版总署提出新中国出版工作也要争取在3年内,"在调整公私关系的基础上实现国家的统一管理和统一领导",实行"出版与发行的分工","建立国家的发行机构",胡愈之认为出版与发行分工后,"出版工作也要分工",而"最好的办法就是出版专业化"[③]。相比民国时期我国出版发行一揽子的经营模式,实行出版与发行的分工,连民主革命时期长期从事出版编辑工作的胡愈之也赞叹是出版工作上的"革命"[④]。这样,京津发行工作会议第一次明确阐述了新中国出版发展实施"出版与发行分工"、"出版分工专业化"的政策。此后,经过1950年7月10日

---

① 《胡愈之在三联书店第一次全国分店经理会议开幕式上的讲话》(1950年4月24日),《中华人民共和国出版史料(1950年)》,中国书籍出版社1996年版,第153页。

② 《出版工作的一般方针和目前发行工作的几个问题——胡署长在京津发行工作会议开幕式上的报告》(1950年6月20日),《中华人民共和国出版史料(1950年)》,中国书籍出版社1996年版,第329页。

③ 同上书,第332页。

④ 同上书,第334页。

第一章
新中国成立之初的私营出版业与国家出版政策

的京津出版工作会议及北京、天津、上海三地私营出版业座谈会和8月底的全国新华书店第二届工作会议的进一步酝酿和宣传,"分工专业化"思路日臻成熟。1950年9月,第一届全国出版会议做出了改进和发展全国出版事业的五项决议,同年10月28日,出版总署正式发布执行五项决议的通知,指出"必须依照统筹兼顾与分工合作的方针,实现专业化与计划化"①。为集中力量,做好出版工作,要求公私出版业均应争取条件,"逐步实行出版与发行分工、出版与印刷分工和出版分工专业化的方针"②。具体而言,出版机构要"逐渐摆脱发行和印刷工作,把发行和印刷的任务委托给专营的公私发行机构和印刷机构"。同时,在发行领域,调整发行业中的公私关系,"进行适当分工……整理旧有的同业往来关系",团结公私发行力量,"开辟新的发行路线"③。而书刊印刷业则在"统筹兼顾,分工合作"方针下,配合整个出版事业,"逐步走上计划化、专业化的道路"④。由此,"统筹兼顾,分工合作"成为新中国成立初期调整公私出版业关系的基本原则,出版总署开始新中国出版发展史上的"大变革",实行出版、印刷、发行分工专业化政策。确定这一政策的第一届全国出版会议因而被业界称为出版界中的"政治协商会议",而会议决议则被认为是出版界中的"共同纲领"⑤。在1950年,新中国政府执行出版、印刷、发行分工和出版分工专业化政策,调整和改造私营出版业,逐步打破了近代以来我国编辑出版、印刷、发行三位一体的出版机制。

综上所述,经过1950年上半年对私营出版业的全国性调查,出版总署较全面地掌握了私营出版业的基本情况,围绕贯彻七届三中全会"合理调整现有工商业"的方针,自6月起连续召开了京津发行工作会议、京津出版工作会议及全国新华书店第二届工作会议,并在北

---

① 《出版总署关于发布第一届全国出版会议五项决议的通知》(1950年10月28日),《中华人民共和国出版史料(1950年)》,中国书籍出版社1996年版,第647页。
② 同上。
③ 同上书,第650页。
④ 同上书,第651页。
⑤ 戴文葆:《胡愈之出版文集》,中国书籍出版社1998年版,第10页。

· 61 ·

京、天津、上海三地私营出版业比较集中的地区组织私营出版业座谈会，既从中了解了私营出版业发展中存在的困难和问题，又借此向出版界传达国家即将实施的"出版、印刷、发行分工"和"出版分工专业化"政策，为1950年9月召开的第一届全国出版会议做了充分准备。出版、印刷、发行分工和出版分工专业化政策之所以能顺利得以实施，一方面是新中国成立初期私营出版业普遍面临经营困难，急需政府的帮助和支持，以摆脱困境。在这一点上正如有的学者所说，私营出版业的"苦况""为1949年以后新政权对上海出版业的整顿和改造打开了方便之门"①。因此，现实困境使得私营出版业选择说"不"的空间在缩小。另一方面出于对中国共产党完成民族解放任务的感佩，私营出版界尽管对"出版分工专业化"等出版新政有不同意见，但深知新政权下出版政策改变的必然性，私营出版业也主动进行适应新形势要求的变化和调整。1950年4月中华书局董事会议对公司处境进行分析时，指出"本公司各种情况与新时代难以配合"，"在整个社会经济趋向高潮以前，公司本身尚未改造以前，要求开展业务挽救本公司经济危机，并不切合时机。现阶段只能从改造自身的缺点，将不利情势改造成有利条件入手，将困难减低到最低限度。一面渡过困难，一面为发展业务作准备过程"。②需要特别指出的是，私营同业的"适应性调整"，自始即是在中国共产党或国家的指导或引导之下进行的。从而，国家在"利用"中加强了对私营出版业的管理。

伴随着"出版、印刷、发行分工"和"出版分工专业化"政策的推行，国家对私营出版业的社会主义改造实际上已经启动，只是在1953年过渡时期总路线提出以前，采取"利用"中改造的政策。改造是全方位的，包括出版、印刷、发行等行业，但又是"循序渐进、有所侧重"的。私营出版业的调整和改造以发行领域为突破口，逐步控制私营出版业的发行渠道，确立新华书店图书发行的主渠道地位。同

---

① 周武：《从全国性到地方化：1945至1956年上海出版业的变迁》，《史林》2006年第6期，第78页。
② 钱炳寰：《中华书局大事纪要（1912—1954）》，中华书局2002年版，第235页。

时，执行出版分工专业化政策，对私营出版业进行调整改组，转变私营出版业的组织模式和经营机制，促其实现内部变革，逐步将其纳入国家计划出版轨道，进而对私营出版业实行全面公私合营，建立同计划经济体制相适应的计划出版体制，成为新中国对私营出版业改造的大致脉络。

四 小结

我国私营出版业经过清末至民国的发展，在中国多元化的出版格局中占据了主体地位，而且以商务印书馆为代表创设了编辑出版、印刷、发行三位一体的经营机制，并在组织机构、管理制度、经营方式等方面积累了丰富的成熟经验，实现了20世纪30年代的发展巅峰。但抗日战争后，由于战乱和日趋严重的通货膨胀，私营出版业发展由盛转衰。至新中国成立初期，私营出版业普遍陷入业务衰退状态，经营困难，特别是由于教科书逐步国营化，私营出版业务"萎缩"，新书稿源缺乏，发行业亏损严重，印刷业产能过剩，急需政府的帮助和支持，以摆脱困境。此外，出版领域中"重公营、轻私营"，意欲对私营出版业实施"拿过来"的"左"倾偏向，对身处困境中的私营出版业无疑是雪上加霜。因此，为调整公私出版业关系、确立国营出版力量的领导地位、构建新中国出版业格局，1950年9月第一届全国出版会议贯彻落实"合理调整工商业"要求，遵循"统筹兼顾，分工合作"原则，提出"出版、印刷、发行分工"和"出版分工专业化"政策。在发展以新华书店为主的国营出版业的同时，新中国政府将"分工专业化"作为改造私营出版业的基本方针，着手对私营出版业进行调整改组与改造。总体而言，私营出版业的改造既有外在的政治压力，亦有自身经营困难的现实需求。

第二章

改造的"先行军":私营发行业的整顿
(1949—1953)

新中国成立初期,公私营发行力量对比没有准确数字,但总体而言,私营力量是优于国营的。据1950年3月初步统计,全国11个大城市(北京、天津、上海、南京、杭州、济南、武汉、长沙、广州、重庆、西安)专营贩卖的书店788家,其中公营(包括公私合营)23家,私营765家[①],公营数量仅及私营书店的3%,力量悬殊可见一斑。因其他内陆省份出版业不发达,上述11个大城市公私力量的对比,可以反映新中国成立初期全国公私营发行业的基本概况。同期,新华书店已拥有945家分支店,成为全国性的发行机构,但大多是解放战争后期建立的,特别是在广大新解放区,为建立和扩大国营发行力量,由南下干部随解放军进城在接管国民政府党、政、军、特系统的出版发行机构基础上建立起来的。此外,新解放区新华书店资金来源不一,名称各异,处于分散经营状态,并未真正形成省级书店与各市县书店间的统一领导关系。而且从经营网点的设置广度、书店经营的成熟程度、同读者联系的密切度上,国营发行力量相比私营书店,

---

① 参见《出版事业中的公私关系和分工合作问题》(胡署长在京津出版工作会议开幕式上的报告)(1950年7月10日),《中华人民共和国出版史料(1950年)》,中国书籍出版社1996年版,第403页。

第二章
改造的"先行军":私营发行业的整顿(1949—1953)

还是逊色很多。为充分满足各地对新版中小学教科书及干部政治读物的需求,私营书店成为国家重要的凭借力量,因此新中国成立初期国家对私营发行力量的整顿改组是在利用中逐步推行的。

1950年3月,出版总署公布《关于统一全国新华书店各部门业务的决定》,规定新华书店对城市中的私营书刊贩卖商"采取团结与改造的方针使之为人民出版事业服务"①,这主要针对当时新解放区,新华书店多集中建在大城市、覆盖面小的状况而言的。对这一政策,1950年4月,出版总署在《关于领导私营出版业的方针问题》的报告中进一步解释为"在新华书店全国统一,成为全国最大的发行机构后,不应该也不可能立即取消其他各种发行机构","全国大中小城市和乡镇中的私营书铺、小书摊一般的应任其存在,新华书店须加以积极领导,逐步加以组织,使成为统一的全国发行网的一部分"。② 至于这一政策如何具体实施,则到1950年9月第一届全国出版会议才得以明确。因为"不取消""任其存在"不是放任自流,而是调整改组,弥补新华书店发行力量的不足。第一届全国出版会议确立了"统筹兼顾、分工合作"原则,要求根据私营发行业的具体情况,"进行适当分工,竭力避免力量的浪费。整理旧有的同业往来关系,开辟新的发行路线"③。这样,依据出版与发行分工原则,私营发行业按照出版物种类和地域开始进行再分工,致力于实现私营发行业的专业化,改变了以往分散经营的状况,实现了原有力量的整合集中,以联合机构形式参与新中国出版发行工作。同时,这一组织形式也加强了各级出版行政机关对私营同业的监管,由此开启了私营发行业的整顿改造历程。

---

① 《关于统一全国新华书店各部门业务的决定》,《中华人民共和国出版史料(1950年)》,中国书籍出版社1996年版,第113页。
② 《关于领导私营出版业的方针问题》(1950年4月),《中华人民共和国出版史料(1950年)》,中国书籍出版社1996年版,第122页。
③ 《出版总署关于发布第一届全国出版会议五项决议的通知》(1950年10月28日),《中华人民共和国出版史料(1950年)》,中国书籍出版社1996年版,第650页。

一　私私联营：私营批发、租赁业的整顿

民国时期，私营发行业包括商务印书馆、中华书局等大型出版企业在各地设立的分支机构，一般均实行"一业为主、多种经营"方针，除经营图书外，兼营文具仪器、体育音乐用品等，而商务印书馆在印刷、出版主业外，围绕主业还兼营纸张油墨、代办印刷机械、投资电影业、经营广告公司等，并曾一度组织过保险事业。[①] 而小型书店更是离不开文具仪器的经营，采用老板带伙计的店铺式管理方法。这一多元经营方式被同业称为"发展教育文化与维护公司生存兼顾之方针"，是民国时期私营发行业经营的成功经验。而新中国成立后，这种多元经营战略既不利于政府施以管理，更与创建中的计划经济体制相悖。

此外，私营发行业网点分布广泛、分散经营的状态为新政权对其实施整顿提供了历史紧迫性。新中国成立初期，在上海，新华书店只有几个发行网点，其余均为私营书店和个体书报摊。据上海书业同业公会统计，1949年会员有512家[②]，未入会的小书店和个体书报摊为数更多。数量众多的私营发行机构增加了政府统一管理的难度，为加强管理，借鉴以往经验，各地出版行政机关积极推动当地私营发行业的联合重组。[③]

私营发行业的分散经营的复杂状况决定了"私私联营"不仅指私营书店的"联合体"，还包括"统筹兼顾、分工合作"政策下，私营

[①] 参见汪家熔《商务印书馆史及其他——汪家熔出版史研究文集》，中国书籍出版社1998年版，第76页。

[②] 参见宋原放、孙颙主编《上海出版志》，上海社会科学院出版社2000年版，第904页。

[③] 抗战胜利后，出现了不少专门从事批发业务的书店，由一些书店联合组成联合发行机构，如上海书报杂志联合发行所、利群书报联合发行所、新出版业联营书店等。

第二章
改造的"先行军":私营发行业的整顿（1949—1953）

发行业的自我调整，例如转作他业或组织化。当然无论私营发行业采取哪种改组方式，都是在政府主导下展开的。为摆脱经营困境，新中国成立初期，在新政推动下，中小型私营发行业按照出版与发行分工原则，进行合并联营，其中较有成绩的有上海的童联书店、连联书店和通联书店。

（一）通过私私联营创设专业批发机构

上海作为私营出版业最为集中的地区，私营发行业联营重组工作卓有成效。由于中小学教科书、马列主义经典著作以及政策文件小册子等当时发行量极大的书刊陆续被国营出版发行机构所掌握，因此连环图画、文学艺术等通俗读物在私营出版物图书市场占很大份额。为整合这几类书刊的发行力量，出版总署积极推动全国各地联合发行机构的组建。首先，儿童读物出版业率先联营合并，组建专业发行机构。1950年1月1日，由三民图书公司、万叶书店等8家私营儿童读物出版单位联合组成股份有限公司，专营儿童读物出版和发行业务。翌年1月25日，正式成立儿童读物出版业联合书店，简称童联书店。参加者增至29家私营出版单位，后来发展到37家。童联书店起初设有编辑出版部和发行部，1952年年初，执行出版与发行分工政策，结束编辑业务，专营发行工作。规定以统一发行为原则，股东单位出版物发行权属于童联书店，凡股东单位出版的新儿童读物，必须全部交童联书店统一发行，对非股东单位采取经售或代销方式。童联书店发行业务以批发为主，兼营门市零售和函购业务。1952年7月后在全国范围内与私营贩卖业建立起批发关系，所联系的私营批发户从1951年的300户增加到800户。[①] 1953年2月，童联书店结束门市零售和函购业务，专营批发，对私营图书贩卖业的批发金额也从1952年占总营业额的35%上升到51.7%。[②]

同时期，通俗读物出版业也仿照童联书店做法，于1950年4月

[①] 参见宋原放、孙颙主编《上海出版志》，上海社会科学院出版社2000年版，第900页。
[②] 同上。

21日组建通俗出版业联合书店,简称通联书店。由广益书局、东方书店、启明书店、北新书局等63家私营单位组成。1950年9月,发展至74家,到1951年8月,又增至79家。① 通联书店设有总管理处,并成立了编辑部和专营批发业务的发行所,初期兼顾出版与发行(以批发为主),既搞集体出版(由通联书店出版),也允许股东单位出版图书;既搞统一发行(股东单位出版物由通联书店统一发行),也允许股东单位留下新出版物30%自行销售。1951年7月底,通联书店停止出版业务,成为通俗出版业的联合发行所。1953年通联书店营业总额中批发给公营单位的(新华书店、中国图书发行公司)占46.5%,批发给私营贩卖业的占53.5%②,私营贩卖业成为其主要批发对象。

除儿童读物、通俗读物外,当时读者群较多的连环画类出版发行机构也进行了联合经营。作为连环图画发源地和集散地,上海解放后,市军事管制委员会文艺处召开连环画出版业座谈会,要求多出版新内容的连环画。但由于出版业之间缺乏联系,重复浪费现象严重,仅以《白毛女》故事为蓝本的连环画版本就出现了17种。鉴于此,1949年9月的连环画同业座谈会上,华东出版委员会负责人卢鸣谷提出"连环画同业该有个联营组织,最好先组织一个发行机构"③。响应这一号召,1950年6月21日,在上海由文德书局、大众美术、教育、学林等37家私营书店成立连联书店(连环画出版业联合书店的简称),到1953年,增加到101家。书店成立"设计委员会",代各参加单位征集文稿、画稿。新机构要求股东单位出版的连环画必须交连联书店统一发行,其本身有批发机构的也要向连联书店批购后再发行。对非股东单位同业的出版物,也接受代销。连联书店在北京设有办事处,在全国几个主要城市均建立了特约经销户。1950年7至12月,营业总额81亿元(旧人民币),其中批发给新华书店和中国图书

---

① 参见宋原放、孙颙主编《上海出版志》,上海社会科学院出版社2000年版,第901页。
② 同上。
③ 黎鲁:《新美术出版社始末》,《编辑学刊》1993年第2期,第71页。

第二章
改造的"先行军":私营发行业的整顿(1949—1953)

发行公司上海分公司的占 47.5%,批给私营单位的占 52.5%,门市营业额为 6.2 亿元。全店销售总额中批发占 92%,门市仅占 8%[①],连联书店逐渐发展为连环图画专业发行机构。

上述三店均为股份有限公司制,设有董事会,股东绝大多数为私营通俗读物、连环图画、儿童读物出版单位,以发行通俗读物、连环图画、儿童读物为主。主要业务为批发,有少量的门市和邮购。在出版与发行分工政策推动下,童联、通联、连联 3 家书店的出版力量移转到相关国营或公私合营专业出版社,经过重新整合,成为上海三大私营专业批发商,经销上海 103 户私营出版社的出版物,通过"特约经销户"同各地私营零售商相联系。在联合基础上,私营批发业逐渐承担起私营出版物的总发行业务,结合所联系的私营贩卖业,发展成为独立于新华书店之外的另一发行系统。

除上海外,其他地方也组建了类似的联合发行机构。如在重庆,1953 年 12 月,联营书报社、文通书局重庆分局、新典书局、陪都书店、东方书社重庆分社、荣益书报社等组成私营书店合营的新渝图书公司,专营图书发行业务。新中国成立初期,湖北省图书市场私营书业占 90%,全省共有各类书局、书店、书铺等 200 多家,其中武汉市就有 108 家[②],武汉成为湖北省私营发行业的聚集地。1951 年 3 月,以群益书局、国民文化供应社为主体,并入武昌兴华书局、文化书店、成文书店、民益书店、大有图书社、武昌图书社以及 5 户文具店合组私营武汉图书(文仪)发行公司,各家所经营的文具部分逐渐转出,同时削减向私营出版社或私营批发商进货,逐渐以批销新华书店图书为主。翌年 12 月,广益书局、上海杂志公司、楚文书局、青黎书局、民众书店、统联书店联合组成私营汉口通俗图书发行公司,设有 4 个门市部,主要销售上海私营出版社的出版物,经营画片、书籍业务,兼营少量文具,以转手批发为主,辅以零售。书店书刊除在武

---

① 参见宋原放、孙颙主编《上海出版志》,上海社会科学院出版社 2000 年版,第 901 页。
② 参见湖北省地方志编纂委员会《湖北省志·新闻出版》(下),湖北人民出版社 1995 年版,第 174 页。

汉市批销外，还远销鄂、豫、陕、川诸省的县乡镇。

这些私私联营发行机构的组建和发展，使得国家较全面掌握了分散在全国各地的私营零售商和租赁商等全国主要私营发行力量情况，更加便于监管，为后期公私合营奠定了坚实基础。

（二）加强对私营租赁业、零售业的管理

在通过私私联营、合并重组方式整合私营发行力量，创设私营联合专业批发机构的同时，各地政府对书报摊贩等私营书刊租赁业、零售业采取多种形式进行了调整改组，使原来分散经营、互不关联、数量众多的私营书刊租赁业、零售业纳入政府领导下的行业组织之中。各地采用的方法主要是通过一定的组织形式，将其纳入政府主导的组织体系中。

一是按经营类别组建新的行业组织，如上海的人民书报供应社和连环画出租者联谊会。上海解放时，全市共有书报摊贩400多家，其中经营书刊零售的有320家[①]，为掌握其基本情况，实施有效管理，在上海市军事管制委员会指示下，1949年6月，成立人民书报供应社，担负各种图书报刊的批发工作。所属机构先后有报摊批发处、报刊门市部、北站分销处。1950年9月到10月间先后建立两个书亭，并于1951年成立了书亭管理处，负责对全市所有私营书报摊贩的管理、教育和改造工作，业务上受新华书店华东总分店上海分店领导。最早参加书亭工作的私营图书发行工作者，以后大都参加了新华书店工作。为了便利摊贩组织货源，还设立了书站。此后又组织了上海书报摊业务改进会，研究改进和提高业务，建立业务训练班，用以训练干部。1951年2月1日后结束，并入新华书店华东总分店和上海分店。与此同时，上海市政府按照分工专业化政策，加强对连环画出租者的组织管理。1950年10月，成立上海连环画出租者联谊会，共有3000余人参加，有21个区分会，用以加强连环画租赁者的组织化管

---

① 参见宋原放、孙颙主编《上海出版志》，上海社会科学院出版社2000年版，第900页。

第二章
改造的"先行军":私营发行业的整顿(1949—1953)

理,清理图书市场上流播的上海"跑马书"①,进而控制其进销货渠道,扩大新连环画的市场份额。

二是依托当地书业同业公会,新华书店加强批销业务。新中国成立初期,各级政府在组建新行业组织的同时,也注意利用旧有的行业公会扩大国营发行网络。山东的私营书店主要集中在济南、青岛两地,新华书店通过当地同业公会联系组织私营业户,扩展国营新华书店的覆盖面。同时扩大批发业务,对缺少资金的业户给予必要的照顾,划给一定的地区,增加其适销书的发行量。对农村中的小商贩,则组织其推销农历图和年画,进而批销国营书店的一般书籍。②而江苏省则通过各地新华书店与私营贩卖业开展批销代销业务,特别是县乡的私营书店,一般都建立了批销、代销关系。各地采取的上述务实措施,一方面帮助私营书刊租赁、零售业摆脱经营困局,解决了部分失业人口的就业问题,活跃了图书市场;另一方面则加强了国营新华书店同私营租赁业和零售业间的经销批销业务联系,扩大了国营发行力量在书刊租赁零售业的影响力。

二 公私合营:中国图书发行公司

私私联营整合了已有分散经营的私营发行业,依据所发行的出版物类别各专一类,便于国家加强管理和指导。除此之外,出版总署还将公私合营方式运用到发行领域,改造大型出版企业的发行力量。在

---

① 指上海私营出版业粗制滥造出版的连环画册"出得快、销得快、赚钱快,像快马奔驰一样地飞速出版、飞速赚钱"。几乎所有的"跑马书"题材都是属于宣扬封建、迷信、色情、神怪、恐怖之类的东西。据上海市有关部门估计,自解放前"跑马书"开始出版到1950年年底,共出版约2.8万种、2800万册。参见方厚枢《对私营出版业的社会主义改造》,《出版史料》2006年第2期,第18页。

② 参见山东省地方史志编纂委员会《山东出版志》,山东人民出版社1993年版,第292页。

新华书店所代表的国营发行系统和私营发行系统之外，构建起了一个配合新华书店发行任务的公私合营发行系统，使得私营发行业相比私营出版业较早地开始走上国家资本主义道路。

（一）中国图书发行公司的组建与运营

为执行第一届全国出版会议确定的公私出版机构应"逐渐摆脱发行和印刷工作，把发行和印刷的任务委托给专营的公私发行机构和印刷机构"[①]政策，以发行领域为切入点，出版总署积极推动商务印书馆、中华书局、开明书店、三联书店、联营书店等单位的发行机构进行整顿重组，从原机构中划分出来，以公私合营方式，合并成立联合发行机构。关于联合发行机构问题，五家代表在出版总署指导下，经过多次反复商讨，达成了《关于组织联合发行机构的初步意见》《对传达组织联合发行机构问题的几点说明》《关于组织联合发行机构的基本方案》等诸项意见，在全体同人中布置学习，进行研究和讨论，为合并的顺利进行做思想准备。

对参与组建联合发行机构，商务印书馆内部有诸多意见，为此"商务"负责人谢仁冰在传达第一届全国出版会议决议时，指出"如果我们不参加，其余四家仍可以成立联合发行组织的；在政府方面，已经有了国营书店，对于商务他是不需要来给你背包袱的"[②]。面对政府的强力主导，"商务"内部尽管对参与组建联合发行机构有些不同意见，但领导层清楚地认识到与政府合作是大势所趋，因而最终决定参加。对三联书店来说，尽管对出版发行分工、出版专业化方针早有酝酿且在逐步做着各项准备工作，但究竟怎样做，在 1950 年 9 月第一届全国出版会议前并不明确，对参与中国图书发行公司也"毫无思

---

① 《出版总署关于发布第一届全国出版会议五项决议的通知》（1950 年 10 月 28 日），《中华人民共和国出版史料（1950 年）》，中国书籍出版社 1996 年版，第 647 页。

② 谢仁冰：《我馆怎样走上人民出版事业的道路——在传达第一届全国出版会议上的讲话》，商务印书馆编《商务印书馆九十五年——我和商务印书馆 1897—1992》，商务印书馆 1992 年版，第 379 页。

第二章
改造的"先行军":私营发行业的整顿(1949—1953)

想准备"①。因此,从某种意义上说,组建联合发行机构的方案是政府主导和参与各方被动适应的结果。

　　经过一个月的积极准备,1950年11月27日,五单位在北京举行联合干部会议,决定将联合发行机构定名为"中国图书发行公司"(以下简称"中图")。会议研究修正了《组织联合发行机构的基本方案》,并一致通过了《拥护建立中国图书发行公司》及《对中国图书发行公司经营方针的意见》等决议。《组织联合发行机构的基本方案》对新机构的名称、统一资金的步骤、联合机构的最高组织及其人数的分配与职权,各地联席会议、联合货仓以及领导的民主集中制原则都做了规定。同时联合干部会议对总分店间的发货问题、分店业务的分工与调整等问题,进行了热烈讨论,明确了在联合基础上改进业务的具体办法。该方案规定"各单位转入中国图书发行公司的职工与原单位的劳资问题,仍由原单位劳资双方协商解决,采取维持现状的办法"②,打消了职工在待遇、福利等方面的各种思想顾虑,减少了五单位合并中的阻力。1951年1月1日,"中图"正式成立,此后五单位在各地的80余家分支机构陆续合并,组建"中图"在当地的分公司,主要发行商务印书馆、中华书局、开明书店、三联书店四家的出版物兼及其他,成为仅次于新华书店的全国第二大发行系统。香港的三联书店、商务印书馆、中华书局分店,因情况特殊,仍独立经营,香港三联书店划归中共港澳工委领导。"中图"组建后,商务印书馆、中华书局、开明书店收缩发行机构,集中于出版和印刷两业。由此,在"中图"时期,商务印书馆、中华书局、开明书店等民国时期大型私营出版企业逐步收缩发行而集中出版与印刷两业的调整举措,已迈出解构编、印、发三位一体的组织模式的第一步。

---

　　① 《店务通讯》社论:《全国出版会议以后》,《店务通讯》1950年第10期,三联书店史料集编委会《生活·读书·新知三联书店文献史料集》(上),生活·读书·新知三联书店2004年版,第437页。
　　② 《三联中华商务开明联营五单位联合干部会议的综合报告》(1950年12月23日),《中华人民共和国出版史料(1950年)》,中国书籍出版社1996年版,第761页。

五单位组建公私合营联合发行机构，既是国家出版发展规划中的一部分，也是五单位原有发行力量因经营困境必须"改弦更张"的现实需要。就国家层面而言，虽然要确立新华书店在全国发行网中的主导地位，但当时新华书店还不可能把全国所有的发行任务全部担负起来，因此必须把私营发行机构充分加以运用，借以配合新华书店分担任务，作为国营发行网的一个重要补充。实践中，私营发行系统同新华书店所代表的国营发行系统的关系，不是平等竞争关系，国营力量是主体，私营发行系统是辅助，新华书店在全国发行网络中处于领导地位，私营力量则起配合作用。就参加联营的五单位而言，商务印书馆、中华书局、开明书店均以出版教科书起家，而新中国成立后，规定教科书一定要由国营的出版社来编辑、出版。因此，三家在各地的分馆营业萧条，亏损很大。如1950年商务印书馆、中华书局、开明书店三家营业总额不到500亿元，其中发行机构就亏损90亿元。[①] 针对这种状况，三家出版社一方面积极申请国家贷款或变卖财产，支付正常开支，应对经营危局；另一方面则响应1950年9月第一届全国出版会议精神，筹划出版与发行的分工问题。出版总署考虑到三家出版企业都有一定的社会影响，在出版方面的积极作用还应继续利用，与其让他们把银行贷款用于非生产开支，不如索性接受他们的要求，把发行机构分出来，以公私合营方式经营，加以整顿。而联营书店则发生资金周转不灵、生产滞缓等困难。因此，就五单位的具体情况而言，出版总署认为联合发行是对五单位发行机构进行扶助的"最好、最有利的办法"[②]。

按照"业务统一分工""管理集中领导""经济分别负责"的原则，"中图"以联合总管理处为统一领导机构，管理整顿五单位在全

---

① 参见《出版总署关于三联中华商务开明联营书店组织联合发行机构的通报》（1950年11月11日），《中华人民共和国出版史料（1950年）》，中国书籍出版社1996年版，第669页。

② 《叶圣陶在三联书店等五单位联合干部会议开幕式上的讲话》（1950年11月27日），《中华人民共和国出版史料（1950年）》，中国书籍出版社1996年版，第710页。

国 35 个主要城市中的 87 处分支店[1]，联合总管理处根据自愿原则分别和三联书店、中华书局、商务印书馆、开明书店及其他出版社订立总经售合同，并同新华书店订立往来合约。新机构合并方案规定：各分支机构直接向联合总管理处进货，收入的销货货款均直接缴予联合总管理处。但由于五单位分支机构多，统一工作难以一步到位，采取分阶段实施。初步阶段，分支机构暂不统一，仍按各单位分别结算盈亏，自负经济责任。经过一段发展期，通过增资，各家追加投资后，逐步将人、财、物统一于联合总管理处。参加"中图"的 5 家单位在新机构运行过程中，陆续增加投资，移转各地分支机构及人员至新机构，实现各家发行力量彻底的联合重组，发展壮大"中图"。以中华书局为例，初期中华书局投资 7 亿元，占 23.3%，1951 年 4 月初，"中图"管理委员会决定增资至 60 亿元，中华书局照比例增认至 14 亿元。同年 9 月底，管理委员会决定再增资至 150 亿元，除 45 亿元由出版总署投资外，中华书局增认至 24.5 亿元。同时，中华书局原业务部所属供应、书栈、分局三课大部分业务人员陆续移转至"中图"，三课即行撤销。总公司及发行所移转"中图"的共 135 人，其中总公司调北京中国图书发行联合总管理处的 31 人。[2] 1951 年 4 月 22 日，中华书局在上海发行所及各地分支机构兼营的文仪业务，在并入"中图"各地分公司前，全部结束。

"中图" 1951 年全年营业额为 2053 亿元[3]，相当于新华书店同年全部营业额的 1/4，分公司分布在北京、天津、上海、张家口、济南、青岛等大城市，达 30 个。与此同时，新华书店的发行力量也得到了快速提升。截至 1952 年 6 月，新华书店共有总分支店 1086 个，较

---

[1] 《出版总署关于三联中华商务开明联营书店组织联合发行机构的通报》（1950 年 11 月 11 日），《中华人民共和国出版史料（1950 年）》，中国书籍出版社 1996 年版，第 670 页。

[2] 参见钱炳寰《中华书局大事纪要（1912—1954）》，中华书局 2002 年版，第 243 页。

[3] 参见《新华书店总店关于全国书刊发行网的基本情况及今后扩充和调整发行网的办法》（1952 年 9 月 22 日），《中华人民共和国出版史料（1952 年）》，中国书籍出版社 1998 年版，第 214 页。

1949年的735个,两年半内增加近50%。① 仅据1951年的统计,全国出版的书刊已有73%通过新华书店发行,若加上国际书店、"中图"和邮局,国家已掌握书刊发行市场的95%。② 随着国营及公私合营发行力量的扩展,公私发行业关系的协调又成为政府面临的棘手问题。1952年9月,新华总店批判1950年以来确定的以整顿为重点的建店方针为保守思想,进而提出优先发展和巩固国营发行力量的扩充和调整书刊发行网计划。"中图"与新华书店一直未明确解决的分工问题就越发突出,虽经数度酝酿,却无成熟方案。自然地,"中图"的发展方针就成为政府"值得研究的问题"。

(二) 中国图书发行公司的国营化变迁

国民经济恢复时期,我国出版事业不论在书刊发行数量还是公私出版业、发行业、印刷业力量上都获得很大发展,但实际出版工作中出版物质量不高、各类出版物发展不均衡等问题也普遍存在。这主要体现在:一是出版物特别是时事政治、文化教育的通俗读物和外国文学译本粗制滥造、重复浪费现象严重;二是思想理论教育、财政经济、自然科学、应用技术、生产知识以及描述工农兵生活兼具思想性和艺术性的文艺著作和字典、地图等工具书籍难以满足读者需要。这种供需脱节和失调现象也普遍存在于印刷发行领域,一方面印刷生产力分布不均,闲时停工待件,忙时加班加点,突击生产;另一方面新华书店存货积压现象严重。截至1952年6月,滞销书刊价值达840亿元③,而工矿区及偏远地区读者不易及时买到所需书刊④。针对上

---

① 参见《新华书店总店关于全国书刊发行网的基本情况及今后扩充和调整发行网的办法》(1952年9月22日),《中华人民共和国出版史料(1952年)》,中国书籍出版社1998年版,第215页。

② 同上书,第213页。

③ 参见《为进一步地实现出版工作的计划化而奋斗》(胡愈之署长在第二届全国出版行政会议上的报告)(1952年10月25日),《中华人民共和国出版史料(1952年)》,中国书籍出版社1998年版,第273页。

④ 关于书刊发行中的强迫摊派情况以及1953年国家的禁制措施,黎汉基在其《重点发行与强迫摊派——中共建国初期出版政策研究》(《中央研究院近代史研究所集刊》2003年第40期)中做了阐述,并分析了重点发行与强迫摊派的关系。

第二章
改造的"先行军":私营发行业的整顿(1949—1953)

述问题,出版总署认为只有计划发行,才能解决供需失调问题,才能提高出版物质量。为此,发行领域所采取的措施是在1952年10月25日第二届全国出版行政会议上决定实行计划发行,大力推行预订制度,按系统发行。为建立计划发行体制,新华书店除巩固发展已有发行力量外,积极利用邮局、供销合作社等社会发行力量,并通过试办书亭、开展流动供应,初步构建起广泛的国营发行网络,奠定了计划发行的主要依托力量。同时,为配合计划发行的实施,出版总署开启了"中图"由公私合营向国营变迁的进程。1952年年底,出版总署在《全国出版事业五年建设计划大纲(草案)》中提出"两年内完成合并中国图书发行公司的工作"[①]的计划。

经过一年多的发展,由商务印书馆、中华书局、开明书店、三联书店、联营书店五单位共同投资组建的公私合营中国图书发行公司完成了初步的整顿与改组。

首先,在资本构成上公股已占绝对优势。"中图"成立时资金30亿元,到1952年,资金已达200亿元,包括出版总署95亿元,三联书店35亿元,"商务"、中华书局各24.5亿元,开明书店14亿元,联营书店7亿元。[②] 其中三联书店的35亿元大部分是公股,小部分是私股,而私股的大部分是党员和左翼人士在从事地下党活动时期投入的。联营书店早在筹组"中图"前期,已因资金周转不灵,1950年10月7日,书店常务董事会呈文出版总署,请求政府投资,改为公私合营书店。同年11月8日,出版总署呈请政务院文化教育委员会批准,决定由政府投资5亿元[③],将联营书店改为公私合营,业务上与新华书店配合,因此联营书店投入"中图"的部分资金是由出版总署

---

① 《中央人民政府出版总署全国出版事业五年建设计划大纲(草案)》(1952年),《中华人民共和国出版史料(1952年)》,中国书籍出版社1998年版,第435页。

② 参见《出版总署党组关于中国图书发行公司并入新华书店给文委党组的报告》(1953年2月10日),《中华人民共和国出版史料(1953年)》,中国书籍出版社1999年版,第94页。

③ 参见《出版总署关于联营书店由政府投资改为公私合营的通报》(1950年12月6日),《中华人民共和国出版史料(1950年)》,中国书籍出版社1996年版,第757页。

和三联书店投资的。开明书店方面收缩发行业务，集中于编辑出版，将"中图"资金转投中国青年出版社，并入中国青年出版社实行公私合营。故而"中图"实际上要处理的私股主要是商务印书馆和中华书局两家，总计不超过 70 亿元，约占公司资金总额的 35%。公私投资比例的变化为"中图"由公私合营转为国营奠定了物质基础。

其次，参加"中图"的私股企业，并未实现扭亏为盈的目标，加之计划发行政策的出台，两者成为推动"中图"国营化的直接动因。出版总署党组关于中国图书发行公司并入新华书店的报告称中国图书发行公司组建以来营业已由亏损而逐渐做到收支平衡。但对于要维持企业正常运转的"商务"、中华书局等私营出版企业而言，收支平衡既难于实现企业营利目标，更无助于积累资金，进行扩大再生产，彻底摆脱企业经营困境。况且"中图"组建后并不是年年实现收支平衡，如 1951 年就结亏 24.6 亿余元。[①] 正如出版总署报告所言"对私商来说，不赚钱而积压资金，还是吃亏的"[②]。因此，商务印书馆、中华书局决定收回发行部分投资，将企业资金全部投入出版业务，专注一业，提高资金利用效率。1952 年 11 月间，商务印书馆、中华书局分别召开董事会讨论此事，会后正式向出版总署呈文，建议把"中图"并入新华书店，抽回其在"中图"的全部流动资金，以后两家出版物由新华书店发行，可销存货亦售予新华书店。[③] 1953 年年初，出版总署正式将改组"中图"成为新华书店的一部分列入《第一次出版建设五年计划（草案）》。同年 2 月 10 日，出版总署党组向政务院文化教育委员会呈送《关于中国图书发行公司与新华书店合并问题的报告》，指出："中国图书发行公司原是一个过渡性质的组织，今日已无

---

  ① 参见钱炳寰《中华书局大事纪要（1912—1954）》，中华书局 2002 年版，第 258 页。
  ② 《出版总署党组关于中国图书发行公司并入新华书店给文委党组的报告》（1953 年 2 月 10 日），《中华人民共和国出版史料（1953 年）》，中国书籍出版社 1999 年版，第 94 页。
  ③ 参见《出版总署党组关于中国图书发行公司并入新华书店给文委党组的报告》（1953 年 2 月 10 日），《中华人民共和国出版史料（1953 年）》，中国书籍出版社 1999 年版，第 95 页。

第二章
改造的"先行军":私营发行业的整顿(1949—1953)

保持必要。"① 出版总署决定接受商务印书馆、中华书局的退股申请,确定"中图"并入新华书店的基本步骤:先由"中图"退还商务印书馆、中华书局、开明书店私股,然后由新华书店购入其可销存书,租用其房屋(一般不购买)。对商务印书馆、中华书局、开明书店转到"中图"的人员,实行"包下来"政策。但其年长已届退休年龄或接近退休年龄的职工,则按照两家的旧规,在合并前处理就绪。报告认为两大发行系统合并,一则可以使书籍的发行统一,避免两家的竞争,提高计划发行的效果;二则可以减少发行层次和费用。因为"中图"和新华书店存在互相批发的业务关系,"中图"批发给新华书店的书籍甚至高达40%。② 此外,可以整合现有发行干部,节省人力。

上述合并报告经中宣部批准后,于1953年11月26日转发各地,要求"'中图'与新华书店实行内部合并"③,设有"中图"的各省市党委宣传部注意加以领导,做好各项工作。报告对合并后"中图"的机构、干部、职工待遇等问题做了详细规定。考虑政治影响,"中图"与新华书店合并后,在北京、天津、上海、广州、武汉、重庆仍保留一个"中图"招牌的门市部。但内部领导完全统一,销售新华书店不便进货和销售的书籍(如一部分宗教书籍)。同时,以"中图"各地分支机构干部为基础,设立新华书店专业的科学技术书籍门市部,以新华书店华北总分店和"中图"总公司两方的业务部门为基础,吸收一部分"中图"分支机构人员成立新华书店北京发行所,专门办理北京地区出版物的进发货业务。在干部问题上,从统战工作角度考虑,规定对实职人员"保持原职、原级",并且新机构精减人员时"一般地不将原'中图'人员调离书店。向外输送和精简的干部,从新华书

---

① 参见《出版总署党组关于中国图书发行公司并入新华书店给文委党组的报告》(1953年2月10日),《中华人民共和国出版史料(1953年)》,中国书籍出版社1999年版,第94页。
② 同上。
③《中央宣传部关于转发"出版总署党组关于中国图书发行公司与新华书店合并问题的报告"的批示》(1953年11月26日),《中华人民共和国出版史料(1953年)》,中国书籍出版社1999年版,第629页。

店原有人员中抽调",以此稳定员工情绪。职工薪金方面,因商务印书馆、中华书局、开明书店、联营书店职工的原有薪金标准高于新华书店,为避免同一国营企业内存在两种不同的相差悬殊的工薪制度,出版总署建议"中图职工待遇原则上应该既不与新华拉平,也不是原封不动,而是适当地做部分的调整",并强调"调整面不宜太广,最多不超过原'商务'、中华书局、开明书店三单位人员数的50%,亦即'中图'全部人员的25%;调整幅度亦不宜太大,每人调整数目最高不得超过其原得薪金(连补贴在内)的30%"[①]。对薪金标准的调整,出版总署采取审慎态度,要求"调整前进行充分的动员和酝酿,必须做到原'商务'、中华书局等单位职工自觉自愿,否则,宁可推迟一些",强调"安定人心与团结全体职工是这次合并过程中一件非常重要而又有一定困难的工作,做好做坏不仅影响到新华书店的今后工作,而且要给私营出版企业,特别是即将进行公私合营的出版企业以很大的影响"[②]。所以,"中图"作为公私合营企业代表,其国营化模式实际上为后续私营出版业的全面公私合营做了初步探索,积累了经验。在此种意义上,私营发行业的改造是私营出版业社会主义改造的"先行军"。

依据上述文件精神,同"中图"签订退股协议后,1953年上半年,商务印书馆、中华书局、开明书店、联营书店私股陆续退出,商务印书馆、中华书局的股份转至两家单位的出版机构,两家出版的书刊由新华书店发行,开明书店资金转至公私合营中国青年出版社,至此,私股全部退出,"中图"已转变为国营企业。1953年12月12日,出版总署下发《新华书店、中国图书发行公司合并方案》,着手合并的具体进程,该方案决定"中国图书发行公司自1954年1月1日起即不再成为一个独立的会计单位,计划、财务工作统一于新华书店"。"中图"联合总管理处并入新华书店总店,"中图"各地分公司并入当

[①] 《出版总署关于中国图书发行公司与新华书店合并问题的报告》(1953年11月23日),《中华人民共和国出版史料(1953年)》,中国书籍出版社1999年版,第632页。

[②] 同上。

第二章 改造的"先行军":私营发行业的整顿(1949—1953)

地新华书店分店或支店。①"中图"的财产转入新华书店,其资产、负债及损益由新华书店负责。作为"在发行事业中贯彻国家过渡时期总路线、总任务的一项重要步骤","中图"并入新华书店后,商务印书馆、中华书局、三联书店三家不再设立各自的发行机构,其出版物全部交由新华书店发行。由此,以发行领域为切入点,打破了近代以来中国私营出版业形成的出版、印刷、发行三位一体的经营机制。

此外,各地根据当地的出版发行需要,也进行了发行业公私合营的有益尝试。如苏州市,1949年8月,苏州市由新华书店发起成立季节性的"教科书联合发行处",有23家私营书店参加。采取公私入股分红办法,联合发行教科书。国营资金占1/3,以后改为国营占55%,私营占45%②,逐步实现公股比例占据绝对优势。1951年秋,课本由国营书店统一发行后,成立公私合营性质的"苏州图书联合发行所",经营图书零售业务,后因经营亏损而停业。无锡、常州、镇江等城市也有类似的发行机构,1952年后教科书逐步收归当地新华书店独家经营。武汉市也借鉴这一公私联合发行方式,1950年8月,由国营新华书店联合14家私营书店组成教科书联合发行所,负责当地教科书的发行任务。这些联合发行机构的组建,扩展了新华书店发行网络在全国各地的覆盖面,为新华书店成为全国最大的发行机构奠定了基础。

三 国营发行力量的整合与新制度趋向

新中国成立前,中国共产党领导下的出版力量,不论是诞生于延

---

① 参见《新华书店中国图书发行公司合并方案》,《出版通讯》1954年第41期,第5—6页。

② 参见江苏省地方志编纂委员会《江苏省志·出版志》,江苏人民出版社1996年版,第433页。

安的党营出版机构——新华书店,还是国统区成长起来的革命出版事业——生活书店、读书出版社、新知书店,为适应战争环境,均处于分散经营状况。解放战争后期,为整合提高已有出版力量,担负起新中国出版建设任务,中共中央即着手推动新华书店和生活书店、读书出版社、新知书店的统一集中工作。本节侧重介绍新华书店的集中统一对确立国营发行力量在图书市场中的主渠道地位所起的重要作用以及这一历史进程对私营发行业改造的重要影响。

（一）国营发行力量的整合

为解决中小出版企业发行困难问题,开展国统区出版业统一战线工作,抗战胜利初期,生活书店、读书出版社、新知书店即已提出"发行统一、出版分工"[①]的口号,实践中也出现了如上海书报联合发行所等联合发行机构。同一时期,开明书店总编辑夏丏尊也撰文提出了实行统一发行的设想,认为"出版机关与发行机关分立",将"统一发行"推至全国范围,在上海组织联合书店股份有限公司,"联合书店不出版书籍,而以发行为业务,在全国各省、市、县设立分店,其普遍应如邮局","各出版社所出版之书籍批发予联合书店发行,不自设总店门市部与各地分店"。[②] 但当时"统一发行"不论是联合规模还是被业界接受的程度,都是很小的,直到新中国成立后,才借助国家行政力量,得以在全国范围内推行。

新华书店作为中国共产党领导的发行力量主体,新中国成立前后即致力于在巩固扩展数量基础上实现全国范围的集中统一。北平、天津解放后,东北、华北两区新华书店（华北新华书店受华北局宣传部领导；在东北,新华书店称东北书店,受东北局宣传部领导）选派干部,随军进城,开展发行业务。因此北平、天津存在着一块招牌的两个发行系统：一是从石家庄搬来的华北新华书店系统；二是从东北入

[①] 《国统区革命出版工作报告》（1949年10月6日）,《中华人民共和国出版史料（1949年）》,中国书籍出版社1995年版,第313页。

[②] 夏丏尊：《中国书业的新途径》,《大公报》1945年12月17日,转引自郑士德《中国图书发行史》（增订本）,中国时代经济出版社2009年版,第436页。

第二章
改造的"先行军":私营发行业的整顿(1949—1953)

关的东北书店系统。但两个系统在发行办法、工作作风、领导思想上都存在差别,对外形成"并非一家"的感觉,给实际发行工作造成很多障碍。为逐步统一互不隶属的各支新华书店,1949年2月11日中共中央致电北平市委,要求"新华书店总店与华北新华书店即开始实行统一,从北平做起。在北平只用'新华书店'招牌,不用华北名义;全国性的书籍,出版时用新华书店名义,不用华北名义"[①]。中共中央未到北平前,新华书店的统一工作由华北人民政府宣传部部长周扬管理。

1949年2月22日,中共中央宣传部出版委员会[②](以下简称"出版委员会")正式成立,同时期,东北和上海也分别成立了东北出版委员会和华东出版委员会,统筹当地出版工作。中共中央宣传部出版委员会是一个"集中的领导机构",而不是"联席会议",主要任务之一即为统一中国共产党领导的出版力量。对此,华北局宣传部部长周扬指出:"由地区来说,华北最接近中央,而平津又是属于华北,所以在步骤上首先把平、津先统一起来,作为一个试验的开端,一个示范。"[③] 1949年2月23日,出版委员会正式办公,作为新中国出版行政机关的筹备组织,具体领导北平、天津两地的新华书店,着手新华书店的区域性统一。天津新华书店第一、第二门市部,北京新华书店第一、第二门市部自1949年3月16日起,归出版委员会领导。同时,新华书店华北总店并入出版委员会,北平、天津两地的东北书店

---

① 《中共中央关于北平出版事业致彭叶赵电》(1949年2月11日),《中华人民共和国出版史料(1949年)》,中国书籍出版社1995年版,第12页。

② 对于出版委员会的名称,现有三种说法:①"出版委员会";②"中宣部出版委员会"或"中共中央宣传部出版委员会";③"华北出版委员会"。出版委员会的全称应是中央宣传部出版委员会,或中共中央宣传部出版委员会,简称出版委员会;成立初期叫华北出版委员会。1949年2月间成立时,中共中央宣传部还没有到北平,委托周扬领导,而周扬当时任华北局宣传部部长。……3月间中宣部进城,周扬调任中宣部副部长,出版委员会就归中宣部领导,不再用华北出版委员会的名义了。参见王仿子《回忆出版委员会》,《北京出版史志》第6辑,北京出版社1995年版。

③ 《出版委员会第一次会议记录》(节录)(1949年2月22日),《中华人民共和国出版史料(1949年)》,中国书籍出版社1995年版,第24页。

· 83 ·

全部人员及开设的门市部亦划归出版委员会领导,将北平、天津两地的东北书店和华北新华书店统归中共中央宣传部出版委员会管理。1949年5月10日,东北书店、华北新华书店两系统在北平、天津的机构正式完成合并①,统称新华书店,这样首先实现了平、津两地发行力量的统一。为推进其他地区新华书店的统一工作,1949年3月23日,出版委员会召开第四次会议,决定"首先把华北新华书店合并于出版局(即为出版委员会),然后再考虑合并东北书店、三联书店的问题,及次推及华东、华中、西北各地"②,确定了由点及面的统一方略。对东北、华北等较早解放地区,在巩固发展已有新华书店基础上,着手开始辖区内新华书店的集中统一。对华东、中南等新解放区及即将解放的地区,侧重于在接管国民政府党、政、军、特系统出版发行机构基础上,着力筹建并扩大国营出版发行力量在新区的覆盖面和影响力,即先集中于国营发行力量面上的延展。

  经过地区性的初步统一,1949年10月3日,由中共中央宣传部出版委员会主持召开的全国新华书店出版工作会议才真正开启了全国范围内新华书店的集中统一进程,会议做出了七项决议,通过《关于统一全国新华书店的决定》,奠定了全国新华书店在政策上、组织上、制度上、业务上走向统一集中的基础。同年10月26日,中共中央宣传部发布关于全国新华书店出版工作会议的通报,决定"自1950年起,把新华书店改为国营"③,受出版总署领导,出版总署统一调度各地新华书店工作人员,依照集中领导、分散经营的原则,各地新华书店除受出版总署领导外,还须接受各级党委的领导,并按时向各地党委宣传部门做工作报告。新华书店在性质上由党营向国营的转变确立了其在新中国出版格局中的领导地位;在业务上,实行编辑出版、印

---

  ① 参见曹国辉《五十年前北平新华书店建店纪实》,《出版参考》1999年第4期,第8页。

  ② 《出版委员会第四次会议记录》(节录)(1949年3月23日),《中华人民共和国出版史料(1949年)》,中国书籍出版社1995年版,第51页。

  ③ 《中共中央宣传部关于全国新华书店出版工作会议的通报》(1949年10月26日),《中华人民共和国出版史料(1949年)》,中国书籍出版社1995年版,第475页。

第二章
改造的"先行军":私营发行业的整顿(1949—1953)

刷、发行三位一体的组织模式,并且在集中统一过程中,一直维持这一模式。按照《中央人民政府组织法》的规定,1949年11月1日,由华北人民政府教科书编审委员会、中宣部出版委员会、新华书店编辑部三部分合并组成出版总署,受政务院文化教育委员会指导,下设一厅三局,即办公厅、编审局、翻译局及出版局。[①] 胡愈之任署长,叶圣陶、周建人、萨空了任副署长,作为国家最高出版行政管理机构,负责建立、管理国家出版、印刷、发行事业,掌理国家出版物的编辑、翻译及审订工作,并联系或指导全国各方面的编译出版工作,调整公营、公私合营及私营出版事业的相互关系。同年12月5日,中共中央发布《关于中央人民政府成立后党的文化教育工作问题的指示》,改变以往中共中央宣传部代替中央政府文教机关直接管理国家文化教育工作的体制,规定"原所属之出版委员会及其地方组织,应即取消,在出版总署下成立出版局",而新华书店"改为国家书店,受出版总署领导"[②],将出版管理工作改属政府。中共中央宣传部设出版处,对全国出版工作进行政策方针上的领导,形成党政兼管的新中国出版管理体制。

1950年1月前,出版总署所设三局主要从事实际业务,中共中央宣传部出版委员会改组为出版局,黄洛峰任局长,在出版总署领导下,经营出版、印刷、发行业务,并领导全国新华书店的出版、发行工作。所以初创期的出版总署出版局是一个出版业务机构和行政管理部门的联合体,且行政管理职能还是比较弱的,更多是陷于实际出版业务之中,难以做到政企分开。此外,西南、中南、华南等地区的解放战争仍在进行中,此时的出版局虽赋予了领导全国新华书店之责,但实际直接管辖的只有北京新华印刷厂、华北新华书店及其8个分店、3个工厂(职工918人)及北京新华油墨厂。全国其他各地区新

---

① 参见《中央人民政府出版总署暂行组织条例(草案)》(1949年11月11日),《中华人民共和国出版史料(1949年)》,中国书籍出版社1995年版,第506页。
② 《中共中央关于中央人民政府成立后党的文化教育工作问题的指示》(1949年12月5日),《建国以来重要文献选编》(第1册),中央文献出版社1992年版,第65页。

华书店尚未与出版总署形成切实的领导关系。

为增强出版总署的行政管理职能，减少实际业务工作，1950年4月1日，新华书店从出版总署出版局剥离，正式成立新华书店总管理处，具体负责全国新华书店的各项工作，而出版局主要担负公私出版行政管理工作和新华书店的方针政策方面的领导责任。新华书店总管理处改属出版局领导下的企业机构，开展国家出版、印刷、发行的业务。出版总署出版局局长黄洛峰兼任总管理处总经理，下设出版、厂务、发行三个部门。新华书店总管理处成立后，除直接管理华北地区的新华书店、京津印刷厂及国际书店外，按照1950年3月25日出版总署公布的《关于统一全国新华书店的决定》，具体实施全国范围内新华书店的集中统一工作。该决定对新华书店各级分店的设置原则和职能做了明确界定，规定"在全国各大行政区（华北、华东、东北、西北、中南、华南、西南）设新华书店总分店直接受新华书店总管理处领导。新华书店总分店下设分店，原则上一省只设分店一处，分店设于省会或交通方便之大城市。分店下设支店，设于省属市、县或重要集镇"①，从而确立了新华书店总管理处、总分店、分店、支店的四级管理体制，推动全国新华书店走向统一集中。同时对各级新华书店所担负的主要任务和机构设置也提出了明确要求，各大行政区新华书店总分店仿照总管理处，设立出版、厂务、发行三个专业部门，而分支店一般地都只是做发行业务，分店如有需要和力量也可设编审出版机构，基本上保持了民国以来编、印、发三位一体的组织架构。

根据《关于统一全国新华书店的决定》确立的各项原则，各大行政区逐步展开辖区内新华书店的统一工作，以西北行政区为例，1950年4月11日，西北局宣传部发出通知，转变新华书店西北总店及所属分支店以往隶属各级党委宣传部直接领导的党营性质，将其逐步交由西北军政委员会出版局及新华书店西北总分店统一领导，实现其国

---

① 《出版总署关于统一全国新华书店的决定》（1950年3月25日），《中华人民共和国出版史料（1950年）》，中国书籍出版社1996年版，第108—109页。另见中央人民政府法制委员会编《中央人民政府法令汇编：1949—1950》，人民出版社1952年版，第619页。

第二章
改造的"先行军":私营发行业的整顿(1949—1953)

营化。① 随后西北军政委员会出版局即着手于西北地区新华书店的统一工作,要求各地新华书店统一于新华书店西北总分店,受军政委员会出版局及新华书店总管理处领导,在名称上同全国做到统一,"西北新华书店"改为新华书店西北总分店;省府和行署所在地设分店,统由新华书店西北总分店领导;专署所在地设支店,每县只设一个支店,多则归并,没有书店的根据需要和条件逐步增设,构建起总分店、分店、支店的组织格局。西北区按照全国新华书店的四级管理体制,实现了辖区内新华书店在组织、名称、隶属关系上的集中统一。

除了组织领导关系上的统一外,西北军政委员会出版局也将分支店的财务及人事管理权限集中于大区一级。在分支店资金处理上,规定:"各分支店之资金不论来源如何,各级政府均不许抽调或移转……盘点后汇转新华书店西北总分店。"② 同时在人事管理上,对西北区新华书店的干部调动严加管理,实行干部人事的层级管理。要求"现有干部一律不得抽调转业,统由总分店管理和调动,分店经理调动须经西北出版局批准;支店经理及分店科长一级干部调动须经总分店批准;支店一般干部调动须经分店批准"③。西北区新华书店在集中统一过程中,对各级新华书店的人、财、物实施了初步的集中管理,为后期借鉴东北区经验执行统筹统支制度奠定了基础。同期,其他各大行政区也颁布了"统一领导的决定",实行相类似的集中统一举措。

但在集中统一工作的实际执行中,各地发展并不平衡。至1951年年初,华北、西北、西南地区已全部完成统一,华东区除福建外也大体实现了统一,而中南区全区有分支店308处,已统一的只有38

---

① 参见《西北局宣传部关于书店工作的通知》(1950年4月11日),《中华人民共和国出版史料(1950年)》,中国书籍出版社1996年版,第142页。
② 《西北军政委员会关于统一西北新华书店的决定》(1950年4月11日),《中华人民共和国出版史料(1950年)》,中国书籍出版社1996年版,第140页。
③ 同上书,第141页。

· 87 ·

个支店。① 个中原因，主要是地方党委对统一工作还有抵触。据中南区新闻出版局局长熊复报告，中南区作为新解放区，各地建店时，由于新华书店总店无力拨款派人，大部分支店是由地方政府或地方党委拨款拨人建立的。有些专署或县级的党政机关投资建立的书店，其赢利充作当地机关的开支。而统一过程中要求分支店资金交给总店，这样就影响了其机关生活。因此许多地方不愿交出，或者只愿交出一个招牌，而把人员资金抽回，改换招牌自行经营。② 为解决中南区新华书店统一过程中的这一难题，1951年3月28日，中南军政委员会发出《关于统一中南区新华书店的决定》，特令全区各地新华书店（包括县公营书店在内），一律在财务上、业务上、人事上接受新华书店中南总分店的统一领导。人事上要求"各地新华书店干部一律不准抽调"，"各地投入新华书店（包括县公营书店）之资金，除私人资金外，不论其来源如何，一律不准抽动"③，特别规定1950年7月以后抽出的资金，应退还新华书店。这样，通过行政手段，彻底完成了中南区新华书店的集中统一工作。

经过新中国成立后一年的发展，至1950年9月第一届全国出版会议，新华书店从1949年的735家分支店发展到1039家分支店④，实现了巨大转变，一方面从区域性书店发展到全国规模的综合性出版企业，另一方面其任务和性能也发生了转变，即由单纯的战时政治宣传机关转变为国营出版、印刷、发行综合性企业。

在全国新华书店集中统一工作初步完成的过程中，出版总署着手进行新中国出版制度的重大变革，其中最重要的就是实施出版、印

---

① 参见《陆定一关于新华书店统一工作向周总理并中央的报告》（1951年1月23日），中国出版科学研究所编、中央档案馆《中华人民共和国出版史料（1951年）》，中国书籍出版社1996年版，第23页。

② 同上。

③ 《关于统一中南区新华书店的决定》（1951年3月28日），西南军政委员会编《法令汇编》（1951），第334页。

④ 参见《一年来全国书刊发行工作的概况》（1950年9月19日），《中华人民共和国出版史料（1950年）》，中国书籍出版社1996年版，第545页。

第二章
改造的"先行军":私营发行业的整顿(1949—1953)

刷、发行分工和出版分工专业化。1950年10月28日,政务院发布《关于改进和发展全国出版事业的指示》,这是新中国颁布的第一个出版工作纲领,指出:"书籍杂志的出版、发行、印刷是三种不同性质的工作,原则上应当逐步实现科学的分工。"① 对此,出版总署在《关于第一届全国出版会议五项决议的通知》中对"分工"做出了进一步说明,要求"公私出版业均应争取条件,逐步实行出版与发行分工、出版与印刷分工和出版专业化的方针"②。经修正和补充,1950年10月28日,出版总署发布《关于国营书刊出版印刷发行企业分工专业化与调整公私关系的决定》,提出首先在国营新华书店内部推行出版、印刷、发行分工专业化政策。要求"全国各级新华书店兼营出版印刷业务者,着手分划为3个独立的企业单位,即出版企业、印刷企业和发行企业"③。由此,新华书店总管理处所属出版、厂务、发行三部门,一分为三。1951年1月1日,以新华书店总管理处发行部及其他部门(华北联合出版社课本发行部)为基础组建新华书店总店。新华书店总店成为直属出版总署的国营书刊发行企业,除新疆分店外,全国各级新华书店不再兼营编辑、出版及印刷业务。

与此同时,新华书店总店也加强了内部管理。1950年12月27日,经出版总署批准试行的《新华书店试行组织条例》规定:"新华书店设总店、省市分店及县支店三级,保留各大行政区总分店一级。"④ 设立全国的、地方的管理委员会,作为各级新华书店的管理机构。在制度建设上,新华书店总店创建初期,既是全国新华书店的管理机构,又是直接办理北京地区国营出版社书刊总发行业务的经济实

---

① 《中央人民政府关于改进和发展全国出版事业的指示》(1950年10月28日),《中华人民共和国出版史料(1950年)》,中国书籍出版社1996年版,第642页。

② 《出版总署关于发布第一届全国出版会议五项决议的通知》(1950年10月28日),《中华人民共和国出版史料(1950年)》,中国书籍出版社1996年版,第647页。

③ 《出版总署关于国营书刊出版印刷发行企业分工专业化与调整公私关系的决定》(1950年10月28日),《中华人民共和国出版史料(1950年)》,中国书籍出版社1996年版,第654页。

④ 《新华书店试行组织条例》(1950年12月27日),《中华人民共和国出版史料(1950年)》,中国书籍出版社1996年版,第779页。

体，并兼管华北区的分支店。总店设一室三处三部①，人事安排上，总、副经理及全国管理委员会委员由出版总署指派，室、处、部正副主任由总经理提请出版总署批准，正副科长由总经理任命，充分体现了国营企业属性。为使总店摆脱具体业务以加强对全国工作的领导，1952年6月10日，出版总署成立了华北新华书店总分店，史育才兼任华北总分店经理。至此，六大行政区都设立了总分店，新华书店总店对全国新华书店形成了总店、总分店、分店、支店四级管理体制，实行双重领导的条块分割管理模式，即新华书店总店对各级分支店进行业务指导，各级分支店同时接受当地党政机关领导。在新华书店完成统一、建立新规的基础上，国营新华书店的发行能力也获得飞速提升。据统计，1951年，国营和公私合营发行机构已掌握了全国书刊发行市场95%的发行量。② 通过集中统一整合全国新华书店力量，特别是中国图书发行公司并入新华书店，壮大了新华书店在国内书刊发行市场中的实力，使其成为国内重要的发行力量，确立了发行主渠道的地位。

此外，1952年下半年，书刊进出口贸易统一由国际书店办理，实现了书刊进出口业务的完全国营化。私营书店不再经营书刊进出口业务，因此私营出版业全面公私合营时期，书刊进出口贸易基本上已不存在改造的问题。

（二）国营发行机制的初步建立与新制度趋向

新华书店作为专业的国营书刊发行机构，除担负团结、改造全国私营发行业的任务外，在国营发行机制和制度建设上进行了有益探索。民主革命时期，新华书店遵循"用革命文化占领思想阵地"的指导方针，图书经营坚持政治化原则，一切服从革命需要，不以营利为目的。新中国成立后，新华书店在实行集中统一过程中，实施企业化

---

① 即办公室、人事处、财务处、计划处、图书发行部、课本发行部、期刊发行部。
② 参见《新华书店总店关于全国书刊发行网的基本情况及今后扩充和调整发行网的办法》（1952年9月22日），中国出版科学研究所、中央档案馆《中华人民共和国出版史料（1952年）》，中国书籍出版社1998年版，第213页。

第二章

改造的"先行军"：私营发行业的整顿（1949—1953）

的经营方针。1950年8月，全国新华书店第二届工作会议将新华书店划分为三个独立的企业单位，即出版企业、印刷企业和发行企业，要求"实行经济核算制"[①]。出版总署在1951年出版工作计划中，强调"公营和公私合营的出版发行企业实行预决算及经济核算制，由出版行政机关加以审核，统一调配出版资金"[②]。由此，逐步确立起新中国出版发行企业管理、事业单位的组织性质。

1952年下半年，为了提高发行工作的计划性，逐步停止委托私营发行业发行中小学教科书，发行工作全部由新华书店负责。同时，国外印刷品进口业务统一由国际书店经营，把私营西书业的经营范围限制在国内发行。经由新华书店集中统一建立起来的国营发行机制，已初步凸显了计划出版体制下我国书刊发行机制的基本特点。

首先，是以"垂直发行""征订包销"为特征的图书购销制度。1950年3月25日，出版总署发布的《关于统一全国新华书店各部门业务的决定》指出："新华书店总管理处所出全国性书刊，力求能迅速而普遍地到达各地，发行层次力求简化，由造货地发书到县一级的支店，一般应只经过一次转发手续。在造货店附近及有火车轮船可通之支店，尽可能直接发行。"[③] 根据这一指示，改变以往"层层发行"制度，逐步推行"垂直发货"，图书从产地的发行所（发货店）直接发到全国销货店，书款则及时从全国销货店直接划拨到发行所（发货店）。同时改变往来折扣，合理分配运费负担，要求"发总分店之本版书刊一律6折，邮运费由总分店负担；发运分店的一律7折，邮运费由发行部负担"[④]。

[①] 《出版总署关于国营书刊出版印刷发行企业分工专业化与调整公私关系的决定》(1950年10月28日)，《中华人民共和国出版史料（1950年）》，中国书籍出版社1996年版，第655页。

[②] 《一九五一年出版工作计划大纲》(1951年1月5日)，《中华人民共和国出版史料（1951年）》，中国书籍出版社1996年版，第8页。

[③] 《关于统一全国新华书店各部门业务的决定》，《中华人民共和国出版史料（1950年）》，中国书籍出版社1996年版，第112页。

[④] 李廷真：《建国后新华书店图书进发业务制度沿革》，新华书店总店史编辑委员会《新华书店总店史（1951—1992年）》，人民出版社1996年版，第51页。

在社店购销关系上,根据分工专业化原则,确定了"造货数量由出版社决定,印刷工价由印厂决定,订货数量由书店决定"① 的产销关系。根据这一原则,1951年2月19日,新华书店总店图书发行部制定了《总店图书发行部暂行发货办法》(以下简称《暂行发货办法》),规定"凡总店总发行或总经售的图书,出版前,印制新书预告单和新书预订单,发给各分支店,由分支店根据新书预告单介绍的新书内容、读者对象、估计定价和当地实际需要情况,在两日内,确定三个月需要的数量,填写新书预订单,寄回总店图书发行部,作为实际发货的依据"②,形成新华书店总店订发货的基本程序。1953年3月1日,新华书店总店又依据上述《暂行发货办法》确定了社店产销原则,同人民出版社签订了第一个社店《图书产销合同》,规定出版社出版的图书全部交给新华书店发行,出版社不得再委托其他方面发行,双方往来的方式分为订货和寄售两种,以订货为主,寄售为辅,逐渐形成"征订包销"的进销货制度。新华书店总店的图书发行部和课本发行部负责总批发业务,拥有图书和课本的总发行权,成为独立于出版社之外,在出版社与新华书店基层销货店之间起纽带作用的专业图书批发机构。出版社只搞编辑出版,不搞发行,出版的书刊全部委托给新华书店。之后各地新华书店总分店与当地人民出版社参照签订了地区性的图书产销合同。由此,新华书店总店逐步取得国营出版社出版物的总发行权。

实行"征订包销"后,出版社不需要了解所出书刊的销售情况,只管出书,出现了"隔山买牛"现象。新华书店总店在社店购销关系中居于主导地位,出版社决定印数也失去意义,反而受制于新华书店的订货数。而另一方的新华书店总店也并不是风光占尽,因为出版社

---

① 《出版总署关于国营书刊出版印刷发行企业分工专业化与调整公私关系的决定》(1950年10月28日),《中华人民共和国出版史料(1950年)》,中国书籍出版社1996年版,第659页。

② 李廷真:《建国后新华书店图书进发业务制度沿革》,新华书店总店史编辑委员会《新华书店总店史(1951—1992年)》,人民出版社1996年版,第51页。

第二章
改造的"先行军"：私营发行业的整顿（1949—1953）

不备货，不承担风险，而基层书店都有仓库，备货的责任和风险统统落在基层书店身上，图书积压现象严重，特别是时事政策类的小册子，时限已过，多做报废处理，成为导致新华书店在改革开放前历年"负利润"的主要原因。征订包销造成图书供需严重脱节，到1980年，出现了"买书难"现象。随着经济领域改革的启动，为解决图书发行领域存在的问题，图书发行体制改革又作为出版体制改革的"先行军"，在扩宽购销形式、搞活发行渠道等方面做出了有益探索。

其次，在新华书店内部全面推行统筹统支制度。按照"分工专业化"政策，新华书店成为专门的国营书刊发行企业，为了实行全国新华书店的统一经营和统一管理，1950年8月29日，全国新华书店第二届工作会议后，逐步实行统筹统支，加强调查统计及存销核算，克服工作中的盲目性。为此，新华书店1950年和1952年分别颁布《新华书店统一会计制度》和《新华书店统计制度》，在各级新华书店普遍实行经济核算制，全面推行统筹统支制度，而新制度的推行则源于东北书店的成功探索。1948年年底，东北全境解放后，东北发行网初步建成，但仍处在分散经营、各自为战的状态。据周保昌回忆，至1949年年初，东北书店总店所属的16个分支店，有的是总店派人筹建的，直属总店，还有非直属的分店，由当地党政机关领导。总店发书打折扣，分支店若有存货积压，则自己负担，因此有些分支店为增加收入，还兼营文具等业务，开展多种经营。这些分店业务上虽属总店领导，但在组织、经济上则是分散经营、独立核算，总店与分支店之间还不是一个统一的整体。组织上虽是上下级关系，但具体表现在业务上是发书与收款的关系。分支店"分散经营""各自为政"的状态使得总店难以实施有效管理，图书发出去后，书款回笼速度慢，影响了整个出版资金的周转。分散经营，对战争环境中交通阻隔状态下中国共产党扩大出版阵地，不失为一种最优选择。但随着东北全境的解放，为适应新形势的发展需要，集中统一则带有了某种必然性，对已有发行力量加以整合，以担负新中国出版工作的领导任务。因此，统一机构、建立制度成为东北书店1949年的主要工作。由于起步较早，东北书店在集中统一过程中取得了制度建设的丰硕成果。

　　1949年1月15日，东北书店召开第三次分店经理会议，为统一经营和集中管理各地分支店，决定实行统筹统支方针，在经济管理制度上进行重大调整。在"统筹统支"制度下，东北书店总店发货一律按码洋计算，分支店存货由总店统一调拨。对分支店实行预决算制度，每月开支做预算，所收书款及时上缴。根据出版计划，东北书店总店按各地区的条件、人员配备，提出发行计划，定期检查，优奖劣罚。在人事管理上，实行统一调动，由此，总店得以全盘掌握各分支店的情况。① 按照上述规定，东北书店总店负责分支店的发行计划、人事安排及图书分配，分支店销货款汇缴总店，经营开支由总店统一划拨。在此基础上，东北书店总店掌握了各分支店资产负债状况，统一开支，加速了资金周转，对分支店实行了人、财、物的统一管理。

　　新中国成立后，东北的做法作为成功经验，配合新华书店的集中统一，在全国范围内推广。关于统筹统支对完成新华书店全国集中统一的重要性，时任新华书店总店总经理的黄洛峰给予了充分肯定，指出"统一集中和统筹统支是一件事情的两方面，假如不实行统筹统支，谈统一集中也是空的。要真正统一集中，就要实行统筹统支。只有统筹统支，才可以改变我们的各别独立分散经营的'自成一家'的观点；才可以改变从单位核算制转变到整体核算制；才可以把打小算盘转变到打大算盘；才能专心去完成一定的发行任务做好工作；才能加速资金流转，使整个经济活泼发展起来"②。在推行统筹统支制度过程中，新华书店总店对各级店的人、财、物实行集中统一管理。虽然人、财、物的管理权限曾有过下放与上收的变动，但也仅涉及财政和出版行政部门的管理权限和工作范围；新华书店虽被界定为国营发行企业，但并不是相对独立的经济实体，没有经营自主权。经营收入以

---

　　① 参见周保昌《东北解放区出版发行工作的回顾》，辽宁人民出版社1988年版，第128页。
　　② 《黄洛峰在华北总分店第三次分店会议开幕式上的讲话》（1950年5月5日），《中华人民共和国出版史料（1950年）》，中国书籍出版社1996年版，第192页。

第二章
改造的"先行军":私营发行业的整顿(1949—1953)

利润而不是税的形式上缴国家,各级书店的发展与其经营状况不挂钩,1978年以前一直靠财政补贴维持,历年上缴利润总额低于财政补贴总额,为负利润单位。① 在这种情况下,自然不关心经营效果,书店服务工作中存在着"爱买就买不买拉倒"的衙门作风,对此到1980年胡愈之还认为新中国成立后这方面工作没有搞好,多次深表遗憾。② 1950年在计划经济体制形成时期,统筹统支实现了新华书店总店对各级分支店的统一经营和管理,体现了"集中力量办大事"的计划经济经营原则,对初创时期的新中国国营发行力量的发展壮大曾起到过不容忽视的作用。但事业性质、企业管理的经营模式,使得各级书店总是处于附属地位,特别是基层书店生产经营积极性得不到发挥,企业发展缺乏活力。

最后,借助社会力量,扩大国营发行网络。除自身发行系统外,新华书店还借助其他社会力量,扩大国营发行网络。其中主要的是邮局系统和各级供销合作社,而同邮政局合作实行的"邮发合一",即期刊通过邮局发行,则成为新中国发行领域中一项重要改革,并沿用至今。新华书店实现集中统一后,发行网逐渐扩大,但新中国的发行工作仍然存在着很多缺点,主要是不能迅速供应,这源于以下几点:第一,发展不平衡,主要集中在大中城市,覆盖面窄。如北京的王府井大街集中了很多家大书店,而在新疆五六百里内找不到一家书店。第二,边远地区因交通不便,运费高昂。第三,发行费用高。书刊经由总店、总分店、支店层层批转,使书价增高,销路减少。第四,书刊流通滞缓。书刊出版后,不能做到及时供应,往往失去时效性。而邮局网络的广泛程度非其他发行机构可比拟,如当时新华书店发行部门工作人员仅1.2万人,不及邮政1/5③,且邮局可以深入农村与边

---

① 参见王益《我国图书发行体制改革的回顾与思考》,宋原放编《中国出版史料(现代部分)》第三卷下册,山东教育出版社、湖北教育出版社2001年版,第358页。
② 参见陈原《记胡愈之》,生活·读书·新知三联书店1994年版,第143页。
③ 参见《胡愈之在全国发行工作会议上的讲话》(摘要)(1951年2月19日),《中华人民共和国出版史料》(1951年),中国书籍出版社1996年版,第45页。

远地区，利用已有机构，就可实现垂直发行，不必层层浪费。在当时的社会条件下，具备了迅速、普遍、经常、准确、便利、经济等多项优点。因此，借鉴1949年年底全国报纸经理会议和第一次全国人民邮政会议通过的"根据苏联及东北、山东经验，报纸发行逐步交邮局统一办理"的"邮（递）发（行）合一"①的做法，出版总署和邮电部协议决定将"邮发合一"政策应用于书刊发行领域，以弥补已有发行力量的不足。但初期邮局对书刊"采取代理发行办法，即邮局只是出版者的辅助力量，在出版者（主要是书店）力量达不到的地方，邮局发挥本身机构普遍的特点，为广大的读者服务"②。邮局发行的书刊数量很小，至1950年年底，"邮发合一"的期刊122种，代理图书发行540万册，约占当年图书发行量的1%。③ 为提高书刊发行量，扩大国营书刊发行力量的辐射面，1951年2月15日，邮电部召开全国发行工作会议，总结1950年全国报纸"邮发合一"经验，原则通过了《邮电局发行报纸、期刊办法》，邮电部邮政总局与新华书店签订《期刊互销合约》，规定了各地邮局与当地新华书店的互销办法。为完善报刊"邮发合一"制度，推行出版物的定期定额计划发行制度，1952年12月28日，邮电部、出版总署联合发文，明确邮局和国营、公私合营书店在发行工作上的分工合作关系，规定自1953年起，"定期出版物（包括报纸及杂志）的总发行由邮电局负责，报社、杂志社与邮电局分别订立合同。不定期出版物（包含课本、一般图书及图片）的总发行由各书店（包括国营的、公私合营的和私营的）负责"④，"邮局不再接受出版社关于图书发行工作的委托"，新华书店及

---

① 《中共中央关于批转中央人民政府新闻总署党组"关于全国报纸经理会议的报告"》（1949年12月30日），《中国报刊发行史料》编辑组《中国报刊发行史料》（第一辑），光明日报出版社1987年版，第6页。

② 《邮电部邮政总局通令关于签订报刊发行合约的指示》（1950年4月27日），《中华人民共和国出版史料》（1950年），中国书籍出版社1996年版，第164页。

③ 参见《邮电部部长朱学范在全国发行工作会议开幕式上的报告（摘要）》（1951年2月15日），《中华人民共和国出版史料（1951年）》，中国书籍出版社1996年版，第36页。

④ 《中央人民政府邮电部、出版总署关于改进出版物发行工作的联合决定》（1952年12月28日），《中国报刊发行史料》（第一辑），光明日报出版社1987年版，第126页。

第二章
改造的"先行军":私营发行业的整顿(1949—1953)

中国图书发行公司"不再接受出版社关于期刊发行工作的委托",各地新华书店及中国图书发行公司"发行之期刊,一次移交当地邮局接办"①。根据上述决定,各地新华书店及中国图书发行公司所经办的期刊发行业务全部转移到当地邮政部门,并且为配合计划发行,从1953年1月1日起,机关、团体等行政事业单位逐步"废除报纸、杂志随时预订制度,建立每年分四个季度的按季征订制度",同时,个人订购也实行按月或半年或全年的预订制度。报刊年度、季度发行计划"由出版总署、邮电部核定,发行份数不得超过核定计划"②,至此,报刊一律实行定期定额计划发行制度,报刊"邮发合一"的发行体制逐步建立起来。

在利用社会发行力量方面,除"邮发合一",为深化工矿和农村的发行工作,依托分布全国各地的3.6万多个基层合作社③,新华书店遵照政务院的指示,1951年7月,和中国图书发行公司一起,与中华全国合作社联合总社签订了关于书刊发行工作的协议,与各地合作社签订合约,在发行农历和年画等农民读物上,同各地供销合作社相互配合,收到很大的效果,各级供销合作社成为新华书店在书刊发行工作上的有力助手。

新华书店、中国图书发行公司等的发展壮大,一方面初步构建起以新华书店为主体的国营发行系统,奠定了其主渠道地位,为全面公私合营时期改造私营发行业赢得了更多的主动权;另一方面新华书店按照集中统一原则在管理体制、购销制度、统筹统支、图书进发业务等方面的制度性建设,为私营发行业的改造提供了一种样板和方向,

---

① 《邮电部邮政总局、新华书店总店、中国图书发行公司总管理处关于图书、期刊发行分工及转移期刊发行工作的协议》(1952年11月8日),《中国报刊发行史料》(第一辑),光明日报出版社1987年版,第121页。

② 《中央人民政府邮电部、出版总署关于改进发行工作具体办法的联合决定》(1952年12月28日),《中国报刊发行史料》(第一辑),光明日报出版社1987年版,第128—129页。

③ 参见《新华书店总店关于全国书刊发行网的基本情况及今后扩充和调整发行网的办法》(1952年9月22日),《中华人民共和国出版史料(1952年)》,中国书籍出版社1998年版,第216页。

不论是中国图书发行公司还是上海"小三联"（连联书店、通联书店、童联书店）国营化的变迁过程，均是按照新华书店模式最终完成改造的。

四 小结

新中国成立初期，私营出版业的整顿改组从发行业入手，一是私营发行业本身面临着严重的经营困难，急需国家的帮助和扶持。二是通过整顿改组私营发行业控制私营出版物的流通，可以起到间接调控私营出版业之功效。三是完成集中统一后，各级新华书店分别依托其出版、印刷、发行三部门，划分为三个独立的企业单位，全国各级新华书店原有的编辑和出版机构改组为中央和地方人民出版社，新华书店总管理处厂务部及所属北京、天津两地印刷厂与新华书店分离，设立新华印刷厂总管理处，而以新华书店总管理处发行部及其他部门为基础组建新华书店总店。发挥集中力量办大事的优势，新华书店总店作为全国国营专业书刊发行机构，拥有了整顿改组私营发行业的实力。对于私营发行业，国家通过公私合营的方式组建中国图书发行公司，以此配合新华书店全国发行网的健全和发行能力的提升。同时，利用私私联营方式组建诸如童联书店、连联书店、通联书店等私营批发企业，借以联系全国的私营零售商和租赁商，形成一个较为集中的私营发行系统。

中央人民政府成立后，新华书店在性质上实现了党营向国营的转变，通过集中统一逐步达到新华书店总店对全国各级分支店的统一管理和领导，并且通过统筹统支、进发货等制度，规范各级分支店的经营管理，提升了其整体实力和发行能力，逐步改变了新中国成立初期公私发行力量悬殊的局面，在集中统一的基础上，新华书店成为全国第一大发行力量。同时在"分工专业化"政策下，出版总署对私营发

第二章
改造的"先行军":私营发行业的整顿(1949—1953)

行业率先进行社会主义改造,推动中小私营发行业合并联营,以此加强对其影响和管理,为进一步改造准备条件。特别是"中图"的组建和国营化,整合商务印书馆、中华书局等大型出版企业的发行机构,控制了其出版物的发行,充实了新华书店所代表的国营发行力量,由此,新华书店最终确立起国内书刊发行市场中的主渠道地位。中国图书发行公司的国营化对私营出版业改造也有着非同小可的意义,因为商务印书馆、中华书局等私营出版企业的发行机构收缩,专注于出版和印刷业务,从而解构了近代以来私营出版业形成的编、印、发一体化经营机制。

私营发行业作为新中国整顿改组私营出版业的"先行军",一方面是实现控制私营出版物,达到为私营出版社和印刷厂改造创造条件的目的,另一方面是国家通过掌握的新华书店、三联书店等发行力量,更加具备了与私营发行业博弈的资格和空间,而当时的国营出版和印刷业务与私营同业相距甚远。但私营出版、印刷业务的调整改组也在1950年9月第一届全国出版会议确立出版新政之后全面展开,并且成为整个私营出版业整顿的重点。

第三章

私营出版业的整顿与初步改造
(1949—1953)

新中国出版事业的筹划,从新华书店的集中统一入手,与之相伴的则是加强对私营出版业的管理和整顿。1949年3月15日,中共中央宣传部出版委员会主任黄洛峰向中央提交《出版工作计划书》,提出新中国政府应"积极领导私营出版事业,适当地分配给他们并帮助他们组织稿件,争取他们作新民主主义文化建设的友军"。强调新华书店实现集中统一后,"与大的私营出版事业竞争,以求在业务上超过它们并在政治经济上逐渐能控制它们","透过政权和运用投资关系,去领导它、掌握它"。[①] 而在政局动荡、通货膨胀严重的社会大背景下,资金、物资的充分供应成为攸关企业生存的关键因素。为控制对私营出版业的投资,黄洛峰认为新中国出版管理机关——中央出版局内应设投资事业处,"专营对私营出版事业之投资"[②],以期逐渐整顿改造私营出版业。这样,《出版工作计划书》提出的对私营出版业管理整顿的基本方略,一是壮大国营出版力量,在与私营同业竞争中发挥领导作用;二是依靠行政手段和经济政策,改造私营出版业。尽

[①] 《黄洛峰拟的〈出版工作计划书〉》(1949年3月15日),《中华人民共和国出版史料(1949年)》,中国书籍出版社1995年版,第39、41页。

[②] 《中央出版局组织大纲(草案)》,《中华人民共和国出版史料(1949年)》,中国书籍出版社1995年版,第43页。

第三章
私营出版业的整顿与初步改造（1949—1953）

管后来改造的具体政策有所改变，但对私营出版业实施改造的取向则成了新中国出版事业发展的题中之义。

需要指出的是，改造私营出版业是新中国成立初期便明确下来的政策，这显然是从考虑文化企业的意识形态功能这一特点出发的。列宁就曾明确主张文化资源国家化。[①] 1949年10月3日，全国新华书店出版工作会议上，黄洛峰强调私营出版业改造的特殊性，"作为阶级斗争的重要武器的文化出版事业，要比旁的东西先进入社会主义，也就是首先进入国营"，"用公私合营的办法"逐步联合私营出版业，向其"灌输毛泽东思想，让他们自己内部发生变革"[②]。中共中央宣传部出版委员会是作为新中国最高出版行政管理机构的筹备组织而建立的，黄洛峰作为出版委员会主任，这番话传递出的实际上是中华人民共和国政府的出版政策方向——私营出版业的国营化。因此私营出版业的社会主义改造实际上在新中国成立前后，共和国缔造者已在酝酿之中。但完成改造毕竟是一个重大的系统工程，在组织、思想上都需要做长期准备工作，而且新中国刚刚成立，出版界处于混乱状态中，缺乏明确的出版专业方向，生产停滞，营业不振，公私关系也不好。所以初期，国家对私营出版业采取了慎重而渐进式的政策，在"允许其继续存在"的利用过程中促其内部变革。

1950年6月，中国共产党七届三中全会将"现有工商业的合理调整"作为实现国家财政经济状况基本好转的条件之一，要求在"统筹兼顾"方针下，"切实而妥善地改善公私关系和劳资关系，使各种社会经济成分，在具有社会主义性质的国营经济领导之下，分工合作，各得其所，以促进整个社会经济的恢复和发展"[③]。为贯彻七届三中全会精神，1950年9月，出版总署召开第一届全国出版会议，提出"统

[①] 参见《列宁全集》（第26卷），人民出版社1984年版，第264页。

[②] 《出版委员会工作报告》（1949年10月5日），《中华人民共和国出版史料（1949年）》，中国书籍出版社1995年版，第277页。

[③] 《为争取国家财政经济状况的基本好转而斗争》，《建国以来毛泽东文稿》（第1册），中央文献出版社1987年版，第394页。

筹兼顾、分工合作"发展人民出版事业的基本方针，要求"公私出版业均应争取条件，逐步实行出版与发行分工、出版与印刷分工和出版专业化的方针"①。所以"统筹兼顾、分工合作"方针下的出版分工专业化，既是新政权对私营出版业管理整顿的主要政策，也成为私营出版业改造的重要突破口，在新出版政策的贯彻实施中，私营出版业的社会主义改造也在悄然进行中。

过渡时期总路线提出前，国家准许私营出版业"继续营业"，并施以联合发行、公私合营、加工订货等整顿措施。对部分条件成熟企业实行公私合营，在具体实施步骤上同全面公私合营存在着很大不同。初期，主要是国家注资，而全面公私合营时期则是对私营出版业进行清产核资，将其中的代管股、部分官僚资本以及未登记股转作公股，很少再出现国家注资的现象。所以本书将这一时期国家对私营出版业的管理称为"整顿"，以区别于过渡时期总路线提出后的"改造"，即全面公私合营，实现国营化。但"整顿"的目的是为全面公私合营准备条件，而不是发展私营出版业。因此，"整顿"和"改造"又有相同取向，"整顿"成为改造的前奏，两者存在前后相继、一脉相承的关系。

一　新中国成立初期私营出版业的初步整顿

为确立出版新秩序，遵照《共同纲领》的原则，以及第一届全国出版会议确立的"统筹兼顾、分工合作"政策，出版总署展开了一系列的清理整顿工作。发行领域，在私私联营和公私合营基础上，侧重于书刊的清理整顿，将不合时宜的书刊清除出图书市场，以此加强对

---

① 《出版总署关于发布第一届全国出版会议五项决议的通知》（1950年10月28日），《中华人民共和国出版史料（1950年）》，中国书籍出版社1996年版，第647页。

第三章
私营出版业的整顿与初步改造（1949—1953）

图书市场的监管力度，建立适合新政府政策要求的书刊准入机制。在印刷业，则通过委托印制指导私营印刷业发挥其技术专长和设备优势，承接国营出版的印刷任务。在出版机构整顿方面，主要是清理受"官僚资本"控制的私营出版企业。通过上述整顿措施，推动了私营出版业主动向政府靠拢，密切了其同政府的关系，一定程度上改变了民国时期私营出版业"在商言商"的经营原则。

（一）图书市场的整顿

对私营发行业，除较早开始公私合营和私私联营，出版总署对私营零售业、租赁业也进行了清理整顿。抗战后期，图书市场已显混乱状态，新书、新杂志明显减少，以往日出若干本书的书店，也只能出一本乃至几日出一本，甚至完全不出新书。泛滥于图书市场上的多是"色情"作品和"公报"式的书刊，正当的民营出版业已"奄奄一息，陷于绝境"[1]，至新中国成立前，这一状况仍未改变。因此，新中国政府为整顿图书市场，对私营出版物相继实施了清理、查禁措施，加强对私营书刊租赁业的管理，将以往分散经营的租书铺摊加以组织化，初步净化了图书市场。同时，整顿图书市场的混乱秩序，也为适应新时代需要的大量政治学习类读物进入图书市场，打开了流通环节。

首先，清理、查禁书刊，整顿图书市场。由于政权更替，旧书如旧连环画、旧小说，特别是旧存反动书刊成为各地首要清理整顿的对象，对新出版物的清理则以翻版书为主。1948年12月29日，中共中央发布《对新区出版事业政策的暂行规定》，提出对新区政治类书刊的整顿要求，教科书中"党义公民自行停售"，"有关政治的教科书（如历史）自行修改"。[2] 新出图书中"政治上反动而又发生了重大影响的书籍"，则予以个别禁止及个别干涉办法。作查禁处理的书刊特

---

[1]《以出版自由繁荣出版业：解除精神匮乏的不二法门》，《新华日报》1945年6月6日。转引自笑蜀编《历史的先声——半个世纪前的庄严承诺》，汕头大学出版社1999年版，第188页。

[2]《中共中央对新区出版事业政策的暂行规定》（1948年12月29日），《中华人民共和国出版史料（1949年）》，中国书籍出版社1995年版，第1页。

· 103 ·

别规定要事先向中央请示,对查禁书刊采取审慎政策,将查禁权限集中于中央,避免查禁面过大,造成被动。因此,图书审查成为各地出版管理机关在接管官僚资本出版企业、建立新华书店之外另一重要出版工作内容。1949年11月,出版总署成立后,决定采取事后审查制度,遂将这一工作划归出版行政管理范畴,要求"各地出版行政机关,审查当地出版或发售的书刊,对内容有政治错误者劝告原出版者自动停止发售,内容反动、情节严重者则予以查禁处分,并经由大区新闻出版局和出版总署核准"①。据此,各地出版行政机构均设有书刊审查科(室),将书刊审查纳入其常规性工作。清理整顿图书市场的工作在各地新闻出版行政机构领导下逐步展开。

对书刊的清理、查禁,各地根据本地图书市场情况,各有侧重,如上海集中清理旧连环画,而北京则以翻版书为主,但旧存反动书刊的查禁在全国范围内展开。1950年上半年,北京市新闻出版处出版管理科配合市公安局,对新中国成立前出版而仍流播于市场上的《新生活运动三民主义问答》《童子军训练》等14种图书,共计5000册②,予以查禁和没收。同一时期,成都市军事管制委员会、川西行署新闻出版处制定了整顿图书市场的七条措施,查禁反动书刊22种1007册,从10余家印刷厂收缴非法出版物78万册,并在1951年检扣从中国台湾、香港地区寄来的反动书刊116件,收缴反动图书2.6万册。③ 而上海市新闻出版处借助镇压反革命运动,进行外国反动书刊的查禁工作,召集西书摊贩开会宣布处理办法,对首批应予取缔的13种杂志,动员摊贩自动全数交出,出售作纸浆,得款后发还。先后两次共查禁了45种。同时对宗教书刊也进行了必要的审理工作,如审

---

① 《出版总署关于管理当地出版业的有关事项复广东省文教厅函》(1950年6月26日),《中华人民共和国出版史料(1950年)》,中国书籍出版社1996年版,第359页。
② 参见《北京市人民政府新闻出版1950年八个月工作总结报告》(1950年9月5日),北京市档案馆馆藏档案,案卷号:8—1—20。
③ 参见《四川省志·出版志》,四川人民出版社2001年版,第385页。

第三章
私营出版业的整顿与初步改造（1949—1953）

查天主教教务协进会的秘密出版物 18 种①，并配合有关部门予以查禁处理。其他地区对旧存反动书刊也予以查禁、没收，态度非常坚决。

新中国成立初期，连环画市场上海"跑马书"泛滥，成为书刊清理中的重点。上海作为连环画"大本营"，解放后仍在连环画出租书摊上流传的旧连环图画还有 1 万多种、100 余万册。②内容以武侠神怪题材为多，占总数 50％以上，由历史故事、小说演义及民间传说编绘者，占 25％左右，其余如滑稽、侦探、爱情以及由中外电影故事和电影照片汇编者占 20％以上。③为清理这些旧连环画，经出版总署批准，采取以新换旧的办法。上海市新闻出版处和出版总署分别拨款 2 亿元（旧币）和 1.4 亿元，作为收换旧连环画的经费。1951 年 2 月，采取以新代旧的办法展开清理，并制定了收换的标准——新连环画 1 册，调换旧连环画 2 册。新连环画的初版书以定价的 7 折出售给书摊，政府另行补贴书款每册千元。至 1951 年年底，对旧连环画处理达 75％左右。④相比查禁、没收，"以新代旧"既实现了清理旧存书刊的目的，又得以扩大新连环画的市场份额，可谓一举两得之策。

各地借鉴上海经验，开展本地书刊清理整顿工作。1950 年 10 月，北京市新闻出版处在调查旧连环画市场基本情况基础上，采取了"以新代旧"办法，由政府或公营书店拿出一笔款，购置内容较好的新书，换回旧本。同时以"分期交款"方式贷款给租书铺摊，解决其购置新书资金不足问题。而南京市新闻出版处同市文教局联合采取措施，自 1951 年 8 月起，加强对连环画租书摊贩的管理，动员全市 407 户租书摊贩取缔旧书，更换新书，共收缴旧书 14400 册，更换新书

---

① 参见《上海市人民政府新闻出版处 1951 年上半年的工作报告及下半年的工作计划》，上海市档案馆馆藏档案，案卷号：A22—2—58，第 14 页。
② 参见方厚枢《对私营出版业的社会主义改造》，《出版史料》2006 年第 2 期，第 18 页。
③ 参见《上海连环图画的出版情况及主要问题》(1953 年)，《中华人民共和国出版史料（1953 年)》，中国书籍出版社 1999 年版，第 172 页。
④ 参见丁之翱、王知伊《忆述上海解放初期处理反动淫秽荒诞图书的情况》，《出版史料》1991 年第 3 期。

3600册。①

此外，清理翻版书也是整顿书刊发行市场的重要措施。北京一向有翻版书商的存在，1949年前主要翻印学校用书及教学参考书。北平和平解放后，一般知识分子迫切需要了解中国革命形势及中国共产党在经济、文化、社会各方面的政策，从而导致时事政治类读物需求量增加。但由于当时国营出版机构无力充分供应，北京的翻版书商大量翻印政策文件，"情形很混乱"。据初步调查，自平津解放到11月，已发现的翻版书商共有15家，出翻版书91种，政策文件性的占90%以上。②举凡解放社重要的出版物，如《社会发展简史》《共产党宣言》《中国革命与中国共产党》《新民主主义论》《论人民民主专政》等，都在其翻印之列，连《中国人民政治协商会议文献》也被抢印应市。而这些翻版书商一般独资经营，规模不大，虽有做翻版生意的长久历史，但受物价通胀影响，自办的小印刷厂营业冷淡，"不排印翻版书就不能维持"。鉴于翻版书商经营上的困难，从政治上考虑，中共中央宣传部出版委员会决定"暂不一般地禁止"③，而是供给纸型，组织翻版书商翻印，以解决其生活上的困难，同时引导其印刷厂发展承印业务，停止翻印书刊。出版总署成立后，逐步将党和政府文件、领袖著作及传记等政治性较强的书刊的出版权划归国营出版社，严禁私营出版。

在书刊清理初期，由于出版总署仅仅提出查禁要求，对应予查禁书刊的范围及执行标准，缺乏统一规定，导致实际执行中，发生了很多偏差，对书刊的处理，往往条件过于严苛，查禁面过大，出现滥用查禁手段现象，造成了私营出版业一定程度的紧张。北京、天津、上海、沈阳、张家口、杭州等地都发生了清查书摊、书贩行为，仅北

---

① 参见江苏地方志编纂委员会《江苏省志·出版志》，江苏人民出版社1996年版，第433页。
② 参见《出版总署办公厅计划处关于北京市翻版书刊情况的初步调查报告》（1949年11月），《中华人民共和国出版史料（1949年）》，中国书籍出版社1995年版，第572页。
③ 出版委员会：《全国出版事业概况》（1949年6月5日），《中华人民共和国出版史料（1949年）》，中国书籍出版社1995年版，第133页。

第三章
私营出版业的整顿与初步改造（1949—1953）

京、天津两市在1951年9—10月间即各收缴了书刊1万多册，许多书不应没收而被没收了。① 1949年12月，青岛市人民政府《关于取缔含有毒素书刊暂行办法》就是其中的典型事例。《关于取缔含有毒素书刊暂行办法》规定，"凡属于有害市民与儿童思想健康之反革命反人民以及诲淫、诲盗等有毒害之刊物、书报、图画、剧本、连环图书、照片、歌曲，一律停止出售"，加以取缔，甚至要求将经营上述图书的书店、书局、杂志社、书贩、书摊予以"封存"②。针对青岛市书刊查禁面过宽的做法，政务院文化教育委员会及时予以纠正，指出《关于取缔含有毒素书刊暂行办法》违背中央人民政府文教政策精神，应予重订。并据此对查禁书刊做原则性指示，除反动最明显的少数书刊须经山东省政府批准具体指名查禁并报告文化教育委员会外，"对其他一般有害书刊应当采取向人民和书商进行批评、劝告和教育的办法，使其逐渐被淘汰，不应一般地大量查禁"③。这种仅作原则性指导的纠偏努力，在缺乏全国统一制度条件下，滥用查禁手段的现象未能得到根本遏制。各地往往自行禁售，既没有报请出版总署批准，也没有通知其他地区采取共同行动，"先斩后奏"或"斩而不奏"现象普遍。由于各地区在禁售书刊中的标准与行动不能完全一致，致使甲地区已禁售的书刊，乙地区仍在流行。

为加强对书刊查禁的监管力度，1951年11月26日，出版总署发布《关于查禁书刊的规定》，要求对政治上反动及有严重错误的书刊，未经出版总署批准前，各地先行封存，今后禁售书刊必须经出版总署批准④，将反动书刊查禁权力进一步集中到出版总署。但权力的集中

---

① 参见《出版总署党组关于检查公文的报告》（1953年9月10日），《中华人民共和国出版史料（1953年）》，中国书籍出版社1999年版，第573页。
② 《青岛市人民政府关于取缔含有毒素书刊暂行办法》（1949年12月），《中华人民共和国出版史料（1950年）》，中国书籍出版社1996年版，第66页。
③ 《文化教育委员会为纠正青岛市取缔有毒书刊暂行办法致山东省政府电》（1950年1月27日），《中华人民共和国出版史料（1950年）》，中国书籍出版社1996年版，第65页。
④ 参见《出版总署关于查禁书刊的规定》（1951年11月26日），《中华人民共和国出版史料（1951年）》，中国书籍出版社1996年版，第420页。

并不能解决各地处理标准不一的问题，实际执行过程中往往凭个人的好恶办事，滥用查禁手段现象仍然存在且随着1951年8月，第一届全国出版行政会议提出"提高出版物质量"的口号后，有加重趋势。这主要表现在：以思想、政治上错误或译文不太好、引文不恰当为理由而查禁了不少学术性、理论性著作；以歪曲劳动人民形象或歪曲人民解放军形象为理由而查禁许多绘得不好的连环画；在清理反动旧书的名义下销毁了大批有历史价值的旧书；几乎要求每本书都是百分之百的马克思主义，不允许书中有一点错误和缺点，甚至要求封建时代出版的旧书也必须合乎现代的观点，否则便予查禁；对在报纸上受到批评或被读者指出错误的书籍，也予以停售或查禁处分，将批评和查禁混为一谈，以致存在着企图用查禁有错误和缺点书刊的办法提高出版物质量的倾向，造成主观地、盲目地、任意地处理书刊。

针对这种状况，1952年7月1日，出版总署再次发布《关于查禁书刊问题的指示》，要求"除了与现实政治有关的政治上反动的书刊外，一般书刊都不应予以查禁……今后各地出版行政机关查禁书刊，必须于事前得到本署批准，绝对不允许先斩后奏"[①]。后因"三反""五反"运动，书刊查禁工作被中断，直到过渡时期总路线提出后，开展处理反动、淫秽、荒诞书刊全国统一行动，配合私营发行业的社会主义改造。

其次，加强私营连环画出版业和租赁业的管理。新中国政府破旧立新，加强对私营出版发行力量的管理，改变其分散经营的状态，实现组织化；改造旧连环画，创作新连环画，以逐步取代市场上流播的旧连环画。组织化建设不仅巩固了"以新换旧"的成效，而且为新书刊的发行流通，依托现有资源，加以改造，进而打造了为我所用的发行网络，降低了政府新建发行网络的成本。

上海解放初期，私营连环画单位约有110家，占整个上海出版业

---

① 《出版总署关于查禁书刊问题的指示》(1952年7月1日)，《中华人民共和国出版史料（1952年）》，中国书籍出版社1998年版，第81页。

的25%—30%。① 其发行网除南洋各地外，遍布全国各大小城镇，主要通过租书摊及专门的连环画摊向读者出租。私营连环画出版业为适应新形势，纷纷转向出版新内容连环画。但所出版的新连环画多以农民翻身故事为主，题材狭窄，内容单调，不能引起读者阅读兴趣，大大减低了新连环图画在图书市场的占有份额，因而全国各地出租连环图画的书摊仍以出租旧连环图画居多。为改变这种状况，上海市先后组织了连环图画作者联谊会、连环图画出版业联谊会及连环图画出租者联谊会，并推动建立连联书店作为私营新连环画出版业的统一出版发行机构，在上海市美术协会协助下，组织会员参加学习、研讨创作，设立连环画研究班，专门从事有关业务的研究与改进，对文稿、画稿进行审议，协助政府制止"跑马书"的出版发行。为配合大众图画出版社（1949年12月底文化部艺术局成立的以出版连环画、年画等美术普及读物为主的出版社）、人民美术出版社（1951年9月15日成立，首家中央直属美术专业出版单位，大众图画出版社并入）完成"尽快多出为青少年和劳动人民服务的好书好画，占领文化阵地"② 的任务，1951年年底，大众美术出版社、教育出版社、群育出版社、文德书局以及灯塔、华东、兄弟、一迅、雨化共9家组成了联营的"新美术出版社"，专门出版连环画。"三反""五反"运动后，增加公股，改组为公私合营出版社，逐步将其他私营连环画出版社加以合并。1953年，新美术出版社同华东人民美术出版社统一了上海市的连环画出版业务，改变了解放前出版商小而多、人员分散的状态，避免了重复建设和无序竞争。这种集中也最大限度地使连环画的创作人才得以整合，形成创作的合力。

北京方面，根据1951年7月、8月的调查结果，城区有租赁连环画的租书店219家、租书摊373家，共计592家，其中专营的420家、

---

① 参见黎鲁《新美术出版社始末》，《编辑学刊》1993年第2期，第71页。
② 姜维朴：《周恩来与连环画书刊出版》，《出版史料》2003年第3期，第4页。

兼营的172家。① 为便于进行教育改造，1951年7月27日，成立"北京市连环画租售者联谊会"，隶属于书业同业公会。截至1951年8月底，有304家入会，按照书业公会的组织，分为东西南北城四个区，被编成27个小组。北京市新闻出版处利用"联谊会"，一方面帮助会员解决资金缺乏、添货困难问题；另一方面加强思想政治领导，在扩大巩固联谊会的基础上，逐步处理旧连环画。同时联合市工商局对连环画租书店和租书摊实行普遍登记，已开业的补行登记，新开业的，根据其租新书还是租旧书及从业者的情况加以严格审核，对新开业的租旧书的书摊、书店采取不准登记或备案的处理措施。对店摊已较集中的地区，暂不发展②，以限制旧书市场的扩展。此外，还协助北京市文艺机关建立新小人书（连环画在北方的别称）的创作和出版机构③，扩大新连环画供应，满足市场需求。

除北京、上海两地外，天津、重庆、西安、武汉等地都组织了类似的连环画业联谊会。此一时期的查禁书刊工作，由于各地分散进行，缺乏全国的联动机制，书刊清理并不彻底，因此它的意义更重要的是营造出一种氛围，推动私营租赁业转营新书，扩大新连环画和国营出版物的市场份额，促使私营出版业淡出某些出版领域，尤其是加强了对书摊贩的组织和管理，使其组织化，为进一步改造准备了条件。

（二）军管世界书局、大东书局

依照《共同纲领》的相关规定，新中国政府对国民政府党、政、军、特系统的出版机构作为官僚资本进行接管，没收其资产归国家所有。对私营出版业中含有较多官僚资本股份的企业则实行军事管理（以下简称军管），没收其中的官僚资本，对私股则按照出版、发行、

---

① 参见《北京市人民政府新闻出版处连环画调查工作总结报告》（1951年8月24日），北京市档案馆藏档案，案卷号：8—1—59，第43页。
② 同上书，第48页。
③ 参见《1950年九、十月份出版管理工作综合报告》（1950年），北京市档案馆藏档案，案卷号：8—2—96，第8页。

第三章
私营出版业的整顿与初步改造（1949—1953）

印刷分工原则，逐步加以整顿改造，这一改造类型以世界书局和大东书局为典型代表。政府对世界书局、大东书局则通过军管收缩其出版、发行业务，专业印刷，并按国家出版建设规划加以改组，使其新的业务和发展方向适应国家需要。

根据职能分工，世界书局、大东书局的军管由上海市军事管制委员会文化教育管理委员会具体负责。上海解放前，上海市军事管制委员会文化教育管理委员会成立，下设新闻出版处，负责接管受官僚资本控制的出版企业。接管工作从1949年5月27日起至7月底止，接管与实行军管单位30个，包括书店、出版社20个，印刷厂8个，印刷器材厂1个，学术团体1个。① 世界书局、大东书局、儿童书局等6家被官僚资本渗透的私营出版企业位列其中。对国民政府党、政、军、特系统出版机构的接管，壮大了国营出版力量。而对为官僚资本所控制的世界书局、大东书局实行军管，则在一定程度上积累了改造私营出版业的经验。军管世界书局和大东书局过程中，开展的清产核资工作，通过区分私营资本和官僚资本，确立了私营出版企业中的公私股比例，赢得了政府改造私营出版企业的主动权。

世界书局创办于1917年，1921年改组为股份有限公司，设总管理处，协同总经理统筹管理编辑所、印刷厂、上海发行所及各地分支机构，分局最多时达30余处。② 抗战胜利后，因资金短缺，李石曾投入半数股款，成为控股方，改选董监事，自认常务董事兼总经理，全面主持公司业务。至上海解放，除台湾分局外，建有北京、济南等18处分支机构。③ 而大东书局成立于1916年，与世界书局同为股份制的私营综合性出版企业。其拥有3个印刷厂（均在上海）、9个分局和1

---

① 参见《上海市军管会文化教育管理委员会工作总结报告》，上海市档案馆馆藏档案，案卷号：B34—1—6，第361页。
② 参见朱联保《我所知道的世界书局》，《20世纪上海文史资料文库》（第6辑 新闻出版），上海书店出版社1999年版，第230页。
③ 参见《上海市军事管制委员会文化教育管理委员会》（1949年9月），上海市档案馆馆藏档案，案卷号：Q431—1—186，第11页。

个办事处（香港办事处）。① 1941年总经理沈骏声过世后，大东书局流动资金缺乏，周转不灵，几至无法维持。后经由陈立夫介绍陶百川兼任公司总经理，并聘杜月笙任董事长，与中央银行签订印钞合同，才得以扭转困局。1949年5月，上海解放后，上海市委经过一个多月的调查，认定世界书局资本中总经理李石曾"占一半以上，董监事大半为著名反动分子（如张静江、吴稚晖等）"，三人都曾被选为国民党中央监察委员。而大东书局总经理陶百川曾任国民参政会参政员及"国大代表"，抗战胜利前蒋介石，"曾手令拨借该书店法币4000万元，作建厂之用，并有其他文件证明与国民党关系甚深"②。根据此一结果，上海市委请示中共中央对世界、大东两书局暂时实行军管，清查其中的官僚资本，保护私人资本。1949年7月23日，中央复电同意军管，要求具体研究官僚资本的范围，并详报中央。

同年8月15日，上海市军事管制委员会（以下简称"军管会"）派出军事代表对世界、大东两书局实行军管。为弄清书局官僚资本的范围，上海市制定了军管办法，规范军管期间的相关工作。军管期间，书局一切业务照常，由原负责人负责，军事代表有监督之权，书刊表册的印刷则由军事代表批准。书局经济上的盈亏及一切收付，原负责人仍负完全责任，且须按期或逐日向军事代表汇报。为清查书局资产，规定书局原负责人负责保管工厂资财、图书、档案、账册、车辆、机器、材料、家具等，不得破坏、转移、隐藏及盗卖，未得军事代表许可，不准搬动。造具详细账目、清册并将档案等交出，听候军事代表检查清理。③ 由此可见，军管状态下，军事代表介入书局的生产经营。书局照常营业的目的主要在于配合资产清理整顿，以确定书局官僚资本和私人资本所占比例，为进一步改造提供坚实的经济依

---

① 参见《大东书局情况汇报》（1950年5月），《中华人民共和国出版史料（1950年）》，中国书籍出版社1996年版，第257页。
② 《中共上海市委关于世界社等情况调查结果向中共中央的请示电》（1949年7月13日），《中华人民共和国出版史料（1949年）》，中国书籍出版社1995年版，第188页。
③ 参见《上海市军事管制委员会文化教育管理委员会》（1949年9月），上海市档案馆馆藏档案，案卷号：Q431—1—186，第12页。

第三章
私营出版业的整顿与初步改造（1949—1953）

据，而非进行企业内部整顿，以图重整旗鼓，恢复生产。

据统计，1949年8月底，世界书局资产总值15.5亿元，其中，官僚资本额8.3亿元，占总资产的53.6%[1]，官僚资本所占比例过半。大东书局方面，根据股务科记录，初步确定官僚资本只占全部30%，商股占60%，另有一笔25亿余元的股款来源不明。[2] 据此，1949年12月19日，出版总署致电上海市军管会，决定对世界书局实行接管，大东书局暂仍军管。[3] 随后，上海市军管会制定了《接管办法》（以下简称《接管办法》）。世界书局出版物大多为时代所淘汰，营业一蹶不振，负债累累，甚至完全依靠变卖机器材料勉强维持。1950年2月2日，世界书局副经理沈思明、襄理沈季湘代表职工和资方上书上海市军事管制委员会，申请予以接管，获得批准。同年2月3日，出版总署发布指示，委托各地军事管制委员会或人民政府配合上海方面按照《接管办法》实施接管。《接管办法》规定了各地清理物资、造具清单的内容，同时强调各地世界书局之物资房产、工作人员的转移安置及其现金与应予收回之款项的处理原则和办法。要求"各地世界书局接管之物资房屋地产等项，由当地军管会或人民政府拨交新华书店使用"。各地分局职员则由当地"分别予以适当安插或调职"，而"各分局的库存现金及各项债权，如应收账款、暂记欠款、存出保证金等项应予收回之款项，由当地军管会或人民政府收受"[4]。这种"谁接管，谁受益"的办法，使得各地接管工作进展迅速，经过4个多月时间，至1950年7月，世界书局各地分局除济南、杭州、成都三处外，已将移交表册寄交总局，基

---

[1] 参见《华东出版委员会关于世界书局的处理方案》（1949年11月16日），上海市档案馆馆藏档案，案卷号：Q431—1—186，第14页。

[2] 参见《军管大东书局调查情况十五天来的初步总结报告》（节录）（1949年8月31日），《中华人民共和国出版史料（1949年）》，中国书籍出版社1995年版，第197页。

[3] 参见《出版总署致上海市军事管理委员会电》（1949年12月19日），上海市档案馆馆藏档案，案卷号：Q431—1—186，第23页。

[4] 《统一接管世界书局各地分支机构办法》（1950年2月3日），上海市档案馆馆藏档案，案卷号：Q431—1—186，第28页。

本完成接管工作。

世界书局 15.5 亿元的资产中，书店部分 3.5 亿元，印刷厂部分 12 亿元，分别占总资产的 24％和 76％。[①] 因此出版总署决定没收并取消其书局部分，保留印厂，私股全部转移至印厂，将其改组为公私合营性质，称世界书局印刷厂，1950 年 6 月与上海新华印刷厂、上海新华印刷厂二厂（在接管正中书局印刷厂基础上改组而成）合并为上海新华印刷厂。至此近代中国出版史上"五大书局"之一的世界书局通过接管方式予以改造完毕。

大东书局自创立，即以出版教科用书及承印有价证券为主要业务，抗战期间，分别在浙江、江西、湖南、香港、重庆各地设立印刷分厂，专印政府有价证券，并在各重要城市设立分局，发行教科书。抗战胜利后，先后在上海设立了第一、第二、第三印刷厂，赓续印制有价证券及中小学教科书。[②] 而印刷钞票、税票及邮票成为大东书局的主要业务。全国邮票有 80％是大东书局印制的，商用印花税票的印制量也占全国 60％左右[③]，且品质极佳，即使新中国成立后还是"大东书局印得印花税票最多最好"[④]。上海解放后，业务一度停顿，后接受人民银行及税务局、邮局委托，代印钞票、税票及邮票，其中印钞最多。上海一、二厂负责印钞工作，三厂则专印书籍及零星表单等。同时编印小学算术课本全套供华东区各校采用，书局受通货膨胀影响的困难局面开始逐渐好转。

解放战争在全国的基本胜利，使得整个形势从战争逐步转向和平建设，为适应新阶段任务，中共中央制定了统一国家财经经济工作方

---

① 参见《华东出版委员会关于世界书局的处理方案》（1949 年 11 月 16 日），上海市档案馆馆藏档案，案卷号：Q431—1—186，第 14 页。
② 参见《大东书局股份有限公司沿革及最近一般状况》（1950 年），上海市档案馆馆藏档案，案卷号：C48—2—85，第 9 页。
③ 参见大东书局经理室《关于大东书局目前情况的报告》（1950 年 5 月），《中华人民共和国出版史料（1950 年）》，中国书籍出版社 1996 年版，第 284 页。
④ 《大东书局情况汇报》（1950 年 5 月），《中华人民共和国出版史料（1950 年）》，中国书籍出版社 1996 年版，第 259 页。

第三章
私营出版业的整顿与初步改造（1949—1953）

案，以抑制通货膨胀，稳定物价，决定"少印甚至暂时不印人民币并整编紧缩"①，大大减少印钞量。为此，1950年5月5日，中国人民银行华东区发行分处要求大东书局"自5月6日立即停止印制人民币，除已完成装箱或打包者送发行分库外其余各种半完成品、废票、白片、原版、印版、锡版、冠字、图章以及其他有关票样与油墨等一律点清数字入库"②。承印钞票业务的停止，对大东书局的震动很大。同年5月7日，大东书局召开临时联席会议，讨论公司未来发展及机构紧缩所带来的裁员问题。对停印钞票，大东书局同人"内心非常难受甚至焦躁不安或更因此连带地发生许多疑问"，"虽预先已料想到而没有想到会这样快"。③ 造成大东书局经营被动还源于新中国成立后，邮票实行分区印制，大东书局已很少接印。而且在印钞业务收归国营印刷厂印制后，税务局也将税票逐步收归自办印刷厂，因而大东书局的承印业务严重萎缩。

在这种状况下，大东书局"靠印刷吃饭"的时代不复存在。出版业务方面，因过去主要出版法律书，随着国民政府的倒台，全部法律书停止出售，作废纸论担出卖，几百种纸型，顿成废物。此外，曾出版的社会科学书籍和儿童书籍，也因内容太旧销路缺乏，大多属于淘汰之列。新中国成立后允许出版发行的12册小学算术课本，因"教科书国营"，也是临时性的。因此，处于军管中的大东书局主动提出"精简组织"和"裁员减薪"的整编方案④，以维持其基本经营。而政府方面，在世界书局接管逐步完成后，1950年5月10日，出版总署指示华东新闻出版局总结接管世界书局经验，拟具接管大东书局的办法。而大东书局军事代表卢鸣谷，鉴于大东书局的经营困境以及其官僚资本仅占30%的实际情况，指出接管的经济理由不充分，建议"不

---

① 《大东书局临时会议记录》（1950年5月7日），上海市档案馆馆藏档案，案卷号：C48—2—85，第5页。
② 同上。
③ 同上。
④ 参见《华东新闻出版局转呈大东书局整编方案等向出版总署请示函》（1950年5月23日），《中华人民共和国出版史料（1950年）》，中国书籍出版社1996年版，第255页。

能实行接管"①。

  1950年5月25日，出版总署致函上海市军管会文化教育管理委员会，否定了"不能实行接管"的意见，强调"接管大东，在政治意义上和影响上是重于世界（世界书局）的"②。这主要是指大东书局曾出版《智慧》杂志（被认定为"反动刊物"），并曾获蒋介石特许用飞机装运机器等情况。大东书局资产以上海厂局及总处为主，总值为17余亿元，其中属印刷厂部分约占总值76%③，而外埠分局基地房屋多为租赁，其存货也多系寄售的文具及书籍，在总资产中的比例极小。因此，遵照第一届全国出版会议决议，实行出版与发行分工，结束各地分局，书籍一次作价出售或委托代销或退回上海，器具及房屋就地变卖，工作人员发给4个月的薪金遣散。④ 至1951年6月，大东书局各地分局结束业务，集中于出版和印刷业务。对此，大东书局表示接受，"与其同时搞发行又搞出版搞得都不很好，不如集中力量，专搞一种"⑤。此后大东书局调整出版专业方向，先后和中国技术协会、华东工业部同济高级工业学校、上海儿童文学工作者联谊会、中华全国美术工作者协会上海分会和其他散布在各地的教授、专家联系，通过这些团体和个人组织稿源，校订稿件，至1951年10月，出版新书193种，包括科技书、儿童书、美术书、连环画以及其他图书。总销售额中，科技书居第一位，儿童书居第二位，出版物的畅销率达80%以上。⑥ 发行上，儿童书和连环画仍旧保持同童联书店和连联书店两

---

  ① 《大东书局情况汇报》（1950年5月），《中华人民共和国出版史料（1950年）》，中国书籍出版社1996年版，第261页。
  ② 《出版总署关于大东书局应予接管的意见拟给上海市军管会文教管理委员会的信稿》（1950年5月25日），《中华人民共和国出版史料（1950年）》，中国书籍出版社1996年版，第269页。
  ③ 参见《大东书局情况汇报》（1950年1月），《中华人民共和国出版史料（1950年）》，中国书籍出版社1996年版，第34页。
  ④ 参见《卢鸣谷关于大东书局处理问题向上海市军管会文教委员会的报告》（1951年10月23日），上海市档案馆馆藏档案，案卷号：Q431—1—443，第12页。
  ⑤ 《大东书局股份有限公司呈送上海市新闻出版处的"大东书局两年来的出版"》（1951年11月20日），上海市档案馆馆藏档案，案卷号：Q431—1—443，第32页。
  ⑥ 同上书，第22—23页。

个联营机构的经售关系,而科技书、美术书及其他书籍则同新华书店和中国图书发行公司建立了经售关系。

与此同时,大东书局实行商股登记,确定书局股权状况。经过商股登记,大东书局资产中官僚股及未登记股共占31.6%,商股占68.4%。① 据此,1951年2月5日,华东新闻出版局请示出版总署大东书局处理意见,认为不宜再以政治理由接管,且照股份登记结果,亦不足以经济上的理由予以接管。故而建议撤销对大东书局的军管,明令改组为公私合营机构,官僚股没收,未登记股概予代管,商股保留。经过一年的酝酿,考虑大东书局印刷部分约占其总资产的80%,1952年5月,大东书局上海印刷厂改组为公私合营大东印刷厂。此后,大东书局将出版方向调整为少年儿童读物和科学技术书。为了进一步做到专业分工,1952年12月,大东书局又把少年儿童读物部分移转到由中国新民主主义青年团华东工作委员会及华东行政委员会新闻出版处领导,新儿童书店、商务印书馆、中华书局和大东书局四单位组成的公私合营少年儿童出版社出版。② 经过上述整顿后,大东书局除以出版科技书为重点外,只剩下一个门市部,专做本版书的零售以及文具、外版、学校用簿册的贩卖。直到1954年11月根据华北新闻出版局指示,撤销对大东书局的军管,结束门市发行机构,把发行人员和部分管理人员移转至新华书店工作。③ 剩下的出版机构,则积极健全编辑力量,争取企业的全面改造。世界书局、大东书局位居民国时期私营出版业"五大书局"之列,其改造的特点是逐步收缩出版、印刷或发行业务,专于一业或两业,原有业务结束或部分移转至其他新的同类业务机构。如世界书局,结束出版和发行业务,世界书

---

① 参见《华东新闻出版局转报上海新闻出版处处理大东书局意见给出版总署函》(1951年2月5日),《中华人民共和国出版史料(1951年)》,中国书籍出版社1996年7月版,第28页。

② 参见《大东书局三年来的出版》(1953年4月30日),上海市档案馆馆藏档案,案卷号:Q431—1—246,第56页。

③ 参见《大东书局进行社会主义改造执行情况的报告》(1954年11月9日),上海市档案馆馆藏档案,案卷号:B167—1—54,第10页。

局印刷厂改组为公私合营印刷厂；而大东书局则逐步收缩发行业务，出版机构发展成为专业出版机构，印刷厂参与公私合营。这一改造模式，将清末以来私营出版业形成的三位一体的组织架构逐渐解构，使每家企业或专业于某类出版业务，或专业于发行业务，或专业于印刷业务，丰富了私营出版业社会主义改造经验。

（三）利用、限制：印刷业的整顿

截至1949年10月，各地新华书店印刷厂所掌握的主要设备（包括卷筒机、米列机、全张机、对开机、胶版机等）共343台，每月排字量6200余万字，印36.7万余令纸。据统计，公营印刷生产能力仅及全国的10%，而私营则占到90%。[①] 以上海为例，公营印刷厂（包括新华书店及其他已军管的）主要设备有65台，私营有213台；排字能力方面，公营每月排字650万字，而私营则可排5700万字，相差约9倍；印刷能力方面，公营每月印9200令纸，私营则可印10.9万余令纸，相差10余倍，铸字铜模方面私营更是占绝对优势。[②] 因此，就技术设备和生产能力而言，新中国成立初期，国营新华印刷力量普遍比较薄弱。上海作为近代中国印刷业主要基地，印刷力量占全国很大比重。据统计，上海私营印刷企业有2877户，从业人员2.8万余人[③]，涵盖铅印书刊、铸字铜模、照相制版、书刊装订、铅印零件、彩印业、纸盒业等多个门类，经营业务和产品门类齐全，拥有像商务印书馆、中华书局、大东书局等几家印刷设备和技术较高的印刷企业。近代私营印刷业以上海为中心主要分布于沿海省份，内地特别是边远少数民族地区大多没有出版印刷能力，新中国成立前连小学用的课本都要到上海、北京等地采购。因此全国印刷生产力的基本格局

[①] 参见《新中国印刷业概况》，中国出版工作者协会编《中国出版年鉴》（1980年），商务印书馆1980年版，第24页。

[②] 参见《全国出版事业概况》（1949年10月4日），《中华人民共和国出版史料（1949年）》，中国书籍出版社1995年版，第263—264页。

[③] 参见顾志芳、高勤初《上海市私营印刷工业的社会主义改造》，中国印刷技术协会编《中国印刷年鉴（1982—1983年）》，印刷工业出版社1984年版。

第三章
私营出版业的整顿与初步改造（1949—1953）

是私营力量占优势、地区发展不平衡。

公私印刷力量的悬殊以及私营印刷业生产力过剩、失业现象普遍的状况，使得组织利用私营印刷业服务于新中国出版事业，成为新政权创建初期共和国出版工作者的必然选择。1949年2月，中共中央宣传部出版委员会成立后，即组织北平公营及私营10家印厂为其印书。不仅北京如此，华中区亦是如此。华中区的印刷力量，公营排字470万字，印刷1350令，而私营排字800万字，印刷1700令。① 在华中区新解放城市，私营印刷所比较多，不论在成品质量、印刷工价上，乃至出品时间上，只要新华书店提出要求，均可以保证，在成品质量和成本上均优于公营印刷厂。而新华书店进城后，以接收为工作重点，加之技术水平有限、不善管理和成本核算，却出现了浪费纸张、工时长等问题。针对这种状况，华中区提出在新区宁愿少搞工厂，也要贯彻借助私营印刷力量的"公私两利"政策。但公营印刷力量薄弱、私营印刷生产力过剩的现象，至1950年9月仍未改变，全国书刊印刷厂仍有50%是过剩的。② 为合理调整公私印刷业关系，依据1950年9月第一届全国出版会议确定的"统筹兼顾、分工合作"原则，国家在利用、限制基础上加强了对私营印刷业的整顿工作。

首先，委托印刷成为整顿私营印刷业采取的主要形式。针对印刷生产力过剩现象，第一届全国出版会议决定各机关团体不宜"再建立新厂，其印件可交现有公私印厂承印，原有公私印厂亦不应盲目扩充"③。依据这一原则，1953年以前出版总署对私营书刊印刷业主要采取委托印刷形式进行加工订货。私营印刷业凭借其在技术设备上的优势，利用自身专业特色接受加工订货任务。特种印件委托印制的典型如上述大东书局，而书刊承印方面，承印教科书业务可谓运用这一

---

① 参见《华中区新华书店工作报告》（1949年10月9日），《中华人民共和国出版史料（1949年）》，中国书籍出版社1995年版，第416页。

② 参见胡愈之《论人民出版事业及其发展方向》（1950年9月16日），《中华人民共和国出版史料（1950年）》，中国书籍出版社1996年版，第519页。

③ 《胡愈之署长关于第一届全国出版会议综合报告》（1950年10月13日），《中华人民共和国出版史料（1950年）》，中国书籍出版社1996年版，第638页。

政策较为成功的典范。据曾在高等教育部参与高校教材编译工作的于卓回忆，考虑到高等学校教学用书，特别是理工科教材的特点（如公式多、插图多、表格多、外文多、符号多等），没有排印科技书籍经验的一般印刷企业不容易很好地完成出版任务，出版总署决定把这一任务委托给民国时期曾出版过大学用书和科技读物的商务印书馆、中华书局和龙门联合书局三家条件较好的印刷企业分别承担。商务印书馆承担工科基础课和基础技术课教材的大部和理科数学、物理、化学、地理四种专业教材的全部以及部分文史教材；中华书局承担农科和生物教材的全部；龙门联合书局承担工科基础课和基础技术课教材的小部①，共同完成高校教材的印制任务。这种委托印刷一方面充分发挥了承印厂的印刷生产力，解决了其经营困难；另一方面为后期分工专业化准备了条件，规范了承印厂的经营专业范围。

1952年11月26日，政务院发布《实行出版计划初步办法》，要求首先在国营、地方国营和公私合营的出版、印刷、发行企业中推行第二届全国出版行政会议制定的"出版计划化"方针。出版行政机关核准出版计划后，由出版行政机关掌管纸张的部门审核出版单位据此编制用纸计划，"按计划组织出版单位与纸张生产单位订货，分期拨给各该出版单位一定品种、规格和数量的纸张，并严格监督其用途"②。同时由出版行政机关掌管印刷的部门"按照计划调度印刷生产力。在必要和可能情况下，为出版单位指定或介绍承印的印刷厂"③，并由出版单位和承印单位签订年度印刷协议书与季度印刷合同。在此基础上，要求私营出版单位也参照"呈报出版计划。出版计划中政府委托出版或加工订货的部分，经出版行政机关核准后，得配给纸

---

① 参见于卓《商务印书馆全面公私合营的前前后后》，《商务印书馆九十五年——我和商务印书馆1897—1992》，商务印书馆1992年版，第382页。

② 《实行出版计划初步办法》（1952年11月26日），《中华人民共和国出版史料（1952年）》，中国书籍出版社1998年版，第332页。

③ 同上。

第三章
私营出版业的整顿与初步改造（1949—1953）

张"①。因此，委托印刷更重要的是通过加工订货，密切了私营印刷厂同国家的联系，将其业务纳入国家管理范围之内，增加了私营印刷厂对国家加工订货的依赖性，使得国家在利用、限制、改造私营印刷业中处于绝对主动地位。

其次，实施联营或公私合营，整合私营印刷生产力。在委托印制基础上，借鉴出版、发行领域调整改组的成功经验，出版总署在印刷业推动私私联营或公私合营，探索私营印刷业的改造途径。对大型印刷厂，依据专业化原则，直接开展委托印制业务，而中小型印刷厂，则是在联合基础上，开展委托印制业务。为贯彻"统筹兼顾、分工合作"方针，1950年9月，第一届全国出版会议通过的《关于改进书刊印刷业的决议》规定："私营小型印刷厂应按其性能、规格，在自愿原则下合并为规模较大的合股公司，有计划、有步骤地配合实际需要开展生产。"②也就是说，对私营印刷业，在委托印刷之外，采取"联营"方式，整合小型印刷厂，改变分散经营状况，促其以联营机构形式参与新中国印刷事业，便于国家加强领导和管理。1952年10月，第二届全国出版行政会议提出"出版计划化"方针后，在印刷管理上，将"联营"政策扩展至中型印刷厂，要求"中型以上的私营印刷厂，自愿进行联营或公私合营，而又确实具备必要条件者，予以适当赞助，并鼓励他们改进生产设备和生产组织，提高生产能力，以便能较大量地承印书刊"③。随后各地中小型私营印刷厂为争取更多的承印任务，纷纷组织联营或公私合营。

这一时期，上海多家私营印刷厂响应政府号召，积极主动申请公私合营，经政府批准，组建公私合营印刷厂。1950年4月，私营百宋

---

① 《实行出版计划初步办法》（1952年11月26日），《中华人民共和国出版史料（1952年）》，中国书籍出版社1998年版，第333页。

② 《出版总署关于发布第一届全国出版会议五项决议的通知》（1950年10月28日），《中华人民共和国出版史料（1950年）》，中国书籍出版社1996年版，第652页。

③ 《出版总署党组书记陈克寒关于召开第二届全国出版行政会议情况向文委党组并报告党中央的报告》（1952年11月8日），《中华人民共和国出版史料（1952年）》，中国书籍出版社1998年版，第314页。

铸字印刷局（铅印厂）改组为华东青年印刷厂，成为最早的公私合营印刷厂。而金融印刷厂、中国兄弟印刷厂和义成印刷厂三家私营铅印零件厂，经中华全国总工会华东办事处批准，于1951年10月合并改组为全国总工会华东办事处的机关印刷厂——公私合营十月印刷厂。同时，因印制海域测绘图的需要，私营中联印刷公司经海军测量局批准，1951年被收购改组为海军测量局二十工厂。此后，经上海市军管会新闻出版处批准，私营公信会计用品社印刷厂整理公股，进行公私合营，划归新华印刷厂华东区管理处领导。与此同时，上海市军管会接管合并环球印刷制盒厂，改组为公私合营公信账簿制盒印刷厂，成为专门印制账册报表及部分书刊插图的铅印、胶印综合性印刷厂。上述四家公私合营印刷厂为私营印刷厂的公私合营进行了有益探索。

同时，一些规模较小的私营印刷厂在自愿结合的基础上，进行私私合并。新中国橡皮印刷厂、美星橡皮印刷厂和建华印刷厂合并组成私营一联印刷厂；由十家小装订作坊合并组成私营统一装订厂。不同于私私合并，还有一些印厂采取私私联营方式，即保持原有企业的独立性，又联合起来，统一承接和调度安排生产任务。这种联营方式，以铅印零件印刷厂为多。书刊印刷方面，由美灵登、协兴成、华成等八个厂联合经营。在彩印业方面，由以新华印刷公司为首的几个厂联合经营。[①] 这种私私合并和私私联营的方式都得到了政府的鼓励，为引导私营印刷厂逐步走向国家资本主义创造了条件。

上海以外的其他地区，由于力量薄弱、经营分散，当地政府积极推动私营印刷厂进行相应调整和改组。如湖北省，民国时期印刷业主要集中在汉口市。据1946年汉口市印刷工业同业公会会员名册记载，有印刷厂145家[②]，主要是印制报纸、账簿、表册、杂件等业务，没

---

① 上述私私联营和公私合营印刷企业内容，参见顾志芳、高勤初《上海市私营印刷工业的社会主义改造》，中国印刷技术协会编《中国印刷年鉴（1982—1983年）》，印刷工业出版社1984年版。

② 参见湖北省地方志编纂委员会《湖北省志·新闻出版》（下），湖北人民出版社1995年版，第154页。

第三章
私营出版业的整顿与初步改造（1949—1953）

有一家专业书刊印刷厂。武汉解放后，1949年9月1日，由新华书店华中区管理处投资，与中国印书馆合营，成立公私合营汉口印刷公司，主要印制书刊、伟人像、年画等，成为华中新华印刷厂之外重要的印刷力量。此外，一些私营印刷厂为了更多地承印书刊业务，开始组织联营。经中南军政委员会新闻出版局批准，由甡昌印书馆等5家私营印刷厂于1951年11月组建了江汉联营印刷厂，主要印刷书刊。

甘肃省印刷工业基础薄弱，据1949年年底统计，全省中小型印刷厂有40余家，从业1000余人。① 印刷设备也仅为一些小型铅印对开机、四开机、圆盘机、石印机等。比较像样的书刊印刷厂只有一家，职工不足百人。1951年8月，在中共甘肃省委办公厅指导下，对兰州的太和昌、复兴、协和裕、同文、元源、三兴成、裕华、长盛等8家私营小型印刷厂进行拆股归并，组成公私合营新兰企业公司印刷厂，后移交甘肃日报社，成立甘肃日报社第二印刷厂，承担社会书刊零件印刷任务。

1949年山西全省解放后，仅有61个印刷厂，且规模小、技术落后。为整合提升本省印刷能力，1952年1月，山西省将太原市私营的敦化、成文斋等8个印刷厂合组成公私合营敦化印刷厂。后又将范华、福茂斋等13个印刷厂合组成公私合营范华印刷厂，晋鸿、新光等16个私营印刷装订社则改组为公私合营印刷装订社。此外，公私合营的印刷厂还有同联印刷厂、公私合营印刷厂、印刷生产合作社等。② 在江西省，1951年，南昌印刷厂③联合建丰印刷厂、振顺祥印刷厂、知行印刷厂、鼎记印刷厂（部分）、铭记印刷厂（部分）组建了公私合营南昌五联印刷股份有限公司④，成为江西省内第一家公私合营印刷企业，起到了团结私营同业的示范作用。各地实践中采取的联营或公私合营方式，既初步整合了私营印刷力量，同时又通过公私

---

① 参见《甘肃省志·新闻出版志·出版卷》，甘肃人民出版社1994年版，第313页。
② 参见山西省史志研究院《山西通志·出版志》，中华书局1999年版，第216页。
③ 前身为1949年开业的南昌八一印刷厂，1950年改名。
④ 参见龚平如《江西出版纪事》，江西人民出版社1996年版，第155页。

合营形式将私营印刷厂逐步引导到国家资本主义轨道,对私营印刷业的全面公私合营起到了重要作用。

再次,实行"内迁",平衡全国印刷生产力。针对印刷生产力分布的不平衡,1950年10月28日,政务院《关于改进和发展全国出版事业的指示》中要求"沿海城市过分集中的印刷工厂,应即由有关政府部门协助,搬迁一部分至缺乏印刷设备的内地"[1]。上海作为私营印刷业最为集中的地区,因而成为全国印刷力量调整变动最大的城市。20世纪50年代初,上海的公私合营华东美术印刷厂及私营国光、华文等印刷厂,以及铸字、清排、铜锌板、珂罗版等小规模的专业厂,分别迁往北京市、四川省、陕西省、湖北省、河南省、江西省、广西壮族自治区等地,充实了当地印刷能力,帮助这些地区逐步建立起地区性印刷企业。

而北京作为新中国的政治、文化中心,成为此次调整中受益最多的地区。新中国成立初期,北京市有私营印刷厂277家[2],其中小型印刷厂141家,占50.92%,其他杂件印刷厂占30.68%,多为印名片、信笺等小型商户,与出版业务无关。而大中型印厂所占不足20%,这种状况同新中国首都的政治、文化中心地位是不相称的。因此,上海私营印刷业的全国大调整中,除迁至内地外,更多地北迁至北京,充实了北京的印刷设备和技术人才。1950年经营书刊铅印业务的国光印刷厂、华文印刷局抽出部分技工和设备迁往北京,分别开设了新光印刷厂和艺华印刷厂。1951年11月中华书局上海印刷厂西文排版及中文排版一部分迁京,至12月已有技工36人到达北京,成立北京排版部。

最后,利用同业公会和企业工会,加强私营印刷业的组织化。1950年9月,第一届全国出版会议要求"各地公私印刷业应加强同业

---

[1] 《中央人民政府政务院关于改进和发展全国出版事业的指示》(1950年10月28日),《中华人民共和国出版史料(1950年)》,中国书籍出版社1996年版,第644页。

[2] 参见《北京市人民政府新闻出版1950年八个月工作总结报告》(1950年9月5日),北京市档案馆馆藏档案,案卷号:8—1—20。

第三章
私营出版业的整顿与初步改造（1949—1953）

公会，并经常召开会议或座谈会，与出版行政机关及出版业取得联系，以便交换意见及工作经验"[①]。按此规定，各地出版行政机构加强对原有同业公会的领导，改变其单纯行业组织职能，使其承担起印刷界的统一战线任务，密切与出版行政机关的联系，实现政府主导下私营印刷业的组织化。在上海市工商行政管理局和上海市工商业联合会的领导下，对旧印刷同业公会进行改组，建立以国营印刷企业为领导、按专业组织的铅印、彩印、书簿装订、铸字制版、纸盒等新型同业公会。团结私营印刷业的管理层和从业人员，组织学习《中国人民政治协商会议共同纲领》《私营企业暂行条例》《劳动保险条例》《工商业税暂行条例》《印花税暂行条例》等一系列政策法令，提高其遵守政策法令的观念。同时，配合各项政治运动，进行时事政治宣传教育，提高印刷行业工商业者拥护共同纲领的爱国主义思想。为加强印刷企业工会组织，还成立了上海新闻出版印刷工会，在"公私兼顾，劳资两利"方针指导下，团结教育广大职工群众，树立主人翁的责任感，推动私营印刷业接受国营经济的领导，注重思想政治教育在整顿中的重要作用。

除上述措施外，加强纸张管理也是新政权整顿改造私营印刷业的重要内容。据原上海人民出版社社长宋原放回忆，在民国时期，出版界书籍用纸几乎全用进口纸[②]，私营印刷业经营用纸依赖进口的状况成为1949年前印刷业经营的一大特色。新中国成立后，在贸易管制背景下，国家通过纸张分配，逐步加强了对私营印刷业的控制。1952年7月30日，中央财政经济委员会（以下简称"中财委"）物资分配计划处召集有关部属讨论国家控制物资分配范围及对象问题会议，指出"今后对私营出版社，原则上最好不予按照调拨价格分配新闻纸，

[①] 《出版总署关于发布第一届全国出版会议五项决议的通知》（1950年10月28日），《中华人民共和国出版史料（1950年）》，中国书籍出版社1996年版，第652页。

[②] 参见宋原放《出版纵横》，上海人民出版社1998年版，第505页。

而由贸易系统按市场价格供应"①，但承担国家委托出版任务，并由出版总署掌握其出版计划的私营出版企业不受此限定。这样就改变了新中国成立以来国家按调拨价格统一分配出版用纸，实行公私"一视同仁"的政策。为稳妥起见，出版总署建议暂不变更配纸方针，只是严格控制私营出版社申请配纸的办法，先加以一般的控制，待条件成熟后再逐渐走向严格控制。根据中财委《1953年国家统一分配物资办法（试行草案）》的决定，自1953年起，"对私营出版单位除加工订货部分外，国家一律不分配用纸。对其出版计划亦不加核准"②。这样，1953年前政府对私营印刷业通过委托承印、联营、内迁、配纸管理等方式，加强了对其情况的了解以及控制管理能力，推动私营印刷业获得恢复性发展。

加强对私营印刷业管理整顿的同时，国家在壮大国营印刷力量基础上，进一步完善印刷行政管理，增强政府对私营印刷业的管理力度和广度。1950年第一届全国出版会议后，按照出版、印刷、发行分工和出版专业化原则，新华书店印刷部门以原新华书店总管理处的厂务部为基础建立新华印刷厂总管理处，除管理京津两地新华印刷厂外，对各公私印刷机构也负有团结领导以调整公私关系的责任。但新华印刷厂总管理处属企业性质，难以照顾全国，为了进一步加强领导管理全国印刷业起见，1951年7月6日，出版总署第36次署务会议决定在出版事业司增设印刷企业管理处，撤销新华印刷厂总管理处，承担全国公私印刷业的行政管理职能。后经政务院批准，在不增加原定编制员额原则下，1952年4月，出版总署设置印刷事业管理局，形成"一厅三局"③组织机构。据此，改变了书刊印刷业归工业部门管理的

---

① 《出版总署关于对私营出版社配纸的意见请文教委员会核示函》（1952年8月23日），《中华人民共和国出版史料（1952年）》，中国书籍出版社1998年版，第182—183页。
② 《新闻出版处每周工作简报（第一号）》（1953年1月5日至10日），北京市档案馆馆藏档案，案卷号：8—1—82，第2页。
③ 即办公厅、出版事业管理局、印刷事业管理局、发行事业管理局。改变了1949年11月成立时办公厅、编审局、翻译局、出版局的组织机构，将具体出版业务划分出去，实行政企分开，只负责出版行政管理。

局面，将其划归出版行政机关管理。随着各级印刷行政管理机构的建立健全和国营印刷力量的发展壮大，1952年年底，出版总署进一步明确了整顿私营印刷业的具体步骤，要求"五年内逐步整顿私营印刷厂的30%。对于稍具规模者，促其在自愿基础上联合经营。对于经营管理优异者，适当地予以投资，分别地实行公私合营。其规模甚小者，则逐步收购，为专区和工矿城区的报版印刷厂或则留作商业印刷之用"[1]。国家印刷行政管理机关的建立健全，为政府整顿改造私营印刷业赢得了更多的主动权。

二 专业分工新政策下私营出版社的整顿

对出版业实行专业分工，新中国政府早有构想且一直在酝酿，并逐步做着各项准备工作，但究竟怎样实施，在1950年9月第一届全国出版会议前并不明确。1949年中国人民政治协商会议期间，中共中国共产党即已通过与张元济的访谈，向私营出版界透露了新中国的"出版趋向"，即"注重分工合作，出版、印刷、发行固须分工，即出版亦须分别部门各专一类"[2]。这对于长期以来实行编、印、发三位一体经营机制的私营出版业来说，是一个全新的课题。1949年11月，上海20家私营出版机构组成的"华北东北参观团"北上期间，希望政府就"分工合作"等新出版政策给予指示，但当时出版总署能回答的"唯有若干原则性之意见"[3]，并没有具体的实施方案。因此，在出版分工缺乏明确规定情况下，新中国成立初期，区别对象，对私营出版业实施"积极的扶助"政策，对规模较大且有社会影响的私营出版

---

[1] 《中央人民政府出版总署全国出版事业五年建设计划大纲（草案）》（1952年），《中华人民共和国出版史料（1952年）》，中国书籍出版社1998年版，第434页。
[2] 张元济：《张元济日记》（1949年10月9日），河北教育出版社2001年版，第1251页。
[3] 叶圣陶：《叶圣陶出版文集》，中国书籍出版社1996年版，第78页。

业和联合机构实施"有重点的扶助"政策，指导其组建业务改进委员会，自行进行内部改革，达到收支平衡。同时通过公私合作或银行贷款以及供给新稿源等方式，解决其资金和稿源困难的问题。至于分散的小出版业，则推动其在自愿条件下，依照出版分工原则，逐渐收缩发行，转向出版，建立联合机构。① 这些整顿措施，初步实现了私营出版业形式上的调整，而其企业组织机构、经营管理模式、编辑方针等核心内容，则是1950年9月第一届全国出版会议后，私营出版业依循"出版与发行分工"及"出版专业化"原则，开始进行更进一步的调整改组，寻求"走上人民出版事业的道路"。

（一）调整改组：大型私营出版机构的整顿转型

面临发展困境的私营出版业，对走什么路感到彷徨，纷纷表示希望政府给予帮助。1949年10月全国新华书店出版工作会议期间，中共中央宣传部出版委员会邀请北京市同业及新华书店出版工作会议代表共130余人召开茶话会，听取私营同业意见，与会代表在将解困寄希望于政府的同时，对新的出版政策，尽管在当时只是原则性的，也表示了拥护和支持。观察社代表储安平认为，"人民政府对出版业采取指导和协助态度，一定能帮助解决出版界的困难"，并对出版业分工问题，表示"绝对拥护人民政府的领导"。与会的开明书店章锡琛也认为新政府对民营书店的扶助是"极好的政策"②。相比世界书局、大东书局的军管，新中国成立初期，国家区别情况、分类对待，推动商务印书馆、中华书局、开明书店等私营出版企业调整出版专业方向，收缩发行机构，初步改组组织机构。同时，为适应新社会的发展需要，按照"出版专业化"原则，商务印书馆、中华书局、开明书店等私营出版企业均较早地开始了自我调整和改组。所以，私营出版业按专业分工原则进行的调整和改组，既有其自身的积极主动，又有国

---

① 参见《关于领导私营出版业的方针问题》（1950年4月），《中华人民共和国出版史料（1950年）》，中国书籍出版社1996年版，第122页。

② 《中共中央宣传部出版委员会邀请北京市同业茶会记录》（摘要）（1949年10月7日），《中华人民共和国出版史料（1949年）》中国书籍出版社1995年版，第462页。

第三章
私营出版业的整顿与初步改造（1949—1953）

家政策的强势引导作用。

新中国成立初期，开明书店、商务印书馆较早地向政府提出公私合营申请。鉴于对私营出版业情况了解不全，新出版政策未明确，出版总署对私营出版业采取慎重态度。1950年1月20日，对两家的公私合营申请未予批准，只是同意开明书店总店北移，必要时可给予贷款资助。商务印书馆因资金严重短缺，急需政府给予资金扶持。早在1949年11月30日，董事长张元济即致函上海市市长陈毅，表示"再四思维，已濒绝境，不得已仰求我公体念五十余年民族文化之商务印书馆赐予救济，转商人民银行，准许贷款20亿元"[①]。但此时上海市政府为平抑物价正在收紧银根，不准向私营银行和私营企业贷款。因此，同年12月初，陈毅明确表示："商务不能靠借债吃饭，还要从改善经营想办法，不要只搞教科书，可以搞些大众化的年画，搞些适合工农兵需要的东西……编辑只愿搞大学丛书，不愿搞通俗的东西，这样不要说20亿元，200亿元也没有用。"[②] 据此，出版总署认为，"单纯贷款或投资是无意义的"，商务印书馆必须紧缩开支，逐渐收缩发行机构，同时健全编辑机构，接受国家加工订货，编印自然学科教科书。对商务印书馆这一私营出版业的龙头企业，出版总署表示"要管就不能不有整套的计划，决心大管"[③]。因此，在时机不成熟的状况下，大型私营出版机构更多的是执行新的出版政策，加强自身内部变革。

以商务印书馆为代表的大型私营出版企业，除了逐渐收缩发行外，所进行的整顿主要从两方面着手：一是调整出版方向，承担国家加工订货任务；二是废除总经理制，改组编审部。

第一，调整出版方向，承担国家加工订货任务。按照第一届全国出版会议确立的"出版专业化"政策，1950年10月28日，政务院颁布《关于改进和发展全国出版事业的指示》，要求出版总署"协助私

---

① 张树年：《张元济年谱》，商务印书馆1991年版，第553页。
② 同上。
③ 胡绳：《出版总署党组小组会议报告》，《中华人民共和国出版史料（1950年）》，中国书籍出版社1996年版，第57页。

营的大出版社确定专业的出版方向"①,并建立与有关政府部门或人民团体的固定联系。以商务印书馆为例,为贯彻这一政策,出版总署同"商务"代表多次商谈,确定今后"商务"的专业化出版方向:以出版实用科学书籍为主,兼及儿童书和辞书。为此,商务印书馆积极争取政府部门和学术机构的指导与帮助,以建立稳定的供稿关系。如关于科技书的出版,与中国科学院达成供稿意向。此后"商务"的业务以出版科技书为主,文史方面,基本上不再出版新书,文史旧存稿也分别转移给有关的出版社,重印书只限于《四角号码新词典》等语文工具书。据1950年曾供职于"商务"的赵守俨回忆,当时商务旧版书审查标准很严格,切毁者为数不少,"售完为止"算是命运最好的了。②同年8月,利用原有教科书出版基础和印刷技术,"商务"又与高等教育部教材编审处(原高等教育部高等学校教材编审委员会)建立约稿和订货关系,出版印制高等学校试用教材,承担工科基础课和基础技术课教材的大部和理科数学、物理、化学、地理四种专业教材的全部以及部分文史教材。③1952年6月,出版总署指定商务印书馆为中央级出版机构,初步决定七项出版任务。1953年,其又受卫生部委托出版《中华人民共和国药典》。这样,通过调整和接受国家加工订货任务,商务印书馆确立起新的出版方向,即以出版科技书为主,改变了其主营中小学教科书兼及古籍整理、西学译著等多元化的出版经营战略。

第二,废除总经理制,改组编审部。按照现代企业管理模式,1903年,商务印书馆成立股份有限公司,实行资本与经营管理的分离,由股东大会选举产生董事,组成董事会。股东大会休会时,董事会是企业的最高权力机构,决定企业的经营方针大计以及其他重大事

---

① 《中央人民政府政务院关于改进和发展全国出版事业的指示》(1950年10月28日),《中华人民共和国出版史料(1950年)》,中国书籍出版社1996年版,第643页。

② 参见赵守俨《五十年代商务整理出版古籍杂忆》,《商务印书馆九十五年1897—1992——我和商务印书馆》,商务印书馆1992年版,第395页。

③ 参见于卓《商务印书馆全面公私合营的前前后后》,《商务印书馆九十五年1897—1992——我和商务印书馆》,商务印书馆1992年版,第382页。

第三章
私营出版业的整顿与初步改造（1949—1953）

项，对股东大会负责。董事会选任总经理，负责企业全面业务，"商务"的这种资本管理体系，赋予总经理资本运作的主体地位，具体执行股东大会的资本意志。总经理制作为依托资本运作的现代企业管理模式，适应了出版产业化的运营机制，锻造出1930年商务印书馆发展的巅峰时代。新中国成立后，随着私营金融业改造的启动，资本市场的消解，"商务"资本运作的社会环境不复存在。况且作为一种资本主义企业的管理方式，已不为新时代所接受。1950年，总经理陈夙之因病辞职，"商务"董事会决定馆务由经理谢仁冰、史久芸、协理韦傅卿及襄理张雄飞等合力主持，正式废除总经理制，实行集体负责的管理机制。1951年1月，成立总管理处驻京办事处，由史久芸主持，处理总馆事务。在上海留有上海办事处，由沈季湘主管，重在清理全馆财产。

与此同时，在调整出版专业方向基础上，着手整顿编审机构。1950年4月，"商务"在北京建立新的编审部，并由出版总署推荐九三学社负责人之一袁翰青主持编审部工作。1952年8月，出版部迁京，与编审部合并，改组为编审出版部。1952年9月12日，出版总署在《关于全国出版事业的状况和今后方针计划给文教委员会的报告》中对商务印书馆等稍具规模的私营出版社，进一步提出要"指导他们向专业方向发展，订立正确的选题计划和出版计划，并使之与政府一定的业务部门发生固定的关系，取得加工订货和政治指导，使能发挥一定的积极作用"[①]。这样，商务等大中型出版企业在选题计划、出书种类等方面受政府的引导和管理更加具体化。

以商务印书馆为代表的大型综合性私营出版社，如中华书局和开明书店大致经历了相同的改组历程。开明书店和团中央的青年出版社合并，以出版青年读物为其专业方向，发行机构参加中国图书发行公司。而中华书局的出版方向，在第一届全国出版会议后，逐渐确定以

[①]《出版总署关于全国出版事业的状况和今后方针计划给文教委员会的报告》（1952年9月12日），《中华人民共和国出版史料（1952年）》，中国书籍出版社1998年版，第208页。

出版外文、介绍苏联的书刊及农业书刊为专业方向。① 为实现出版专业化，中华书局积极争取与相关行政机关和事业单位建立业务关系，自1951年4月中旬起，分别与华北农业科学院研究所、农业部、中苏友好协会总会、华东纺织管理局、中国人民银行、中国银行以及文化部等单位订立出版合约，承接各单位所编丛书、书刊的出版工作。同时，将非专业方向的出版业务逐步划归其他机构或结束，如古书、目录学，原有期刊业务，包括《新中华》半月刊、《中华教育界》月刊等在1950年也相继停刊，从而将其编辑出版业务专一化。

1950年3月，中华书局聘请潘达人②为董事会秘书长，作为资方代理人，负责对书局的具体领导。随后中华书局董事会议确定公司改造方针，废除经理制，改由董事会集中管理，组建"中华书局董事会行政管理委员会"（简称行政管理委员会），后改称"业务管理委员会"，秉承董事会议议定公司业务，同年11月，设立北京办事处，联系出版业务。1952年"五反"运动后，调整总公司机构，撤销总管理处及印刷所，将公司管理权力集中于董事会秘书室。编辑所迁往北京，成为中央一级出版机构，在上海设留沪工作组，负责排校印订工作。在调整出版专业方向、改组机构基础上，将编辑所迁往北京，实际上意味着编辑机构、制度、人员配备等方面的大调整，而不仅仅是为了就近完成组稿任务。

经过新中国初期政府主导下的初步调整和改组，商务印书馆为代表的大型私营出版企业实现了自身的内部变革：一方面在出版业务上对国家的依赖性增强。通过接受加工订货，企业经营业务逐步被纳入国家计划轨道，新稿源、纸张的分配都要取决于同政府的关系。民国时期尽管也承接政府部门印件或订货，并且经营中极为注重获得和利用政府支持，但其坚持一个立场，借重政府力量，但又不能过分，注

---

① 参见钱炳寰《中华书局大事纪要（1912—1954）》，中华书局2002年版，第247页。
② 中共党员，新中国成立后，被安排进中华书局，未公开党员身份，是推动中华书局完成社会主义改造的重要人物。

第三章
私营出版业的整顿与初步改造（1949—1953）

意自己作为商家的民间身份。① 但新中国成立后，在"出版事业为人民民主专政的工具，出版事业的领导权必须操在人民政权管理下的国营出版业手中"② 的出版理念下，"商务"、中华书局必须靠拢政府，在企业组织、经营方式等方面向国营出版业看齐。另一方面商务印书馆等大型私营出版企业的出版取向和经营理念已发生了重大转变，这一点可以从 1950 年的"商务"出版物与民国时期对比中得以窥见。作为综合性出版企业，民国时期商务印书馆的出版物种类齐全，涉及哲学宗教、社会科学、语文学、科技学术、文学艺术及史地等领域，且比较均衡。③ 但综览其 1950 年的出版物，古籍出版几乎完全停顿，西学译著锐减，代之大量出版介绍苏联经验的政治经济类及包括数理科学、化学、天文学、地球科学、生物科学、医药卫生、农业、林业、工业技术、交通运输等在内的高等及中等技术教育课本及一般自然科学类图书。④ 由此，经过上述重大改组，"新的出版社已经初步形成"⑤。

相比商务印书馆所代表的私营出版业在企业组织机构、经营管理模式、编辑方针等核心内容的调整重组，三联书店作为公私合营企业的代表，除前述的集中统一和收缩发行业务外，还积极配合新华书店的发展需要，实施合理分工，调整出版专业方向。1949 年年初，中共中央宣传部拟将三联书店"变为国家书店，新华书店为党的书店"，因此在出版方向上，"党的文件、党的领袖作品有时间性的政策问题的书籍归新华书店单独出版"，而三联书店则转向"自然科学和供给

---

① 参见王建辉《旧时代商务印书馆与政府关系之考察（1897—1949）》，《出版与近代文明》，河南大学出版社 2006 年版，第 233 页。
② 《全国出版事业概况》（1949 年 10 月 4 日），《中华人民共和国出版史料（1949 年）》，中国书籍出版社 1995 年版，第 256 页。
③ 参见佚名《商务五十年》（未定稿，1950 年），商务印书馆编《商务印书馆九十五年——我和商务印书馆 1897—1992》，商务印书馆 1992 年版，第 774 页。
④ 参见商务印书馆编《商务印书馆图书目录（1949—1980 年）》，商务印书馆 1981 年版。
⑤ 戴孝侯：《黎明前后——我在商务长期工作中的一个片段》，《商务印书馆九十五年——我和商务印书馆 1897—1992》，商务印书馆 1992 年版，第 390 页。

通俗读物",兼及在共同计划下"出版教科书及学校用品"①。1949年7月18日,中共中央对三联书店今后工作方针做出明确指示后,20日,黄洛峰在华北区分店经理会议上指出,三联书店今后的出版任务是"尽快将旧有出版物加以整理,继续发行,其次出版大众读物,包括大众百科小丛书及其他青年读物"②。三联书店在出版业务上作为新华书店助手的角色定位开始凸显。为适应形势发展,三联书店在1949年先后创办了《学习》(月刊,1950年3月起改为半月刊)和《科学技术通讯》杂志③,均有极佳的发行业绩,特别是《学习》杂志上的文章偏重于宣传马列主义,适应了当时各种学习运动的需要,销路颇广。新中国成立后,三联书店以《新中国百科小丛书》《新中国青年文库》《技工实用小丛书》《工农兵文艺丛书》和《理论与批判丛刊》五种丛书和《学习》《科学技术通讯》两种杂志为重点,积极开展出版业务。为普及科学技术知识,出版了各种工业技术读物,并帮助各地展开技术学习运动,1950年7月1日,三联书店出版的《科学技术通讯》月刊与中央重工业部合资经营,扩大改组为"科学技术出版社",以出版工业技术读物为主。第一届全国出版会议后,为贯彻"出版发行分工专业化"方针,1951年1月,三联书店一分为五④,发行部分与商务印书馆、中华书局、开明书店、联营书店合组中国图书发行公司;社会科学图书的出版工作并入新成立的人民出版社,保留三联书店名义,出版一部分图书;文学艺术图书的出版工作与新华书店文艺书编辑部及上海群益出版社合并组成人民文学出版社;科学技术出版社归机械工业部领导;《学习》杂志社划归中

---

① 《中共中央宣传部关于光华书店的方针给华东局宣传部电》(1949年1月10日),《中华人民共和国出版史料(1949年)》,中国书籍出版社1995年版,第6页。

② 《三联书店今后的方针与任务》(黄洛峰在1949年7月20日华北区分店经理会议上的讲话),三联书店史料集编委会《生活·读书·新知三联书店文献史料集》,生活·读书·新知三联书店2004年版,第74页。

③ 参见叶圣陶《叶圣陶出版文集》,中国书籍出版社1996年版,第73页。

④ 参见仲秋元、蔡学昌《三联书店大事记》,三联书店史料集编委会《生活·读书·新知三联书店文献史料集》,生活·读书·新知三联书店2004年版,第1369页。

共中央宣传部领导。书店工作人员一部分进入新机构，另一部分被分配充实其他单位。

1952年12月20日，科学技术出版社成建制地划归第一机械工业部（简称一机部）领导，在上海《生产与技术》杂志社迁京并入后，易名机械工业出版社。时任一机部部长的黄敬要求机械工业出版社"要继续为工业服务，不能只考虑赚钱，但也不能让国家贴钱。出版社应是事业单位，按企业方式经营，少量赚些钱，可不上缴，留作发展事业用"①。对机械工业出版社"事业单位，企业经营"的界定，演化为新中国国营出版社的管理体制，成为私营出版业社会主义改造完成后，新中国出版社的基本经营模式。当下出版体制改革中的"转企改制"针对的就是这种"事业单位、企业经营"的管理模式。

1951年8月，三联书店并入人民出版社，作为人民出版社的副牌，只能出版一些不适合人民出版社出版的政治类书籍。在三联书店和人民出版社的分工上，就马克思、恩格斯、列宁著作新旧译本的出版，中共中央宣传部给予了严格界分，规定马恩列著作的旧译本，凡属延安解放社的版本，用人民出版社名义继续出版；凡属三联书店的版本，经译者重新校审过的，用人民出版社名义出版；尚未重新校审的，仍以三联书店名义继续出版。而新译本，未经编译局（马恩列斯著作翻译局）校审过的，作为试译本用三联书店名义出版；校审过的，则用人民出版社名义出版。② 对此，曾任三联书店编辑的陈原指出"三联书店作为一个有生命力的独立的出版社不复存在了"③。三联书店并入人民出版社，仍保留三联书店名义，以副牌形式存在，这种模式为1954年大型私营出版机构全面公私合营时所采用，出现了许多家副牌出版企业。

---

① 陈元直：《机械工业出版社创立往事》，《出版史料》2003年第4期，第36页。
② 参见《中宣部熊复关于出版马克思、恩格斯、列宁著作问题给中央的报告》（1953年5月19日），《中华人民共和国出版史料（1953年）》，中国书籍出版社1999年版，第312页。
③ 邹凯：《守望家园——生活•读书•新知三联书店》，生活•读书•新知三联书店2008年版，第19页。

(二) 私私联营：中小型私营出版企业的联合重组

除商务印书馆为代表的大型私营出版机构的调整改组外，出版分工专业化政策下，还鼓励私营出版业联合经营，初步整合中小出版力量。

1950年10月28日，中央人民政府政务院发布新中国第一个关于出版发展的纲领性文件——《关于改进和加强全国出版事业的指示》，要求出版总署在协助私营大出版社确定专业出版方向的同时，"协助小出版社在自愿原则下合作经营"[①]，以克服出版工作中的盲目竞争和重复浪费现象。"合作经营"或"联合经营"也被写入同年12月30日公布实施的《私营企业暂行条例》中，该条例规定"同一行业，或虽非同一行业而在生产上或业务上有所联系者，得依自主自愿的原则，在保持原有组织的基础上联合经营其业务的一部分或数部分，订立联营章程，报经当地主管机关核准"[②]。因此，中小型私营出版企业根据出版分工专业化原则，积极开展联合经营，"联合经营"有别于公私合营之处在于"保持原有组织"，参加联营组织的各机构仍具有独立性，可以说是一个业务统一经营的松散组织。上海作为近代中国出版业中心，除"五大书局"外，更多的是中小型私营出版企业，新中国成立初期私营出版业私私联营的典型意义更为凸显。

上海解放初期，私营出版社有150多家，至1950年7月发展到198家；而到1951年9月，激增至391家[③]，其中大部分是中小型私营出版社。最早实行私私联营的是儿童读物出版业。1950年1月25日，上海25家私营儿童读物出版单位组建儿童读物出版业联合书店（即童联书店），后增至37家，联合各家儿童读物出版力量，设编辑出版部。随后通俗读物和连环画出版业也采取这一形式，分别组建上

[①] 《中央人民政府政务院关于改进和发展全国出版事业的指示》（1950年10月28日），《中华人民共和国出版史料（1950年）》，中国书籍出版社1996年版，第643页。

[②] 《私营企业暂行条例》（1950年12月30日），《中央人民政府法令汇编1949—1950》，1952年版，第540页。另见《人民日报》1950年12月31日第2版。

[③] 参见宋原放、孙颙主编《上海出版志》，上海社会科学院出版社2000年版，第942页。

第三章
私营出版业的整顿与初步改造（1949—1953）

海通俗出版业联合书店（通联书店）和连环画出版业联合书店（连联书店）。1950年9月第一届全国出版会议后，执行出版发行分工政策，出版业务移转至公私合营的少年儿童出版社和新美术出版社。上述三家书店通过私私联营，将上海的私营儿童读物、通俗读物、连环画出版发行力量进行了集中统一。1951年9月起，上海严格控制新建出版社，并对已有出版社进行整顿。同年11月，成立上海市出版工作改进辅导委员会，负责领导和推进此项工作。为此，上海市新闻出版处在1951年下半年工作计划中，要求"鼓励出版业多出版配合当前中心任务的通俗读物，团结改造旧连环画的绘制者和出版者，鼓励创作新连环画"[1]，以此推动私营通俗读物出版业在联合经营基础上实行自身的内部变革。

第一届全国出版会议后，私营出版业私私联营进程进一步加快。参加第一届全国出版会议的上海私营地图出版业代表郁新垓、屠思聪、金擎宇等返沪后，积极推动上海私营地图出版业的联合。1951年2月10日，由亚光舆地学社、大中国图书局、亚新地学社、世界舆地学社、大陆舆地社、华夏史地学社、光华舆地学社（后改名为新光）、大众地学社、上海舆地学社、东方地学社、新中舆地学社、寰球舆地社、国光舆地学社、复兴舆地学社、中国制图社等15家单位以联营形式，分别出资（共计3.3亿元）组建地图联合出版社，简称图联。

鉴于地图出版的政治性较强，华东新闻出版局和上海市新闻出版处加强了对联营期间各地图出版单位负责人的政治教育，引导各单位负责人认识到改联营为合营的重要意义，实现彻底联合，集中人力物力，加强组织，健全机构。为此，1951年12月3日，成立图联合营筹备委员会，按照"经济改组、人才集中、图稿集中、生产集中"[2]等项原则，积极进行合并经营的各项工作。1953年1月1日，改联营

---

[1] 《上海市人民政府新闻出版处1951年上半年的工作报告及下半年的工作计划》，上海市档案馆藏档案，案卷号：A22—2—58，第15页。

[2] 《地图出版社概况》（1954年5月），上海市档案馆藏档案，案卷号：S313—4—32，第935页。

· 137 ·

为联合，取消原有组织，成立地图出版社。原各单位从业人员，一律移转至新机构。地图出版社实行公司制，依照《私营企业暂行条例》，股东会作为企业最高权力机构，在私股股东中选举产生董事和监察人，组成董事会。同时改组企业组织架构，为进一步专业分工，不再制造地理模型，将模型组取消；合并编辑、审订两科为编审科，取消通俗地图组，并将原属制图科的改版组改属于出版科。按照国营出版社的组织模式，地图出版社在社长领导下设有编审部和经理部。地图出版社的调整改组，一方面保留了原有公司制的企业经营模式，执行企业化方针；另一方面在企业组织模式上仿效国营出版社，废除总经理制，改行社长负责制，从形式上开始向国营出版社看齐。私营地图出版业在整顿过程中，由联营走向联合，成为其他中小型私营出版企业整顿效仿的模板。

1953年3月，广益书局、北新书局、东方书局、人世间书局多次召开劳资座谈会，筹备组建新通俗出版社。以出版通俗语文书刊及字典辞典、通俗文艺、科技、实用图书及通俗史地等图书为主。[①] 在专业分工上实施两步走，第一步是出版与发行的分工，原有发行业务结束或移转，专营出版业务；第二步是出版物的分工，充实编辑力量。此后，东方书局退出新通俗出版社的合并，经华东新闻出版处核准，依照《私营企业暂行条例》及其实行办法，1953年10月30日，广益书局、北新书局、人世间出版社和大中国图片出版社（通俗书之部）四家合并组成四联出版社股份有限公司，取消各原有出版机构，合并经营，负责人由董事会推选，组织架构参照国营出版社。同期，上海文通书局、癸未医学出版社、医药世界出版社三家合并组建上海医学出版社股份有限公司，简称上海医学出版社，以医学书刊为出版方向[②]，整合上海的医学出版力量，扭转其经营困难局面。同时期，相

---

① 参见《筹备新通俗出版社劳资座谈记录》（1953年3月30日），上海市档案馆馆藏档案，案卷号：S313—4—24，第451页。

② 参见《上海文通书局、癸未医学出版社、医药世界出版社合并组织协议书》（1953年12月10日），上海市档案馆馆藏档案，案卷号：S313—4—24，第563页。

同类型的联合出版社还有新工业出版社①和上海机电图书出版社②。

总括而言，私私联营过程中，在维护私营出版业原有公司制的同时，政府通过出版专业化和出版社管理机构的改组，由联合经营到彻底合并，促进新机构由"混合"走向"化合"③，促其内部变革，用《私营企业暂行条例》等新规施以规范管理，锻造"新"的出版机构。

（三）公私合营：私营出版业改造的初步尝试

北京、上海两地因其特殊地位，公私合营规模大，涉及出版领域广泛，如教科书、文学艺术、地图、医药卫生、科技读物等，均具典型意义，开辟了整顿私营出版业的另一有效途径。而中西部等私营出版力量薄弱地区，因原有出版力量单一，地方政府多依托地区特色，吸收私营力量，组建公私合营机构，从事通俗读物出版业务。

1. 出版发行工作的新形式——中小学教科书联合出版机构

为统一华北地区中小学教科书的出版，1949年7月，中共中央宣传部出版委员会以新华书店、三联书店为公方，联合包括商务印书馆、中华书局、开明书店、世界书局、大东书局、北新书局等在内的23家私营出版社，以公私合营方式组建华北联合出版社，印刷发行由华北人民政府教育部教科书编审委员会④重新编订的中小学教科书。联合方式上，各私营企业向华北联合出版社缴纳的股款以实物（纸）4/5、现款1/5为原则，所出版的小学教科书，主要供应北平、天津两大城市和附近几十个县份，以及察哈尔雁北、绥蒙等少数地区。中学课本供应华北地区的5个省份，乃至供应到了陕西省，截止到1949年8月底，共印中小学教科书196.2万册。⑤ 至1950年10月，华北

---

① 参见《新工业出版社有限公司章程草案》（1953年7月1日），上海市档案馆馆藏档案，案卷号：S313—4—24，第592页。
② 参见《上海机电图书出版社有限公司劳资协议书》（1953年12月8日），上海市档案馆馆藏档案，案卷号：S313—4—24，第600页。
③ 叶圣陶：《叶圣陶集》（第17卷），江苏教育出版社2004年版，第322页。
④ 在中央到北平前，是作为中央政府的教科书编审机构而成立的。
⑤ 参见《出版委员会工作报告》（1949年10月5日），《中华人民共和国出版史料（1949年）》，中国书籍出版社1995年版，第276页。

联合出版社供应了华北地区1949年秋季和1950年春、秋两季教科书，资产总额中新华、三联所代表的公股由26.4%上升为48.5%，私营书店所占股份则由73.6%下降为51.5%。① 在国营力量还不能完全承担中小学教科书出版任务时，利用私营出版业，在很短时间内共同完成了中小学教科书的出版和发行任务。

1949年4月，上海解放后，为解决华东区中小学教科书供应问题，由上海市政府教育处、新闻出版处、华东出版委员会（即出版委员会沪、宁分会）、华东新华书店四单位共同研究，决定按照北平办法，组织公私营出版机构成立联合出版发行机构。1949年7月21日，上海联合出版社成立，专门出版发行中小学教材，由62家公私营书店组成。分实物和现款两种方式缴纳股款，新华书店、三联书店所代表的公股投资占20.75%，私股占79.25%。资本总额7.5亿余元，其中白报纸3.3万余令。1949年9月中旬，出版中小学教科书800万册②，基本满足了华东区的需要。

与此同时，西南、中南、华南等地区解放战争还未结束，交通不畅，书刊供应困难，而华北、上海两地联合出版社主要仅限供应华北、华东部分地区，还不能顾及全国。为解决新解放区繁重的教科书出版、发行任务，重庆、成都、武汉、福州、长沙、杭州、广州、贵阳等许多城市都组织了教科书的联合出版机构，负责当地中小学教科书的出版供应任务。如成都市，1950年2月13日，以新华书店川西分店为核心，与商务印书馆成都分馆、中华书局成都分局、开明书店成都分店、自立书局、普益书社、大东书局成都分局等6家民营书店组成"川西教科书联合出版社"③，主要是由新华书店川西分店提供纸型，自筹纸张、油墨、资金，印制出版春季中小学教科书。西南地区，贵阳文通书局在新中国成立初期积极参与贵州省文教接管部新闻

---

① 参见《华北联合出版社向出版总署呈送的十六个月来的综合报告》(1950年12月2日)，《中华人民共和国出版史料（1950年）》，中国书籍出版社1996年版，第732—733页。
② 参见宋原放、孙颙主编《上海出版志》，上海社会科学院出版社2000年版，第128页。
③ 四川省地方志编纂委员会：《四川省志·出版志》，四川人民出版社2001年版，第50页。

第三章
私营出版业的整顿与初步改造（1949—1953）

出版处组织的"联合出版社"，出版社办公室即设在文通书局办公楼，主要任务是"翻印华北联合出版社编辑出版的初小、高小教科书"，共计 10 万册①，以维持贵州省 1950 年春节初小、高小教科书供应不中断。同时，还加印数万册初小、高小教科书，供应云南各地小学春季用书。公私合营形式的中小学教科书联合出版机构在全国各地得到普遍采用。

1950 年 9 月第一届全国出版会议后，按照"专业分工"原则，成立国营人民教育出版社，华北联合出版社、上海联合出版社在同年 10 月相继结束。华北联合出版社中的私股分期还清，其余全部财产转交人民教育出版社，发行工作移交新华书店。上海联合出版社的编辑、发行部门则分别并入人民教育出版社上海办事处和新华书店华东总分店，各地原有中小学教科书联合出版机构私股退出。人民教育出版社成为中小学教科书专业出版机构，采用分区造货，逐步实现了全国范围内的统一供应。

对联合出版社的性质，黄洛峰在 1949 年 10 月全国新华书店出版工作会议讲话中将其界定为"公私合营"，而且是"不同于三联那样的一种公私合营"，是利用私营出版力量发展新中国"出版发行工作的新形式"，指出"我们只用了四分之一的力量，运用了人家四分之三的力量，完全解决了困难"，从长远的政治利益上看，是"用一小点经济损失，赚回了一个政治上的胜利"②。正是在这个意义上，联合出版社成为运用私营出版力量为新中国出版事业服务的一个"典范"③。

联合出版社这一形式既有承继以往的一方面，又有不同以往、有所改造的一面。就前者而言，联合出版社采取股份公司制。如华北联合出版社由入股单位负责人共同组成董事会，推选经理，管理出版社事务，下设秘书室（下设人事股、文书股、事务股）、会计科（下设

---

① 参见何长凤《贵阳文通书局》，贵州教育出版社 2002 年版，第 160 页。
② 《出版委员会工作报告》（1949 年 10 月 5 日），《中华人民共和国出版史料（1949 年）》，中国书籍出版社 1995 年版，第 276 页。
③ 王仿子：《回忆出版委员会》，新华书店总店史编辑委员会《新华书店总店史（1951—1992）》，人民出版社 1996 年版，第 200 页。

会计股、出纳股)、出版科(下设印务股、材料股)、供应科(下设批发股、零售股、栈务股)及天津办事处,共4个科室、10个股和1个办事处①,大致仿照民国时期商业运作模式下私营出版业的组织机构而建立,实行经理负责制,而不是后来按国营出版社组织机构建立起来的社长负责制。联合出版社在实际运作中,并没有整顿参股单位原有组织机构和经营管理制度,而仅是各单位力量的联合。新政权利用参股单位的资金、纸张物资和人才技术,完成国家"统一编印"中小学教科书的印刷发行任务,因此这一时期并未涉及诸如后来的清产核资以及变革编辑出版、发行机制等实质性的改造。而就后者而言,尽管采取股份公司制且私股所占比重超过公股,但华北联合出版社的实际管理权由公方掌握,董事长、经理均由公方指派,史育才、薛迪畅分任董事长和经理,两人均为三联书店干部。而且中小学教科书的编辑出版权属华北人民政府教育部教科书编审委员会,参股单位没有教科书的编辑出版权,仅是承担印刷发行任务。教科书的版权归公方,各家出版中小学教科书要分别缴纳4%和2%的租型费②,从而改变了清末以来的教科书"审定制"。中小学教科书编辑出版权的丧失,使得商务印书馆、中华书局、开明书店等以教科书为主要营业收入的大型出版企业逐步淡出教科书市场,转变出版专业方向成为其必然选择。因此,华北、上海联合出版社开创的公私联合形式,在当时更多具有应急和外部联合性质,非日后之公私合营。新中国政府最初对这一形式也并非从"改造"私营出版业角度设计,其更重要的意义是为合理利用私营出版业摸索出了一条成功经验。

2. 出版分工专业化下公私合营出版社的大量涌现

为贯彻《共同纲领》规定的"公私兼顾"③ 工商业政策,团结利

---

① 参见张景辉、崔宗绪《回忆华北联合出版社》,《北京出版史志》第1辑,北京出版社1993年版,第151页。
② 参见《出版委员会工作报告》(1949年10月5日),《中华人民共和国出版史料(1949年)》,中国书籍出版社1995年版,第277页。
③ 《中国人民政治协商会议共同纲领》(1949年9月29日),中央文献研究室编《建国以来重要文献选编》(第1册),中央文献出版社1992年版,第7页。

第三章
私营出版业的整顿与初步改造（1949—1953）

用一切"有利于人民的私营和公私合营的出版业，随时随地反对关门主义倾向"①，合理调整公私出版业关系，共同从事新中国的文化建设，成为新中国成立初期宣传出版部门领导人和历次出版专业会议所强调和关注的重点，并要求对私营同业的团结"不但有口惠还要有实惠"②。给予私营出版业实惠的具体措施，除调整出版专业方向、接受国家加工订货任务外，则根据公私兼顾原则，在国营出版事业领导下，分工合作，"逐步走向国家资本主义道路"③。通过公私合营，密切私营出版企业与政府的关系，建立与相关业务部门的供稿关系，从而赢得某一类图书的出版权限，既可解稿源缺乏的燃眉之急，更可为企业扭亏增盈获得发展机会。

因此，"公私合营"在当时可以说是实现公私双方利益的最佳契合点，一方面华北、上海两家联合出版社的成功实践为国家在"公私兼顾"方针下利用私营出版业并加以改造提供了可以借鉴的经验；另一方面私营出版业面临着诸多经营困难，诸如新稿来源缺乏、旧书无销路、收支不平衡以及编余人员难以处理等问题，也希望政府给予帮扶。为此，若干私营出版机构主动要求改为公私合营，以求尽量先解决其经营困境和稿源问题。新中国成立后，开明书店、商务印书馆、世界知识社等知名私营出版机构，利用私人关系赴京"探听出版界之前途情景"，寻求进一步发展，这类情况在叶圣陶当年日记中有多处记录。据1949年10月16日记载"雪村（即章锡琛）主张将来出版界可以合并发行，又言开明最好能趋入于公私合营之途"④。而商务印书馆早在中国人民政治协商会议期间就经张元济向政府提出公私合营

---

① 《祝全国新华书店出版会议》（《人民日报》短评）（1949年10月3日），《中华人民共和国出版史料（1949年）》，中国书籍出版社1995年版，第253页。
② 《生活·读书·新知三联书店工作报告》（1949年10月8日），《中华人民共和国出版史料（1949年）》，中国书籍出版社1995年版，第381页。
③ 《关于领导私营出版业的方针问题》（1950年4月），《中华人民共和国出版史料（1950年）》，中国书籍出版社1996年版，第122页。
④ 叶圣陶：《叶圣陶出版文集》，中国书籍出版社1996年版，第73页。

的申请和请求推荐人员的要求。①对此，章锡琛在1980年的回忆中也有记述，"1949年上海解放以后，商务为了解除不可克服的困难，八十高龄的张菊老曾经亲自到北京，邀请陈叔通、胡愈之、叶圣陶和我等几个人，商谈争取公私合营的办法。……到出版总署成立，又几次提出公私合营的请求"②。因此，新中国成立初期，公私合营成为私营出版企业主动适应新社会要求的自主选择。当然，此一时期私营同业对公私合营的期望，更多是加强同政府在资金、稿源、编辑人才等方面的合作，充其量是一种公私合作，还不能等同于后来政府对私营出版业组织机构、管理机制和运营模式的改造力度。

1950年9月第一届全国出版会议以后，为贯彻落实发展人民出版事业的总方针，中央人民政府在建立并发展国营出版事业的同时，提出"在必要和可能的条件下，鼓励私人资本向国家资本主义方向发展"③。但限于新政权初创，国家财力有限，加之对私营出版业并无全面调查研究，新中国采取的是按照专业分工原则，依循国家出版建设专业需要，有选择性地实行部分公私合营。为慎重起见，这一时期公私合营以中小私营出版业为主兼及其他。选择标准也以国家需要为主，以利于储备相关国营出版力量。通过注资、派入编辑干部，加强对原有编辑人员的思想教育和改造，以改变编辑出版业务和经营方针。新中国成立初期，得以较早实现公私合营的私营出版机构一般具备两个条件，一是管理经营良好，营业收入与支出大体平衡；二是出版有优良成绩，且已有明确的出版方向。④这一类如荣宝斋、世界知识社和展望周刊社以及开明书店。其次是地方政府发挥地方出版特

---

① 参见汪家熔《大变动时代的建设——张元济》，四川人民出版社1985年版，第282页。
② 章锡琛：《漫谈商务印书馆》，商务印书馆编《商务印书馆九十年——我和商务印书馆1897—1987》，商务印书馆1987年版，第123页。
③ 《发展人民出版事业总方针》（1950年10月18日），《中华人民共和国出版史料（1950年）》，中国书籍出版社1996年版，第640页。
④ 参见《出版事业中的公私关系和分工合作问题》（胡署长在京津出版工作会议开幕式上的报告）（1950年7月10日），《中华人民共和国出版史料（1950年）》，中国书籍出版社1996年版，第406页。

色，吸收当地中小型私营出版业组建公私合营出版社。北京、上海两地作为出版业重镇，都出现了代表性的公私合营出版企业，并且采取了多种合营形式。

第一，国家注资，改组为公私合营出版社。这一类公私合营出版机构通过国家投资，由公方、私方和劳方组成新的管理委员会或者董事会，共同参与企业的经营管理。1949年12月24日，政务院文化教育委员会批准世界知识社公私合营申请。[①] 政府投入资金，与私人股份各占50%。政府投资部分，分别由人民外交协会、新闻总署、出版总署各占1/3。[②] 为适应公私合营后的发展需要，成立管理委员会，作为新机构的最高行政管理机构，委员会由私人股东、职工会、政府投资部门各3人共同组成。新机构逐渐收缩发行业务，以编译出版有关国际外交问题的刊物、书籍和地图为主，从事国际主义教育与国际外交政策的宣传与研究。公私合营后，《世界知识》周刊迁往北京出版，同人民外交学会建立了业务联系，形成供稿关系。新机构在北京新设京社，并保留在上海的沪社[③]，实现了编辑出版力量的北移，成为当时国家外交政策宣传教育的主要出版机构。第一届全国出版会议后，为统一国际问题书刊的出版工作，加强人民出版社的编审机构，1952年9月9日，出版总署第58次署务会议决定将世界知识出版社改为公营，并入人民出版社，但对外仍保留世界知识出版社名义。随着三联书店和世界知识社并入人民出版社，人民出版社的出版实力得以壮大，同时也使得两家出版机构较早完成了公私合营任务，步入国营化轨道。

上海的新文艺出版社和展望周刊社也属于这类公私合营出版企业。1950年年底由郭沫若（时任政务院文化教育委员会主任）主持的

---

① 参见《出版总署第三次署务会议记录（节录）》（1949年12月24日），《中华人民共和国出版史料（1949年）》，中国书籍出版社1995年版，第606页。

② 参见《关于"世界知识社"请求公私合营问题的研究报告》，《中华人民共和国出版史料（1950年）》，中国书籍出版社1996年版，第146页。

③ 参见《世界知识社向京津出版业工作会议的书面报告》（1950年7月7日），北京市档案馆馆藏档案，案卷号：8—2—92，第11页。

群益出版社、俞鸿模主持的海燕书店和任宗德主持的大孚出版公司自愿联合经营。翌年4月,出版总署同意三家机构合并经营,组建新文艺出版社。新文艺出版社被确定为华东区以出版普及文艺读物为专业方向的出版社。原有不属于文艺类的出版物,除郭沫若的著作外,逐步移转给其他出版社出版。同时三家出版社按"出版与发行分工"原则,将发行工作移转于中国图书发行公司。由出版总署投资2亿元,华东人民出版社移转一部分文艺书纸型作为公股投资[①],通过国家注资方式,新文艺出版社改组为公私合营性质。1952年后又陆续吸收合并了包括新群出版社在内的上海地区的一批私营文艺出版社[②],进一步整合了上海私营文艺出版的力量。

相对世界知识社由于资金短缺和新文艺出版社的自愿联合,展望周刊社则多少有些迫于形势需要。第一届全国出版会议后,展望周刊社按照"出版分工"原则,从读者对象、客观需要、本身条件以及与其他期刊的分工等方面,经同出版总署、中共中央宣传部和上海市委的多次商谈,调整《展望》的经营方针,进行改版。决定"以全国城市的知识市民、农村的知识分子、中小城市的基层干部为主要的读者对象"[③],将《展望》办成一份配合上述阶层教育改造的宣传刊物。刊物销数因而逐期上涨,实现了收支平衡,并稍有盈余。但因是私营,读者存有成见,有些发行干部不予认真发行,更有些地方党政机关的负责干部,自己既不看,又不经调查研究凭成见反对别人阅读,严重影响了《展望》的正常发展。加之纸张供应失调,资金周转相当拮据。因此,1951年4月19日,展望周刊社向政府提出改组为公私合

[①] 参见《出版总署关于海燕、群益、大孚等出版社合并等事给华东新闻出版局的函》(1951年5月7日),《中华人民共和国出版史料(1951年)》,中国书籍出版社1996年版,第140页。

[②] 参见黄复初《上海文艺出版社的变迁与发展》,《书海知音(1952—1992)》,上海文艺出版社1992年版,第530页。

[③] 《展望周刊社关于请求改组为公私合营的报告》(1951年4月19日),《中华人民共和国出版史料(1951年)》,中国书籍出版社1996年版,第188页。

第三章
私营出版业的整顿与初步改造（1949—1953）

营的报告。1951年7月，华东新闻出版局投资2亿元[①]，政府派员参加公司董事会。由此，展望周刊社改组为公私合营的股份有限公司。

私营出版企业通过国家注资或派入干部等方式，尽管仍保留股份公司制形式，但其已转向出版专业化，且收缩发行业务，在出版业务上接受政府指导，经营的自主性减弱。在机构设置、出版方针上更多以国营出版社为样板，配合国家出版新政，进行内部变革。

第二，国营出版社吸收私营出版业，进行公私合营。新中国成立初期，国营出版力量相对弱小，因此利用、改造私营出版业充实国营出版力量便成为十分可取的选择。根据出版、印刷、发行分工和出版专业化原则，政府选取部分经营困难、出版态度严肃、有一定出版实力且符合国营出版社发展需要的私营出版企业与国营出版社合并，进行公私合营。1950年2月16日，开明书店董事会具文出版总署，请求国家投资，实行公私合营。1951年，出版总署向开明书店注资5万元（新币）[②]，酝酿开明书店的出版业务与团中央下属机构——青年出版社合并。1952年，开明书店的编辑、出版、行政管理部门完成和青年出版社的合并后迁京，成立新的中国青年出版社，以青年运动、思想修养、社会科学、自然科学、文学艺术和少年儿童六类图书为出版方向，同时编辑出版《中国青年》《新体育》《中学生》《语文学习》《地理知识》五大杂志。由团中央书记处候补书记杨述兼任社长，初期保留开明书店招牌，所出版的图书均用"青年出版社、开明书店联合组织"字样。中国青年出版社发挥开明书店在青年读物上的出版传统和优势，既为出版社培养造就了专业出版编辑人才，也开辟了国家注资之外的整顿私营出版业的有效途径。

荣宝斋是一家百年老字号，经营文玩字画、笔墨纸砚、古今字画的装裱，出版的木版水印字画享有盛名。因1930年曾印制过鲁迅、

[①] 参见《出版总署同意展望周刊社改为公私合营的函》（1951年6月21日），《中华人民共和国出版史料（1951年）》，中国书籍出版社1996年版，第185页。

[②] 参见王久安《新中国最先实行股份制的出版社——中国青年出版社》，《出版史料》2004年第3期，第28页。

郑振铎编辑的《十竹斋笺谱》等出版物，新中国成立后将其划为出版行业。为保存和发扬中华民族传统文化遗产，1950年5月底，出版总署与荣宝斋签订合营协议，注资1万元（新币）用以偿还旧债，并将出版总署美术室内的木版水印科（原石家庄"大众美术社"人员组成）与荣宝斋合并，改称"荣宝斋新记"。公私双方组成管理委员会，办理合并清查移交手续，1950年10月19日正式营业，成为美术出版行业第一家实行公私合营的企业。① 荣宝斋新记以其独特的水印技法，复制富有民族风格的书画和经营历代书画艺术商品，致力于保留、继承、发扬我国民族传统文化。翌年9月，专业出版通俗美术读物的人民美术出版社成立后，按出版专业化原则，荣宝斋新记划归人民美术出版社领导管理。② 1952年年末，因政府投入的1万元不足以偿清旧债，债主向法院起诉，最后判决原荣宝斋限期拍卖合营时私方的股金偿债。后由公方拨款为私方偿债，把全部私股买下来，从此就没有私方，变为国营了。由此，荣宝斋也完成了由公私合营到国营的转型。

第三，依托地区出版特色，组建专业公私合营出版社。天津自清初以来就是我国年画的重要产地和集散地，拥有强大的年画生产、发行力量。③ 不同于以历史故事、英雄人物、娃娃仕女、山水花卉以及反映民间习俗等题材为主的旧年画，抗战期间在延安和晋东南地区出现了"新年画"。所谓"新年画"，是根据地美术工作者利用传统年画形式和木刻技术，创作反映边区生产和抗日题材的年画，如《送子弹》《开荒》《抗日人民大团结》等作品，深受群众欢迎，因其题材新颖，反映现实，而被称为新年画，此后门画、历画、条屏等多种形式的新年画扩大到整个陕甘宁边区。

鉴于新年画成为大众喜爱的富于教育意义的艺术形式，1949年

---

① 参见侯凯、王宗光、张京民《荣宝斋的新生》，《中国资本主义工商业的社会主义改造》（北京卷），中共党史出版社1991年版，第491页。
② 参见《新闻摄影局报告人民美术出版社成立日期》（1951年9月10日），《中华人民共和国出版史料（1951年）》，中国书籍出版社1996年版，第324页。
③ 参见张道梁《天津年画百年》，天津人民美术出版社2004年版，第17页。

第三章
私营出版业的整顿与初步改造（1949—1953）

11月26日，文化部发布《关于开展新年画工作的指示》，要求各地文教机关团体"将开展新年画工作作为1950年春节文教宣传工作中重要任务之一"。发行上强调"利用旧年画的发行网（香烛店、小书摊、货郎担子等），以争取年画的广大市场"①。同时，强调注意利用和改造某些流行"门神"画、月份牌画等类新年画艺术形式，加强与旧年画行业和民间画匠合作，供给新画稿，加强业务改造，给予必要的思想教育和物质帮助，推动新年画的普及。据此，1950年年初，以出版通俗文艺和教育书刊为主的天津大众书店和天津文联美协联合组建"天津新年画出版社"，继承解放区年画传统，出版新年画，成为新中国成立后出现的第一家年画专业出版社。

1951年华北局宣传部要求在天津新年画出版社基础上，吸收华北各省美协单位，扩大组织，将各省年画稿件集中在天津出版、发行。经过酝酿和准备，1951年8月24日，华北画业联合出版社（简称"画联"）正式成立，并吸收天津市私营年画出版单位，组成公私合营企业，由天津市新闻出版处董效舒任经理，私方代表富华画庄经理韩吉昌为副经理，张道梁为秘书主任。参加"画联"的天津私营年画庄及兼营年画的印刷厂共23家。② 天津市新闻出版处利用"画联"，将"改造民间年画"③作为联合基础上年画出版发行工作的重要任务。团结民间年画艺人，组织政治学习和业务学习。同时，安排新的美术工作者与年画艺人合作，重视年画艺人的原有技术，供给新的题材和资料，通过改造旧年画，提升新年画在市场上的占有率，辐射全国各地。1952年"三反""五反"运动后，各省相继建立起自己的年画出版机构，"画联"随之解体。

北京市新闻出版处则利用中小书商云集的特点，从加强新连环画

---

①《文化部关于开展新年画工作的指示》（1949年11月26日），《中华人民共和国出版史料（1949年）》，中国书籍出版社1995年版，第557—558页。
② 参见张道梁《天津年画百年》，天津人民美术出版社2004年版，第54页。
③《文化部、出版总署关于加强年画工作的指示》（1951年10月18日），《中华人民共和国出版史料（1951年）》，中国书籍出版社1996年版，第372页。

出版工作入手，1951年推动一部分私营中小出版商和公营的工人出版社、新北京出版社等联合筹组"新大众出版社"，参加投资的有52个单位，几乎全部包括了琉璃厂、打磨厂中小型出版发行书商，共募集资金2亿元，其中公股（出资人为工人出版社、新北京出版社和北京市新闻出版处）占全部股金的1/3。[①] 1951年7月14日，第一次股东大会推选北京市新闻出版处处长周游为董事长。新大众出版社着力加强编辑力量，在北京市新闻出版处协助下，邀请王子野、王春、周游、王亚平、苗培时等6人组成编辑委员会[②]，以连环画、通俗演义和工农应用书为出版专业方向，配合"以旧换新"工作，满足北京地区对新连环画的需求。

武汉市在新中国成立前私营书店约115家[③]，1950年8月，新华书店中南总分店投资与武汉35家私营书店联合，建立武汉通俗出版社，建立健全编辑部，配合抗美援朝、土地改革以及婚姻法宣传，出版通俗文艺读物和少数连环画。1952年9月，并入中南人民文学艺术出版社，私股退出，由此完成了武汉通俗出版社的国营化。武汉通俗出版社公私合营的初步尝试，实现了改造私营出版业和加强国营出版力量的双重目标。

三 整顿中私营出版业的发展

1950年9月，第一届全国出版会议确定了"统筹兼顾，分工合作"的八字方针。对此，时任出版总署副署长的叶圣陶给予了极高评

[①] 参见《关于辅导京市中小出版商筹组新大众出版社的报告》（1951年5月15日），北京市档案馆馆藏档案，案卷号：8—1—51，第2页。

[②] 参见北京市人民政府新闻出版处：《关于新大众出版社最近情况的报告》（1951年7月24日），北京市档案馆馆藏档案，案卷号：8—1—51，第4页。

[③] 参见湖北省地方志编纂委员会《湖北省志·新闻出版》（下），湖北人民出版社1995年版，第228页。

价，认为"统筹，才不至于偏在某些方面，兼顾才不至于亏了某些方面，分工，才可以精益求精，合作，才可以相辅相成"①。八字方针兼顾公与公的关系、私与私的关系、公与私的关系。公私出版业关系的合理调整，成为各地出版行政管理机关的重要工作，甚至影响一级出版行政机关的设置与否。为加强地方出版行政管理工作，1950年5月30日，新闻总署和出版总署联合下发《关于各级新闻出版行政机关的任务与组织暂行规定（草案）》，规定"凡无私营报纸而私营书店亦甚少的省市可不设机构"②。同时强调"劳资两利"，在"兼顾作家、读者及出版家三方面利益的原则下"③，根据著作物的性质、质量、字数及印数确定著作物报酬制度，保障版权，保护著作家的正当利益，适当提高著作者、翻译工作者和出版工作者的生活待遇。新中国成立初期，由于执行合理调整公私关系政策，坚持"统筹兼顾，分工合作"，私营出版业逐步摆脱困境，实现了恢复性发展。相比抗战以来的萎缩状态，在1951年至1952年出现了一个短暂辉煌。

（一）私营出版业发展状况

1950年9月第一届全国出版会议后，各级政府着力纠正出版工作中存在的"拿来""完全国营"等过"左"思想，采取积极措施，缓和紧张的公私关系。新华书店改进进货办法，对私营出版物一律代为经售，刺激了私营出版业的恢复和发展。私营出版业的出版物数量激增，营业不景气现象开始好转。上海私营印刷厂原有一半停工，"统筹兼顾"方针下，除专营印钞厂外，大都欣欣向荣。而北京的印刷业

---

① 《叶圣陶副署长在第一届全国出版会议上的开幕辞》（1950年9月15日），《中华人民共和国出版史料（1950年）》，中国书籍出版社1996年版，第504页。
② 《出版总署、新闻总署关于各级新闻出版行政机关的任务与组织暂行规定》（1950年5月30日），《中华人民共和国出版史料（1950年）》，中国书籍出版社1996年版，第271—272页。
③ 《出版总署关于发布第一届全国出版会议五项决议的通知》（1950年10月28日），《中华人民共和国出版史料（1950年）》，中国书籍出版社1996年版，第649页。

已大大感到生产力不足。[①] 由此，私营出版业在 1951 年至 1952 年获得快速发展，这首先表现在私营出版力量的恢复与发展方面。

新中国成立头三年，上海私营出版业获得了显著发展，出书总量和发行量呈现明显增长态势。上海作为私营出版社最集中的城市，最多时 1952 年达到 391 家，占全国私营出版社总数 458 家的 80% 以上。[②] 如果单纯从数量上讲，这个数字创造了上海出版史上的最高纪录，尤以 1950 年下半年和 1951 年全年发展得最快，新增出版社大多也是在这一时期成立的。上海私营画片更是在出版业、发行业占据绝对优势。据统计，1952 年上海 22 家私营画片出版社出版画片初版 334 种，重版 363 种，张数为 5200 余万张；上海的地方国营及公私合营出版社出版的画片同期仅出版 117 种，重版 23 种，张数为 700 余万张。并且私营出版的画片，1953 年通过新华书店发行的仅 15 种计 5.6 万张，不及私营总发行量的 1%。[③] 公私画片业发展悬殊，以致 1954 年着手对私营画片出版业进行改造时，指出必须"改变目前画片出版发行阵地上资本主义经济成分占绝对优势的状态"[④]。

上海私营出版业的恢复和发展，在一定程度上推动了全国出版业的发展。据统计，1950 年全国私营出版社 184 家，至 1951 年增至

---

① 参见《出版总署 1950 年工作总结和 1951 年工作计划要点》（1951 年 3 月 23 日），《中华人民共和国出版史料（1951 年）》，中国书籍出版社 1996 年版，第 105 页。

② 参见《华东新闻出版局改组上海市私营通联书店、连联书店、童联书店为公私合营发行企业的计划》（1954 年 5 月 18 日），上海市档案馆馆藏档案，案卷号：A22—2—236，第 67 页。

③ 参见《华东新闻出版局呈报"对上海私营画片出版业、发行业合并改组为公私合营机构的计划"（草案）》（1954 年 6 月 24 日），上海市档案馆馆藏档案：案卷号：A22—2—236，第 78 页。

④ 同上。

第三章
私营出版业的整顿与初步改造（1949—1953）

321家，而1952年已增长到356家①，两年内新增近200家，每年分别增长75%和11%。1953年国营、地方国营和公私合营出版社出版的书籍初重版合计6108种，占47.6%，而私营出版社出版的书籍则有6712种，占52.4%。②私营出版业不论在出版社数量还是出书数量上，都可以算作民国以来发展的第二个高峰。再者，资本额和营业额方面，私营出版业也有不凡业绩。以北京的私营出版社为例，五十年代出版社1950年资金仅为3.78亿元，1952年年底增至20亿元，增加5倍多；营业额方面，1949年为1亿元，1952年为60亿元，增加了60倍，而1953年仅3月份营业款就达到13亿元。再如宝文堂，1949年每月营业额仅700多万元，1953年1月至3月，每月营业额达到3亿多元。③出版、印刷、发行业务作为密切联系的整体，私营出版业的恢复和发展，自然也带动了私营发行、印刷业的快速复苏。

相比私营出版业的发展，私营书刊发行业亦有不俗的表现，1949年到1952年先后增加了631家。④1952年全年销货额达4574亿元，其中零售1328亿元，批发3246亿元（批发中一部分是批给新华书店及中国图书发行公司的），私营批发（主要是二手批发商）和租赁业的经营状况得以逐步好转。

1952年年底，全国私营书刊发行业共有1689家，主要集中在北京等12个主要城市，店数占全国私营书刊发行业77.68%，工作人员

---

① 参见《1950—1954年私营出版社家数》（1954年），中国出版科学研究所、中央档案馆编《中华人民共和国出版史料（1954年）》，中国书籍出版社1999年版，第673页。1953年后开始逐年下降，1953年290家，1954年97家。此处1952年私营出版社356家同上页所述1952年上海市私营出版业达到391家，数据有出入，前者数据来自中央档案馆保存的原件，后者来自上海市档案馆馆藏的《华东新闻出版署改组上海市私营通联书店、连联书店、童联书店为公私合营发行企业的计划》中。因未能找到更权威资料证实哪个数字更准确，此处只能用来说明私营出版业数量在1951—1952年不论是全国范围还是上海市，都有了极大发展。

② 参见《胡愈之在全国文教工作会议上的发言》（1954年3月17日），《中华人民共和国出版史料（1954年）》，中国书籍出版社1999年版，第156页。

③ 参见《检查北京市私营出版业发行业核准营业工作第三次汇报》（1953年5月3日），北京市档案馆馆藏档案，案卷号：8—1—88，第20页。

④ 参见《1952年全国省市以上私营书刊发行业统计表》，《中华人民共和国出版史料（1952年）》，中国书籍出版社1998年版，第446页。

占77.56%，销货额占92.59%。① 其中，上海私营书刊发行业无论是在店数、资金、工作人员还是在销售方面，均占有绝对优势。其中店数占全国的33.39%，资金占63.55%，销货额占66.55%，批发额占82.92%，零售占51.72%。各项指标，上海私营发行业都可称得上独树一帜，拥有全国发行业的半壁江山。由此可以看出，尽管同期新华书店发展迅速，但由于历史原因，上海私营书刊发行业在全国还是占有绝对优势。而北京作为新中国首都，私营贩卖业相对发展更快些。1950年，北京市私营图书贩卖业（包括出版书店、贩卖书店、书摊、租书店、古书贩卖等）共有387家，而新开业的达112家②，约占总数的30%。这一增长速度不但意味着私营图书贩卖市场的活跃和繁荣，更重要的是，说明合理调整公私关系的调控政策为私营发行业的恢复提供了巨大的发展空间和市场份额。

私营出版业务的发展刺激了私营印刷数量的增长，有些非书刊印刷厂也转而购置设备，从事书刊印刷。以北京为例，1951年私营印刷企业数由1950年8月的277家激增至424家，职工人数则由1646人增至3127人，增长近一倍③，获得快速发展。

（二）私营出版业发展原因分析

新中国成立前后，由于受"左"的思想影响，出版业公私关系不协调。有些地区甚至发生排挤私营书店、拒绝与之合作的现象，认为"出版事业可以迅速全国国有化，私营的无存在必要，亦无必要加以扶助"④。1950年7月27日，中共中央宣传部专门就此发出指示，强

---

① 参见《1952年十二个重要城市的私营书刊发行业统计表》（1952年），《中华人民共和国出版史料（1952年）》，中国书籍出版社1998年版，第450页。
② 参见《北京市图书出版贩卖业1950年开歇业统计表》，北京市档案馆馆藏档案，案卷号：8—1—47，第2006页。
③ 参见《1950年8月与1951年5月北京市私营印刷业比较表》（1951年6月30日），北京市档案馆馆藏档案，案卷号：8—1—58。
④ 《中央宣传部关于目前宣传工作的指示》（1950年7月27日），《中华人民共和国出版史料（1950年）》，中国书籍出版社1996年版，第426页。

第三章
私营出版业的整顿与初步改造（1949—1953）

调"出版事业的国有化，和其他工商业一样，是相当长久时期以后的事"[①]，排挤打击或消极旁观都是放弃领导的表现。因此，私营出版业的恢复和发展主要得益于新中国成立初期国家贯彻"统筹兼顾、分工合作"方针，合理调整公私出版业关系诸多举措的出台和实施。

在出版领域，反对关门主义与迁就主义等不良倾向，对经营困难的私营出版业实施帮扶措施。对资金短缺的，甄别情况，予以贷款。如上海市1949年12月至1950年9月，由政府介绍向银行贷款的私营出版单位有73家，贷款额近40亿元。[②] 在推进国营出版力量集中统一、出版与发行分工专业化的同时，采用"订货、代理发行、委托加工以至投资"等方法，有重点地扶助私营出版业，指导其进行必要的内部改造，逐步建立公私出版业间的分工合作关系。

1950年9月第一届全国出版会议后，各地出版行政机关开始转变工作方针，采取具体措施，贯彻执行第一届全国出版会议决议。北京市吸取以往"消极地事后处理，缺乏积极的事先指导"的不足，实行指导与帮助私营出版业为主的工作方针，避免消极的管制，将工作重心"放在积极辅导私营出版业方面"[③]。通过举办各种座谈会，有计划地逐步引导私营出版业走向出版与发行的分工和出版专业化，提高出版物质量。并对书籍的事后取缔采取慎重态度，除情节特别严重外，一般不采取禁售手段。在取缔书刊上，也着重对出版商的思想教育，不再是一禁了之。此外，北京市在出版行政机关行政管理职能上集中于合理调整出版业公私关系，如辅导辖区内出版事业的改进与发展，审查研究出版机构定期向政府所做的工作报告，研究出版行业计划，进行重点补助与扶植；调整出版发行业中的公私关系；定期举行出版、发行、印刷、期刊业座谈会，传达政府的政策方针，解决出版业

---

① 同上。
② 参见方厚枢《对私营出版业的社会主义改造》，《中国当代出版史料文丛》，中国书籍出版社2007年版，第56—57页。
③ 《北京市新闻出版处出版管理科1950年上半年工作总结》（1950年7月），北京市档案馆馆藏档案，案卷号：8—1—19。

中的具体问题。① 同时，注重对私营出版业的思想政治教育。1951年下半年，北京市新闻出版处组织中小出版业从业人员讲习班，加强对出版业的思想业务领导，将对企业的整顿与人的思想改造相结合，促进私营出版业实现内部变革。

除政府在出版业务上对私营出版业给予积极指导外，以发行业为突破口，组建公私合营的中国图书发行公司，帮助私营出版业解决发行困境。同时，新华书店"放宽了进货尺度，扩大批发业务，控制了发行网的发展，取消了对私营书店不利的节日廉价办法"②，提倡"批发为主"，让出一部分发行阵地。具体而言，新华书店调整对私营发行业的经营方略，主要表现在：第一，控制分支店数量。1950年8月全国新华书店第二届工作会议通过《关于国营书刊出版印刷发行企业分工专业化与调整公私关系的决定》，要求各地区分支店"在相当时期应着重整顿与巩固，不必要的分支店可裁撤或合并，必须增设者亦应逐步增设，避免单纯追求数字、盲目发展的倾向"③。此后，新华书店执行整顿巩固的建店方针，对有些不够条件的支店进行裁并，至1951年8月，中南区裁并支店37处，山东裁并支店14处、两个城市门市部和两个分销处，华南区将5个支店改为分销处，西南区裁并支店9处，华东区裁并支店18处，东北地区根据交通条件，将原有9个分店裁并为3个分店，并裁并了8个支店，而1951年上半年全国新建新华书店支店仅21处。④ 新华书店支店的整顿收缩，为私营书刊租赁业和零售业留存了更大的生存空间。第二，扩大对私营出版物的进货量和批发量。新华书店扩大书刊的发行种类与范围，与一切公私

---

① 参见《北京市新闻出版处1951年上半年出版工作总结》(1951年)，北京市档案馆馆藏档案，案卷号：8—1—58，第2365页。

② 《关于1955年全国安排私营发行业的初步意见》，上海市档案馆馆藏档案，案卷号：B167—1—79，第5页。

③ 《出版总署关于国营书刊出版印刷发行企业分工专业化与调整公私关系的决定》(1950年10月28日)，《中华人民共和国出版史料（1950年）》，中国书籍出版社1996年版，第657—758页。

④ 参见《第一届全国出版会议以来新华书店的工作》(1951年9月1日)，《中华人民共和国出版史料（1951年）》，中国书籍出版社1996年版，第288页。

营出版业及贩卖业（包括书店、书商、书摊、书贩、推销员等）建立广泛的联系，并在进货与发货的条件方面使公私营发行业享受平等待遇。1950年下半年起，新华书店华东总分店审读外版书的尺度逐步放宽，如字帖、谜语、棋谱、国术、民间技艺、旧小说等，在不违反《共同纲领》、无害于人民的原则下，均允许代售。1951年，华东总分店向私营出版社进货1810万册，共计730亿元，1952年增加到2357万册，合1131亿元，一年间图书册数增加30.2%，码洋增加54.9%。[①] 新华书店加大对私营出版书刊的代销力度，对其恢复生产、扭转经营困局有很大帮助。详见表3-1。

表3-1　　　　1952年新华书店华东总分店的进货情况　　　（单位：亿元）

时间	总数	私营进货数	所占比例（%）
1952年1月	152	38	25%
1952年3月	64	21	33%
1952年6月	162	63	39.2%
1952年9月	284	128	45%
1952年12月	442	201	45.5%

资料来源：根据1953年4月18日出版总署党组书记陈克寒在华东、中南地区调查出版工作时致习仲勋并政务院文委党组、中共中央宣传部并黄洛峰和出版总署党组小组的信中数据整理而成。参见中国出版科学研究所、中央档案馆《中华人民共和国出版史料（1953年）》，中国书籍出版社1999年版，第163页。

由表3-1可知，1952年华东总分店进货中，在1月至12月间，私营出版社出版物所占比例呈逐步上升趋势。据统计，1952年11月

[①] 参见方厚枢《对私营出版业的社会主义改造》，《中国当代出版史料文丛》，中国书籍出版社2007年版，第56—57页。

新华书店华东总分店进购私营出版物比例更是达到 59.2%[1]，为全年最高比例，而且上述统计数字还不包括新华书店上海分店和各省分支店直接向私营出版社进货的部分。而中国图书发行公司上海分公司进购私营的货更多，1953 年第一季度在上海的进货（不包括向北京的进货）共 345 亿元，其中公营占 26.9%，公私合营占 12.2%，私营占 60.9%。[2] 由此可见，新华书店调整对私营出版物进货政策后，畅通了私营出版物的发行渠道，很大程度上刺激了私营出版业的恢复和发展。同时，为理顺发行业公私关系，使广大私营批发、零售和租赁业拥有更大的经营空间，新华书店调整经营方针，要求各地分支店以批发为主，零售为辅[3]，让出一部分发行阵地，扶植私营书店的发展。此外，新华书店通过座谈会、讲习班等各种方式，与私营同业交流经验，征求改进工作的意见，推动公私发行业关系的合理化。

在印刷领域，1950 年 9 月第一届全国出版会议后，针对印刷生产力能力过剩状况，及时调整政策，控制新建国营印刷厂数量，充分利用已有私营印力量，开展委托印刷业务。不仅私营印刷业逐步扭转经营困境，而且很大程度上刺激了众多私营印刷厂专营书刊印刷。

综上所述，由于出版、印刷、发行分工和出版专业化政策的实施，遵循"统筹兼顾，分工合作"原则，在调整改组私营出版业，促其内部变革的同时，使私营出版业获得短暂的快速发展。

---

[1] 参见《致习仲勋并政务院文委党组、中央宣传部并黄洛峰和出版总署党组小组》(1953 年 4 月 18 日)，《中华人民共和国出版史料（1953 年）》，中国书籍出版社 1999 年版，第 164 页。

[2] 参见《致习仲勋并政务院文委党组、中央宣传部并黄洛峰和出版总署党组小组》(1953 年 4 月 18 日)，《中华人民共和国出版史料（1953 年）》，中国书籍出版社 1999 年版，第 164 页。

[3] 参见《出版总署关于国营书刊出版印刷发行企业分工专业化与调整公私关系的决定》(1950 年 10 月 28 日)，《中华人民共和国出版史料（1950 年）》，中国书籍出版社 1996 年版，第 657—758 页。

四 小结

国家出于意识形态的考虑，对私营出版企业的社会主义改造在新中国成立之初便明确下来。特别是1950年第一届全国出版会议按照"统筹兼顾，分工合作"方针，提出"出版、印刷、发行分工"，"出版专业化"政策后，根据私营出版社规模和经营状况，以出版分工专业化为导向，国家对大型和中小型私营出版企业实行不同的整顿措施，对如商务印书馆、中华书局等大型私营出版企业，一般采取政府指导下促其内部变革，调整其出版专业方向，改组编审部，废止总经理制。在"出版专业化"政策主导下，通过接受国家加工订货，大型私营出版企业的经营业务逐步被纳入国家计划轨道，在企业组织和经营方式等方面越来越向国营出版社和印刷厂看齐，增强了对国家的依赖性。对数量众多的中小型私营出版企业则采取联营或公私合营方式，整合其出版力量，依照出版专业化，集中出版某一类图书。

通过整顿私营出版社，改变了其自由经营、游离于国营出版体系之外的状态，逐步加强了政府对私营出版社的行政管理，使其出版业务服务于整个国家出版工作需要。同时，在对私营出版社实施整顿、联营、合营过程中，逐步实现了国家对近代以来私营出版业形成的组织制度、经营机制等的调整和改组。尽管私营出版业在"统筹兼顾，分工合作"的整顿政策下获得短暂的快速发展，但新增的200余家私营出版业在组织机构、人员配备等方面均不甚完备，这也为后来全面社会主义改造埋下了伏笔。随着对私营出版业整顿和加强管理任务的逐步完成，为配合计划经济体制的建立，1952年10月，第二届全国出版行政会议做出"出版计划化"决议。由此，进一步整顿现有私营出版业，实现全面公私合营，成为国家出版工作新的任务。

第四章

私营出版业的全面改造与结果
（1953—1956）

  国民经济恢复任务的提前完成，工商业领域国营经济比重超过私营经济，这些变化促使毛泽东对形势发展做出新的认识，对中国社会主要矛盾的判断也发生了改变，认为"工人阶级与民族资产阶级的矛盾"已成为中国社会的主要矛盾，因而提出"不应再将民族资产阶级称为中间阶级"[①]的主张。所以，伴随对社会主要矛盾认识的转变，对资本主义工商业政策的重心由利用、限制转移到"改造"方面。在私营出版业领域，改变"统筹兼顾""分工合作"的以"利用""限制"为重点的政策，实行全面改造政策，将对私营出版业加强管理的重心放在"改造"上。私营出版业的全面改造实行循序渐进、有所区别、富有弹性的政策。同时，以出版业为改造重点，区别私营出版业、印刷业和发行业的不同情况，分别制定改造方针政策，采取分类改造措施。

---

  ① 逄先知：《毛泽东传——对建国以来几个重大历史问题的研究》，《党的文献》2006年第2期，第29页。对毛泽东为何放弃新民主主义最初设想，提前实行社会主义改造，学界有五种不同观点，分歧较大。参见韩钢《中共历史研究的若干难点热点问题》（下），《晚霞》2007年第6期，第37—38页。

第四章
私营出版业的全面改造与结果（1953—1956）

一 准入制度：全面改造的重要准备

为进一步掌握全国出版事业概况，有效地控制和领导公私出版业，1952年8月16日，政务院公布实施《管理书刊出版业印刷业发行业暂行条例》（以下简称《暂行条例》）和《期刊登记暂行办法》（以下简称《暂行办法》）。《暂行条例》规定："有固定场所及设备，经营图书、期刊的出版、印刷、发行业务的企业，不论公营、公私合营、私营，还是专营、兼营，一律重新申请核准营业和登记。"[1] 通过行政法规，限制私营出版业、印刷业、发行业的新增数量。在此基础上，排查私营出版业的基本情况，通过营业核准，实行淘汰机制，加强对私营出版业的管理和改造。

（一）《管理书刊出版业印刷业发行业暂行条例》的公布及其实施

1952年8月16日，政务院公布《暂行条例》和《暂行办法》。但该条例和办法早在1951年8月已由第一届全国出版行政会议通过，并于同年12月21日获政务院第116次政务会议批准。因此，《暂行条例》和《暂行办法》是在获批将近8个月后才公布实施的，其中既因"三反""五反"运动而推迟公布，也有国家对私营出版业政策的重大调整。

1950年9月第一届全国出版会议后，我国出版事业有了显著发展。据不完全统计，1951年1月至6月出版的初版书籍同比增加158%，达到6764种；[2] 册数上，仅1951年上半年就出版书刊3.11

---

[1] 《管理书刊出版业印刷业发行业暂行条例》（1951年12月21日），《中华人民共和国出版史料（1951年）》，中国书籍出版社1996年版，第433页。

[2] 参见《为提高出版物的质量而奋斗》（1951年8月27日），《中华人民共和国出版史料（1951年）》，中国书籍出版社1996年版，第218页。

亿册,约等于1950年全年的书刊量。① 但出版工作中也出现了一些新的问题,诸如出版物重复浪费、粗制滥造现象严重。即使国营出版社,也因处于初创期,编辑机构不健全以及管理制度不完善等因素未能例外。因此,"提高出版物的质量"、加强出版业的计划管理被确定为1951年8月第一届全国出版行政会议的首要任务。

针对出版业发展中的问题,第一届全国出版行政会议提出了多项解决措施。第一,贯彻注重提高质量、反对单纯追求数量的出版工作方针,逐步走向出版、印刷、发行计划化。第二,国营出版社建立并完善编辑机构及工作制度,保证国家出版物达到一定的政治质量和技术质量。第三,加强各级出版行政机关对公私出版业的领导和管理,确定或巩固私营出版业专业方向,逐步健全其组织机构和工作制度。② 对于三项措施的关联度,叶圣陶在会议总结中曾指出,要提高出版物质量,"一定要把主要力量放在宣传马克思列宁主义和毛泽东思想上,一定要让公营、公私合营的出版业订立完密的制度,制订切实的计划,一定要对私营出版业好好的领导和管理"③。而三个环节中,会议认为健全公私出版业编辑机构是关键。胡乔木强调国营出版社,特别是人民出版社"要领导其他出版社,就要树立起自己的标准,打起人民出版社的旗帜,要求所有其他的出版社朝着人民出版社的方向前进","批判私营出版社,就是暗示私营出版社不对,要向公营出版社看齐。如果公营出版社自己不树立标准作为榜样,怎样叫私营出版社看齐?"④ 因此,国营出版社从出版物质量入手,着力健全组织机构,完善编辑制度。就私营出版社而言,截至1951年8月,私营出版物

---

① 参见《关于第一届全国出版行政会议的报告》(1951年11月30日),《中华人民共和国出版史料(1951年)》,中国书籍出版社1996年版,第424页。
② 同上书,第421页。
③ 《第一届全国出版行政会议的结论》(1951年9月4日),《中华人民共和国出版史料(1951年)》,中国书籍出版社1996年版,第309页。
④ 参见《改进出版工作的几个问题》(胡乔木在第一届全国出版行政会议上的报告)(1951年8月28日),《中华人民共和国出版史料(1951年)》,中国书籍出版社1996年版,第246页。

第四章
私营出版业的全面改造与结果（1953—1956）

种数占全国的 53%，册数占 17%。① 因很多私营出版社没有编辑部，或对外约稿，或出版社负责人兼职做编辑，故而被看作"低劣出版物的重要来源"。所以，从提高出版物质量的角度，对私营出版社"加以限制"也具有了某种必然性。对此，胡乔木指出，政府的重心"不是为提高私营出版物而奋斗，而是为提高公营出版物而奋斗……要把提高公营出版物的质量，放在第一位"②。进而要求加强对私营出版社的领导和管理，在联合经营或公私合营基础上，"审查私营出版商的出版计划和出版物"，对投机出版业坚决取缔，逐步肃清。

在上述背景下，第一届全国出版工作会议讨论制定的《管理书刊出版业印刷业发行业暂行条例》和《期刊登记暂行办法》，初衷在于加强公私出版业管理，逐步实现出版工作的计划性，提高出版物质量。而这与1952年8月《暂行条例》和《暂行办法》实施后产生的效果是有差异的。前者侧重在"利用"中改造，而后者则更强调改造的意义。在实际执行过程中，依据申请核准营业和登记情况，按核准营业、暂时保留和转业歇业三类加以处理。以上海为例，对申请核准营业的252家私营出版社，53家核准营业，51家做暂时保留处理，协助转业或歇业148家。③ 由此可见，对私营出版社已不是一般的"加以限制"，而是借助核准营业和登记掌握的情况，采取淘汰机制，对私营出版业进行分类排队，作为全面改造私营出版业的依据。

为做好核准营业和登记工作，各地出版行政机关（或主管此项行政业务的文教厅局）按照中央统一部署，召开出版业、印刷业、发行业、期刊社座谈会，阐明核准营业和登记的积极意义，动员当地私营出版业、印刷业和发行业进行申请，并就执行中可能发生的问题制定解决办法，保证了整个工作在1953年11月基本完成。

---

① 参见《改进出版工作的几个问题》（胡乔木在第一届全国出版行政会议上的报告）（1951年8月28日），《中华人民共和国出版史料（1951年）》，中国书籍出版社1996年版，第251页。
② 同上。
③ 参见《出版总署关于整顿上海私营出版业方案的意见复华东新闻出版局函》（1954年2月10日），《中华人民共和国出版史料（1954年）》，中国书籍出版社1999年版，第75页。

1. 私营出版业核准营业和期刊登记的基本原则

（1）严格申请核准营业和登记程序。《暂行条例》规定："私营书刊出版业印刷业发行业，在申请核准营业时，必须备具营业申请书，叙明发起缘由、集资方法、业务范围、设备情况（必要时应附呈营业计划书及其附件①）、负责人姓名、简历，觅取铺保两家，向当地出版行政机关申请核准营业。经核准营业发给营业许可证后，再凭许可证向当地工商行政机关申请登记，始可营业。如变更组织、更换牌号、转业、合并、停业、歇业及变更企业负责人或执行业务负责人等，须呈请出版行政机关核准。"② 通过核准营业，实行出版业许可制度，废除民国时期的出版业登记制度。如上海，1952年9月15日，华东行政委员会新闻出版局召开的管理书刊出版业印刷业发行业登记问题座谈会，要求出版业、发行业及印刷厂必须"先向上海市新闻出版处申请取得营业许可证后，凭许可证向工商局申请登记；经营簿册、钞票、证券等另件业务的印刷厂则向公安局申请许可，取得许可证后再向工商局申请登记"③。这就改变了新中国成立初期由出版行政机关协助工商行政管理机关的"间接登记"程序，突出了出版行政机关对私营出版业的行政管理职能。同时，通过核准营业，督促私营出版业制订出版计划、印刷计划和发行计划，加强对各项计划的审查以及企业资产负债情况的了解，最终实现掌握全国私营出版业概况的目的。《暂行条例》在实际执行中，原则上不再批准新私营出版企业的设立，从而严把出版业准入关，限制私营出版业的新增力量，用行政法规的形式助力出版业的完全国营。

（2）健全私营出版业组织机构和工作制度。为巩固出版专业化方

---

① 1952年10月10日出版总署寄发"关于进行核准营业及核准登记工作中的问题和答复（续）"的通知中解释为：营业计划是指出版计划、生产计划、发行计划等。附件包括现有企业的资产负债表、财产目录及新开业企业的财务收支概算等。

② 《管理书刊出版业印刷业发行业暂行条例》（1951年12月21日），《中华人民共和国出版史料（1951年）》，中国书籍出版社1996年版，第433—434页。

③ 《管理书刊出版业印刷业发行业登记问题座谈会》（1952年9月15日），上海市档案馆馆藏档案，案卷号：B34—1—110，第157页。

第四章
私营出版业的全面改造与结果（1953—1956）

向，健全出版社编辑制度，《暂行条例》对私营书刊出版业做出了许可性规定和禁止性规定。许可性规定方面，要求书刊出版业必须有确定的出版专业方向，设有编辑机构或专职的编辑人员，定期编制选题计划、编辑计划及出版计划，呈报当地出版行政机关核准，在出版物版权页上标明营业许可证号码，每种书刊出版后，向各级出版行政机关及国立图书馆送缴样本。① 但健全编辑机构实际上只是政府改造私营出版业所采取的一种"斗争策略"②，并不是期望私营出版业真的逐步健全编辑机构和编辑力量。而禁止性规定方面，则包括不得印行违反中国人民政治协商会议共同纲领及政府法令之书刊；不得发表泄露国家机密之文字图表；不得侵害他人的著作、出版权益；不得编印或翻印出版权属于各级人民出版社及其授权出版社的各级人民政府法令文件。③ 通过限定出版权，使得私营出版业退出了1950年发行量最大的政治读物出版领域。

（3）私营印刷业实施分类核准。按照国家统一部署，由于将核准营业重点放在出版业和期刊上，《暂行条例》对私营发行业和印刷业做出了禁止性规定，要求不得发售、承印政府明令禁止发行、出版的各种书刊、非法进口的国外书刊及违反中国人民政治协商会议共同纲领及政府法令的书刊。④ 鉴于印刷业的复杂情况，核准营业仅限于书刊印刷业。同时为保障印铸刻字业的合法经营，1951年8月15日，公安部发布了《印铸刻字业暂行管理规则》，要求铸造厂、制版社（制造钢印、铜版、胶版、石印版、珂罗版、火印、锌版；证明牌号等）、印刷局（以机械或化学材料印刷簿册、证券、商标等）、证章店、刻字店、刻字摊（雕刻戳记印版印章、胶皮印等）等，必须核准

---

① 参见《管理书刊出版业印刷业发行业暂行条例》（1951年12月21日），《中华人民共和国出版史料（1951年）》，中国书籍出版社1996年版，第434页。
② 《出版总署关于整顿上海私营出版业方案的意见复华东新闻出版局函》（1954年2月10日），《中华人民共和国出版史料（1954年）》，中国书籍出版社1999年版，第75页。
③ 参见《管理书刊出版业印刷业发行业暂行条例》（1951年12月21日），《中华人民共和国出版史料（1951年）》，中国书籍出版社1996年版，第434页。
④ 同上书，第435页。

营业，各地公安局核准发给许可证后，再向工商行政管理机关申请，领得营业执照后始准营业。① 通过实行强制核准营业，将与书刊印刷有关的私营印刷业完全纳入国家出版行政管理范畴内，便于了解情况，加以改造。

（4）加强期刊登记管理。针对期刊出版中存在的重复浪费、分工不明，缺乏统一领导和统一计划等问题，出版总署依据《管理书刊出版业印刷业发行业暂行条例》第八条第十款制定了《期刊登记暂行办法》。《暂行办法》规定各种期刊发行前，"应由主要负责人向当地出版行政机关递交登记申请书和登记申请表，经呈报上级机关核准并发给登记证后，始得发刊"②。相比私营出版业、印刷业和发行业，期刊登记权上移，更加严格。同时，要求领有登记证的期刊也应按照《暂行条例》确定巩固专业方向，健全编辑制度和制订出版计划。此外，为加强行政管理，刊物每期必须刊载登记证号码，并在版权页上载明出版者、编辑者姓名及编辑、印刷、发行处所。如有合并、转让、改名称或变更出版者、主编人等，要求申请变更登记，而停刊时则申请撤销登记。

2. 私营出版业核准营业和期刊登记的执行尺度

为集中力量办好核准营业和登记工作，1952年8月25日，出版总署对各地出版行政机关执行《暂行条例》和《暂行办法》做出专门指示。

（1）限定核准营业的地区及业务范围。核准营业和登记工作仅限于省辖市以上的89个大中城市进行，并将工作重点放在出版业和期刊方面。③ 对出版业和期刊除了解情况外，经过办理登记和核准营业，

---

① 参见《印铸刻字业暂行管理规则》（1951年8月15日），文化部出版事业管理局办公室编印《出版工作文件选编（1949—1957）》（内部文件），1982年版，第37页。

② 《期刊登记暂行办法》（1952年8月16日），文化部出版事业管理局办公室编印《出版工作文件选编（1949—1957）》（内部文件），1982年版，第11页。

③ 参见《出版总署关于执行〈管理书刊出版业印刷业发行业暂行条例〉和〈期刊登记暂行办法〉的指示》（1952年8月25日），《中华人民共和国出版史料（1952年）》，中国书籍出版社1998年版，第176页。

第四章
私营出版业的全面改造与结果（1953—1956）

开始着手进行整顿；印刷业方面，以书刊印刷厂为限，重在了解全国印刷生产力的分布情况，作为统一调度书刊印刷任务的根据；发行业中，只有有固定场所及设备的书摊按发行业申请核准营业，"一般都核准营业"①，流动书贩不作发行业对待，但从事书刊流动供应，须经当地出版行政机关许可。

（2）登记从严，标准从宽。出版总署要求，各省属市以上地方的出版业、印刷业、发行业和期刊必须向出版行政机关申请营业和登记，但核准时，考虑到当时许多私营出版业、印刷业、发行业和期刊社不具备或不完全具备《暂行条例》和《暂行办法》规定的条件，要求首次办理"一般地从宽处理"②，以消除私营同业顾虑，推动核准营业和登记工作的顺利开展。具体而言，印刷业和发行业的核准营业一般"较出版业为宽"③。此外，出版业核准营业和期刊核准登记规定了一年的有效期，而印刷业和发行业的核准营业不设定有效期限。同时对已有的出版业、印刷业、发行业和期刊的核准营业和登记从宽，新开业者从严。④《暂行条例》要求"新成立的书刊出版业（期刊），不论申请营业及申请停业，均须层报出版总署批准"⑤，将新成立书刊出版业的营业核准权力上调至出版总署，严格核准审批程序，控制私营出版业、印刷业、发行业和期刊的新增数量。

经过一年时间，至1953年11月，全国共有42个省市的89个大中城市办理了核准营业和登记工作。除热河、新疆、西康等三省外，

---

① 《办理书刊出版业印刷业发行业核准营业工作报告》（1953年10月5日），上海市档案馆馆藏档案，案卷号：B34—1—110，第197页。
② 《出版总署关于执行〈管理书刊出版业印刷业发行业暂行条例〉和〈期刊登记暂行办法〉的指示》（1952年8月25日），《中华人民共和国出版史料（1952年）》，中国书籍出版社1998年版，第175页。
③ 《出版总署关于核准营业和登记工作中的注意事项》（1952年9月25日），《中华人民共和国出版史料（1952年）》，中国书籍出版社1998年版，第233页。
④ 参见《出版总署关于举办出版业印刷业发行业和期刊核准营业及登记工作的补充指示》（1952年9月9日），《中华人民共和国出版史料（1952年）》，中国书籍出版社1998年版，第196页。
⑤ 《出版总署关于重新明确各地出版行政机关办理核准营业等工作的通知》（1953年4月2日），《中华人民共和国出版史料（1953年）》，中国书籍出版社1999年版，第255页。

39个省市的86个大中城市共计核准了出版业、印刷业和发行业3043家,其中出版业285家,印刷业1093家(其中有一部分是杂件印刷业;书刊印刷业共计613家),发行业1665家。① 详见表4-1。

表4-1　　全国办理书刊出版业印刷业发行业核准营业情况　　(单位:个)

各业核准营业家数		国营及地方国营企业		公私合营企业		私营企业	
		家数	百分比	家数	百分比	家数	百分比
出版业	285	58	23.35	7	2.46	220	77.19
印刷业	1093	224	20.49	16	1.47	853	78.04
发行业	1665	134	8.05	30	1.80	1501	90.15
总　计	3043	416	13.67	53	1.74	2574	84.59

资料来源:上海市档案馆馆藏档案《办理书刊出版业印刷业发行业核准营业工作报告》(1953年10月5日),案卷号:B34—1—110,第199页。

出版业申请营业的有458家,核准营业(包括核准营业已发证和不发证暂时保留营业两类)的有285家,占申请总数的62.2%,其中私营企业220家,国营和公私合营企业65家。而不予核准营业的出版企业173家,占申请总数的37.8%。通过核准营业,已有近40%的出版企业以转业歇业等淘汰方式被改造,若考虑实际执行中将暂时保留的出版企业也采用转业歇业方式加以改造的情况,私营出版业的全面公私合营主要针对的是商务印书馆、中华书局等大型私营出版机构和公私合营或私私联营的联合出版机构,而全面公私合营又是依循1953年年底商务印书馆、中华书局公私合营所创造的经验。

从数量上看,核准营业后,私营力量仍占绝对优势,被核准营业的私营出版企业有220家,占总数的77.19%。图书出版方面,据统计,1952年出版的图书中,种数上,私营出版业仍能占到51.37%,

---

① 参见《办理书刊出版业印刷业发行业核准营业工作报告》(1953年10月5日),上海市档案馆馆藏档案,案卷号:B34—1—110,第197页。

但册数上却只拥有9.66%的份额。而在资金和编辑人数方面，国营出版力量已处于明显优势。据统计，全国出版事业共有资金15181亿元，其中国家投资11863亿元（包括公私合营的公股部分在内），占全部资金总额的78.14%；私人资本3318亿元（包括公私合营各业的私股部分在内），仅占21.86%。[①] 详见表4-2。

表4-2　　全国书刊出版业印刷业发行业核准营业公私股比例（单位：亿元）

核准营业各业的资金数	国营、地方国营企业（包括公私合营企业中的公股）		私营企业（包括公私合营企业中的私股）	
出版业	2957	74.62%	1006	25.38%
印刷业	5165	76.22%	1611	23.78%
发行业	3741	84.22%	701	15.78%
总　　计	11863	78.14%	3318	21.86%

（出版业3963、印刷业6776、发行业4442、总计15181）

资料来源：上海市档案馆馆藏档案《办理书刊出版业印刷业发行业核准营业工作报告》（1953年10月5日），案卷号：B34—1—110，第199页。

编辑人数方面，全国出版业（不包括期刊社）共有编辑人员1814人，其中国营出版业有1210人，占总人数66.70%，公私合营出版业有79人，占总人数4.36%，两项相加达71.06%，而私营出版业共有525人，仅占总人数的28.94%。由此可知，当时编辑人才多集中于国营出版社，而私营出版业编辑人才匮乏却颇具普遍性，而这一点也成了众多中小型私营出版机构转业或歇业的主要原因。

以上是核准营业后，全国公私出版业的基本概况。而在印刷和发行两业，公私双方各有千秋，但国营力量更胜一筹。根据表4-1可知，已核准营业的印刷业有1093家，其中私营印刷业有853家，占78.04%；核准营业的发行业有1665家，私营发行业有1501家，达

[①] 参见《办理书刊出版业印刷业发行业核准营业工作报告》（1953年10月5日），上海市档案馆馆藏档案，案卷号：B34—1—110，第199页。

90.15%，单纯就机构数量而言，私营印刷业和发行业仍占据绝对地位。其他指标上，私营力量则明显处于今不如昔的境地。1952年私营印刷业仅占全国书刊印刷生产能力的37.20%，职工人数也仅占22.3%。而私营发行业1952年销货量占全国的19.50%，即使算上公私合营发行业14.69%的份额，仍与占65.81%的国营发行业相距甚远，并且发行人员也仅占全国的17.87%。[①] 在发行领域，私营发行业数量众多，分布广，经营情况复杂。有的专卖旧书，有的专卖影印书，有的兼营文具，与新华书店不发生经济关系，专门代售新华书店不卖或卖得很少的书，出现了公私两个发行市场并行的趋势。

同时，印刷生产能力过剩也是核准营业中发现的比较严重的问题。据统计，1952年全国剩余的印刷生产力占全部印刷生产力的50%。1953年情况稍好一些，但也在30%左右。[②] 这种状况既不利于印刷生产力的合理利用，也有碍全国印刷生产计划的制订和有效调度。私营出版业、印刷业、发行业发展中存在的问题，为私营出版业社会主义改造奠定了历史基础。

（二）营业核准与淘汰机制

《管理书刊出版业印刷业发行业暂行条例》的核心内容是开展核准营业，实行出版业许可制度。此前，延续的是清末以来的登记制度，旧有的从业者填表登记，新开业者在商业局申请登记批准，手续简单，入业门槛低，申请很少被驳回。这也是1950年下半年至1951年间私营出版社和书店、书贩数量猛增的重要原因，并因此出现了一大批并不具备营业资质的具有不同程度投机性质的出版商。1952年10月第二届全国出版行政会议曾批评这一时期对私营出版业采取了放任态度。实际上，这种局面的出现和中共七届三中全会后贯彻"合理调整工商业"政策，以搞活经济、增加就业的大背景是密切联系在一

[①] 参见《办理书刊出版业印刷业发行业核准营业工作报告》（1953年10月5日），上海市档案馆馆藏档案，案卷号：B34—1—110，第200页。

[②] 同上书，第201页。

第四章
私营出版业的全面改造与结果（1953—1956）

起的。1952年上半年的"五反"运动揭露、打击了资本家的"五毒"行为。"五反"运动特别凸显了私营企业的负面作用和形象，这一运动和日后社会主义改造的加速到来、私营企业在新中国的命运是关联在一起的。《管理书刊出版业印刷业发行业暂行条例》改变了1950年9月第一届全国出版会议以来确立的"统筹兼顾，分工合作""一视同仁、有所不同"的政策，明确了对私营出版业加以限制与改造的方针（不再强调利用），并提出原则上不再允许创办私营出版机构。按照《管理书刊出版业印刷业发行业暂行条例》和《期刊登记暂行办法》，各地出版行政机关负责私营出版业、印刷业、发行业以及期刊的核准营业登记，并实行淘汰机制。

1. 私营出版业核准营业情况

核准营业登记中，各地出版行政机关按照1952年8月25日出版总署关于执行《管理书刊出版业印刷业发行业暂行条例》的指示，对核准营业的出版业分扶植发展、暂时保留和准备淘汰三类加以处理。[①] 上海市申请核准营业的出版社有324家，其中国营8家，公私合营4家，私营312家。[②] 其中，予以扶植发展的私营出版社25家；着手进行合并的84家；作转业淘汰处理的147家，其中包括96家转业户和51家淘汰户，拟淘汰率达47%；暂时保留的出版社56家。[③] 三类出版社在处理程序上，第一、三类优先进行，第二类逐步处理。

北京市原有私营出版社40家，核准营业的7家，暂时核准的14

[①] 参见《出版总署关于执行〈管理书刊出版业印刷业发行业暂行条例〉和〈期刊登记暂行办法〉的指示》（1952年8月25日），《中华人民共和国出版史料（1952年）》，中国书籍出版社1998年版，第175页。

[②] 参见《关于上海书刊出版业印刷业发行业登记处理问题座谈会》（1953年5月13日），上海市档案馆馆藏档案，案卷号：B34—1—110，第191页。这一数字同前述1953年10月5日，上海市档案馆馆藏档案《办理书刊出版业印刷业发行业核准营业工作报告》中全国核准营业的私营出版业220家不符，因前后相差五个多月，此处上海的312家也仅是初步核准的结果，毕竟整个核准营业工作结束是在1953年11月。故而两组数据没有可比性，文中也只将这些数据用作反映核准营业工作的基本标准和趋势。

[③] 至1953年底，自愿完成合并的有：14家合成的上海地图联合出版社，5家合成的长征出版社，4家合成的四联出版社，3家合成的新音乐出版社，3家合成的上海医学出版社，5家合成的上海电机出版社，5家合成的上海文艺联合出版社等。

家，淘汰19家，包括不核准的2家，按发行业核准的3家，动员其自动撤销的7家，自动歇业的7家，拟淘汰率达48%。[1] 对比上海的情况，核准营业中，京沪两地私营出版业的拟淘汰率接近50%。北京核准营业的7家包括商务印书馆、中华书局、北京书店、群众书店、50年代出版社、宝文堂和大众出版社。而暂时核准营业的14家，北京市新闻出版处认为文艺翻译出版社、工学书店、机械图书出版社、首都出版社以及新建联合出版社等5家有一定的专业方向，但编辑人员较少，资金也薄弱，"加强有困难"，推动其与专业方向相同的出版社合并。而工商出版社、自强书局、益昌书局、健康书店、民智书店以及文达书局6家，虽有一定资金，但出版物投机性大，北京市新闻出版处认为"不可能加强"，即创造条件促其合并或者转业。文化学社、新中国书店及红叶书店3家因兼营发行业务，且资金、编辑人员缺乏，逐渐收缩出版业务，转业或结束。

2. 私营发行业核准营业情况

由于实行"出版业从严，印刷业发行业从宽"的原则，上海市核准营业的发行业有602家，其中国营17家，公私合营2家，私营402家，书摊181家。[2] 除181家书摊不办理登记工作、对流动供应的贩卖书商进行严格审查外，其余原则上都发给经营许可证。此外，经营文具或体育用品为主而兼营少量书刊的，过去曾以出售书籍为主、已改为文具或体育用品的，出售少数书刊的废纸商以及经售碑帖、画片和书报摊的，均不作发行业办理。

北京市核准营业的书刊发行业有258家，其中国营5家（国际书店、新华总店、华北总分店、北京分店及荣宝斋），地方国营1家（中国书店），公私合营2家（中国图书发行公司及分公司），私营250

---

[1] 参见《北京市新闻出版处工作概况——北京市新闻出版处向检查组工作汇报的记录》（1953年4月18日），北京市档案馆馆藏档案，案卷号：8—1—88，第28页。
[2] 参见《关于上海书刊出版业印刷业发行业登记处理问题座谈会》（1953年5月13日），上海市档案馆馆藏档案，案卷号：B34—1—110，第191页。

第四章
私营出版业的全面改造与结果（1953—1956）

家（包括书摊）。① 从数字上看，私营占97%，但从职工人数及资金来看，私营所占比重很小。私营发行书店的职工仅占北京市企业职工的24%，而资金（不包括书摊）总共约49.5亿元，不及新华书店北京分店（54.5亿元）。总体上，北京市私营发行业的特点是家数多、规模小，大多是小本经营；老书业多，一般中小书商从业人员水平很低，经营方式落后；书摊多，并集中在前门、东单、西单三个地区，所以情况比较复杂，改造任务比较繁重。

3. 私营印刷业核准营业情况

上海作为近代中国印刷业重镇，早在1951年2月，上海市公安局就发布了《管理印刷铸镌业暂行规则》，把印刷企业划为特种行业，由公安机关加以审核。1952年8月，《管理书刊出版业印刷业发行业暂行条例》公布后，借鉴以往成功经验，华东军政委员会新闻出版局与上海市公安局共同对上海市印刷企业进行审理。凡属经营印刷书刊业务的印刷厂，除经公安机关核准许可外，还要向出版行政机关办理申请登记，审核批准后方可营业。1952年8月25日，出版总署在关于执行《管理书刊出版业印刷业发行业暂行条例》的指示中强调"印刷业的申请核准营业，以书刊印刷厂为限。非书刊印刷厂应如何处理，可与当地公安机关商同办理"②。核准营业中，上海市提出营业核准申请的印刷业有435家，其中国营17家，公私合营3家，私营415家。③ 遵照出版总署指示的处理原则，华东新闻出版处将铅印书刊印刷厂、胶印厂和装订作坊列为核发印刷业营业许可证的范围④，原则上由出版行政机关核发营业许可证，并配合公安局加强对上述三类印

---

① 参见《北京市新闻出版处工作概况——北京市新闻出版处向检查组工作汇报的记录》（1953年4月18日），北京市档案馆馆藏档案，案卷号：8—1—88，第33页。

② 《出版总署关于执行〈管理书刊出版业印刷业发行业暂行条例〉和〈期刊登记暂行办法〉的指示》（1952年8月25日），《中华人民共和国出版史料（1952年）》，中国书籍出版社1998年版，第176页。

③ 参见《关于上海书刊出版业印刷业发行业登记处理问题座谈会》（1953年5月13日），上海市档案馆馆藏档案，案卷号：B34—1—110，第191页。

④ 同上书，第192页。

刷业的一般治安行政管理。而铜模、铸字、制版业等印刷业以及承印簿册、证券、商标等杂件为主的印刷厂，按照1951年8月15日中央人民政府公安部公布的《印铸刻字业暂行管理规则》，统一由公安局办理登记。①

4. 期刊核准登记情况

经过核准登记，据统计，截至1953年9月，私营杂志由1952年10月的70种减至36种，其中停刊14种。②调整后的36种私营杂志，其中财经类4种，科学技术类18种，文艺、历史、妇女、儿童等类6种，宗教类8种。核准登记的36种私营杂志除商务印书馆、中华书局出版的两种外，一般都未纳入国家出版计划管理范围。编辑业务上，一般都未受到有关业务机关或团体的领导。经过核准登记，私营杂志在杂志界中已不占重要地位，种数不多，发行份数更少（占全国杂志发行份数的4.5%）。③

同一时期，国营杂志的基本情况是地方杂志编辑力量薄弱，中央杂志编辑力量虽较强，但不平衡；而在社会科学、政治经济、自然科学、生产技术、文学艺术、文化教育类杂志中，自然科学、生产技术类编辑力量弱。在此背景下，出版总署对私营杂志的改造提出了三种不同方式：第一，"不为国家需要的，用适当方式劝其停刊"；第二，"与国营杂志内容重复的实行合并"；第三，"为国家所需要的科学技术杂志实行公私合营，或与有关业务机关、团体先建立编辑业务上的指导关系，以后再过渡到公私合营以至国营"④。据此出版总署在1953年制订的第一个出版建设五年计划中，要求从1953年年初开始有计划、有步骤地调整、改造私营杂志，到1957年，除少数宗教杂

---

① 参见《出版总署关于核准营业和登记工作中的注意事项》（1952年9月25日），《中华人民共和国出版史料（1952年）》，中国书籍出版社1998年版，第236页。

② 参见《出版总署关于全国杂志登记工作的总结报告》（1953年12月17日），《中华人民共和国出版史料（1953年）》，中国书籍出版社1999年版，第664页。

③ 同上书，第665页。

④ 《出版总署关于全国杂志登记工作的总结报告》（1953年12月17日），《中华人民共和国出版史料（1953年）》，中国书籍出版社1999年版，第666页。

第四章
私营出版业的全面改造与结果（1953—1956）

志外，私营杂志全部改造完成。① 同时，强调"创刊私营杂志，原则上不再批准出版"②。

针对核准营业和登记工作中所掌握的出版业概况，出版总署决定自 1953 年起，一方面，"整顿巩固国营出版事业，并有步骤地适当发展国营出版事业的力量"，另一方面"对私营出版业，以各种方式加以利用、限制和改造，逐步地纳入国家计划建设的轨道"③。据此，对私营出版业改造提出了六项措施。第一，以上海、北京为重点，积极地、有步骤地整顿私营出版业。第二，对于已核准营业的私营出版社按出版专业方向（首先在北京做起），分别审核其出版计划，对其编辑出版人员开展思想教育，推动其有步骤地经由合并、公私合营过渡到国营或地方国营。第三，1954 年选择个别规模较大、业已具备相当条件的私营出版社进行全面公私合营。第四，加强对私营印刷业的调查研究，进一步摸清其人力、资金情况和印刷设备情况。大区以上出版行政机关注意掌握教科书的造货任务，有计划地选择一些设备比较完善的私营书刊印刷厂（不包括专门或大部分承印商业印件的印刷厂）进行加工订货，并推动具有相当条件的私营书刊印刷厂组织联营或公私合营。第五，以中国图书发行公司上海分公司为基础与少数规模较大的私营批发业实行公私合营。第六，联系管理私营零售业，使之在国营企业领导下经营零售业务，成为国营发行网的一部分。尤其是对新华书店发行力量达不到的地方的私营零售业，应积极地利用，委托其代销书刊。对于文具业而兼营图书的，则尽可能地推动其中的一部分逐渐专营文具，另一部分则继续委托其代销书刊。④ 此外，1954 年年初，出版总署还提出"掌控其出版计划，从新闻纸的分配上加以控制私

---

① 参见《出版总署第一次出版建设五年计划（草案）》（1953 年 2 月 7 日），《中华人民共和国出版史料（1953 年）》，中国书籍出版社 1999 年版，第 81 页。
② 《出版总署关于全国杂志登记工作的总结报告》（1953 年 12 月 17 日），《中华人民共和国出版史料（1953 年）》，中国书籍出版社 1999 年版，第 666 页。
③ 《办理书刊出版业印刷业发行业核准营业工作报告》（1953 年 10 月 5 日），上海市档案馆馆藏档案，案卷号：B34—1—110，第 202 页。
④ 同上书，第 203 页。

营出版社"① 的措施，要求经核准营业的私营出版社的出版计划须经当地出版行政机关批准，全部出版物交由国营新华书店总经销，核定定价标准后，私营出版社才可以申请按配售价分配新闻纸。随着过渡时期总路线的公布，私营出版业社会主义改造进入全面公私合营时期。

二 全面公私合营

　　1953年是"一五"计划的开篇之年，根据文化教育工作必须服务于国家大规模经济建设、普遍提高人民的文化水平和政治水平的原则，配合整个国家计划建设，出版总署着手筹划出版工作五年计划。1952年10月，第二届全国出版行政会议制定了《出版总署全国出版建设五年计划大纲》，首次提出私营出版业、印刷业、发行业社会主义改造的时间表，要求至1957年，"全国出版业基本上由国家掌握"，"掌握全国印刷生产力的80%以上"，"全国书刊的总批发基本上控制在国家手里，使所有私营书店、书摊、书贩均在一元化发行网里，作为整个书刊发行工作的发行细胞"。② 为实现这一目标，1953年按照"整顿巩固、重点发展、提高质量、稳步前进"的方针，初步加强了对私营出版业的领导和管理，除完成中国图书发行公司的国营化改造外，淘汰了66家私营出版社，私营出版社留存290家。③ 对1953年的工作，出版总署党组认为对私营出版业、印刷业、发行业的利用、限制和改造工作"作得十分不够"，存在着"怕麻烦、怕困难的心理，

---

　　① 《出版总署关于1954年报社、出版社、杂志社新闻出版用纸分配和储备办法》(1954年1月8日)，《中华人民共和国出版史料（1954年）》，中国书籍出版社1999年版，第32页。

　　② 《出版总署全国出版建设五年计划大纲》(1952年)，《中华人民共和国出版史料（1952年）》，中国书籍出版社1998年版，第443—444页。

　　③ 参见《出版总署党组小组关于1953年出版工作情况和今后方针任务的报告》(1953年12月5日)，《中华人民共和国出版史料（1953年）》，中国书籍出版社1999年版，第650页。

第四章
私营出版业的全面改造与结果（1953—1956）

不敢管、不愿管，乃至放弃不管……怕同资本家接触，怕同资本家又合作又斗争，怕对私营企业进行社会主义改造"。受此影响，出版总署适时调整出版计划，提出"第一个五年计划内，出版业完全由国家掌握，并把私营书刊印刷业、发行业基本上纳入国家资本主义的轨道"[①]。

1954年3月11日，政务院第208次政务会议批准了出版总署关于1953年出版工作和1954年方针任务的报告，要求将"改造的重点放在出版业，但对印刷业和发行业也应着手进行工作"[②]。据此，1954年工作重点在出版业改造方面，对私营出版社实施积极、有计划的整顿措施，对正当的有一定编辑力量、公私合营条件成熟的，实行公私合营。而对已核准营业而出版态度较严肃的私营出版社，审核其出版计划，酌情分配纸张，由新华书店总经销其出版物；对私营书刊印刷业的改造，重点放在有计划、有组织地委托印制，克服分散自流现象，把私营书刊印刷业逐步纳入计划化轨道，而对个别技术优良而又主、客观条件成熟者实行公私合营；新华书店加强批发业务，积极团结、利用和改造私营零售店，经销代销新华书店发行业务，扩大国营发行渠道。

（一）私营出版社的全面公私合营

过渡时期总路线提出后，整个私营出版社的社会主义改造的步伐加快。1954年出版总署对1953年年底暂予留存的290家私营出版社[③]，区别情况、分类改造。

1. 商务印书馆、中华书局为代表的大型私营出版社的公私合营

不同于一般工商业的公私合营，也与中小出版社的公私合营不

[①] 参见《出版总署党组小组关于1953年出版工作情况和今后方针任务的报告》（1953年12月5日），《中华人民共和国出版史料（1953年）》，中国书籍出版社1999年版，第654页。

[②] 《出版总署关于1953年出版工作和1954年方针任务的报告》（1954年3月11日），《中华人民共和国出版史料（1954）》，中国书籍出版社1999年版，第11页。

[③] 《全国国营公私合营出版社名单》（1953年12月31日），《中华人民共和国出版史料（1953年）》，中国书籍出版社1999年版，第681页。

同，作为私营出版业的代表，商务印书馆、中华书局的公私合营为1954年后新中国私营出版业的全行业公私合营提供了基本的改造模式，并产生了强大的辐射带动效应，推动我国私营出版业社会主义改造进入全面公私合营时期。鉴于商务印书馆和中华书局历史悠久，在我国文化界有相当影响，要对私营出版业进行社会主义改造，必须首先解决这两家。中共中央曾就两家的进一步改造做出专门指示，要求"必须郑重其事，只准办好，不准搞坏"[①]。从协商、筹备、实施到最终分别改组为公私合营的高等教育出版社和财政经济出版社，两家都是同步进行的，具有相同的特点。新中国成立初期，商务印书馆、中华书局便向政府提出公私合营申请，但未能如愿。1953年9月，中共中央做出对私营工商业进行社会主义改造的指示。同年10月16日，董事长张元济得知出版总署召见"商务"在京负责人，征询该馆今后的打算后，专函在北京的"商务"经理史久芸，嘱其再次向出版总署提出公私合营请求，申请"尽先公私合营，俾本馆能更多更好地为人民服务，用偿宿愿"[②]。同时，致函陈叔通（原商务董事），请其向出版总署进言，协助"商务"申请公私合营。同年11月，商务印书馆、中华书局董事会先后正式呈文出版总署申请公私合营。

与此同时，国家也在考虑商务印书馆和中华书局的公私合营问题。一方面出版总署认为一度行之有效的"加工订货""分散经营"的方式，已无法适应高等学校教材出版工作日益发展的需要，因而认为有成立专业的高等学校教材用书出版机构的必要。1953年秋，经与高等教育部的反复磋商，决定把条件适合的商务印书馆改组为专业的高等教育出版社，同时保留商务印书馆的原有招牌。[③] 另一方面，

[①]《出版总署关于处理商务、中华改组工作的一些意见》（1954年2月11日），《中华人民共和国出版史料（1954年）》，中国书籍出版社1999年版，第93页。

[②]《张元济给史久芸的信》（1953年11月16日），《中华人民共和国出版史料（1953年）》，中国书籍出版社1999年版，第602页。

[③] 参见于卓《商务印书馆全面公私合营的前前后后》，《商务印书馆九十五年1897—1992——我和商务印书馆》，商务印书馆1992年版，第391页。

第四章
私营出版业的全面改造与结果（1953—1956）

1953年11月4日，中共中央宣传部召开财政经济委员会各部①办公厅主任会议，决定与中华书局合并组建财政经济出版社，保留中华书局的名义。②中共中央宣传部和中央组织部负责配备出版社主要负责人，包括总编辑、副总编辑、经理和社长。财政经济出版社受中共中央宣传部和出版总署统一领导，同时各有关部门审查其出版计划、书籍内容，并帮助组织稿件。

1953年11月13日，出版总署与高等教育部举行会谈，公布了对商务印书馆实行全面公私合营的处理原则，并在筹备工作、编余人员、职工待遇、资产估值、干部人事等问题上达成统一意见。③同年11月中旬，出版总署分别与商务印书馆、中华书局代表进行会谈，指出按照《私营企业重估资产调整资本办法》和《企业公股公产清理办法》，根据1950年的账面估值，商务印书馆资产（包括房地产、机器和图书在内）约800亿元，其中应予没收的官僚资本及股东已逃亡或有官僚资本嫌疑应予代管的股份，约占全部股份的20%。中华书局资产约2100亿元，其中应予没收或代管的股份约占全部股份的26%。④这部分没收或代管的股份均作为公股，所以两家早已是公私合营。据此，出版总署认为已不存在公私合营问题，而是政府进一步加强领导和帮助的问题。但强调"公私合营不能对外宣传"，确定采取"一个企业、两个招牌"⑤原则，商务印书馆、中华书局招牌暂时保留，同

---

① 包括财政部、农业部、林业部、商业部、合作总社、对外贸易部、粮食部、国家计划委员会、人民银行、国家统计局、农村工作部。
② 参见《中央宣传部召开关于成立财经书籍出版社问题座谈会会议纪要》（1953年11月4日），《中华人民共和国出版史料（1953年）》，中国书籍出版社1999年版，第588页。
③ 参见《出版总署与高等教育部关于筹备加强对商务印书馆领导和成立高等教育出版社问题会谈纪要》（1953年11月13日），上海市档案馆馆藏档案，案卷号：A22—2—174，第6—7页。
④ 参见《出版总署党组小组关于进一步改造商务印书馆和中华书局的请示报告》（1953年12月15日），上海市档案馆馆藏档案，案卷号：A22—2—346，第74页。《中华人民共和国出版史料（1953年）》对这一请示报告标注的时间为1953年11月3日，应该是错误的。
⑤ 《出版总署与中华书局商谈加强对中华的领导问题的纪要》（1953年11月16日），《中华人民共和国出版史料（1953年）》，中国书籍出版社1999年版，第608页。

时分别挂高等教育出版社和财政经济出版社的招牌。招牌问题，两家均无异议，只是对公私合营不对外宣传，商务印书馆表示"有困难"，因为"商务"董事有的在台湾，有的在香港，往往开会过不了半数，过去虽有公股，但"董事会并未开会通过是公私合营"①。对此问题，出版总署办公厅主任黄洛峰做了解释，没有接受"商务"欲在正式公私合营前召开一次董事会和股东会通过和确定公私合营的要求。此后筹备改组过程中，类似存有异议的问题越来越少，意味着商务印书馆、中华书局代表的私营出版业在社会主义改造中配合的角色定位更加明显。

根据与商务印书馆、中华书局的会谈成果，1953年12月15日，出版总署党组向中共中央宣传部、政务院文化教育委员会并中共中央呈报《关于进一步改造商务印书馆和中华书局的请示报告》（以下简称《请示报告》），指出"三反""五反"运动后，商务印书馆以高等学校教科书为出版方向，中华书局则以出版农业书籍为主，兼出地图和俄语书刊，并分别与高等教育部、农业部建立了约稿关系，承接两部的出版任务。两家出版社"在编辑出版上，大部分是由国家加工订货，发行上也由国家掌握"②，已具有国家资本主义性质。以此，提出进一步改造商务印书馆、中华书局的具体方针和办法，要求将商务印书馆改造为高等教育出版社，以高等学校和中等技术学校教科书为出版方向，中华书局改组为财政经济出版社，专业出版工业部门以外的各种财经书籍。保留两家招牌，继续出版不宜用高等教育出版社和财政经济出版社名义出版的新书及"商务""中华"过去出版的旧书。两家行政上受出版总署领导，业务上分别接受高等教育部和中央财政经济委员会各部门的领导，实行党委领导下的社长负责制，设董事会。人员安排上，实职人员一律留用迁京，非实职和工作上不需要的

---

① 《与商务印书馆会谈进一步加强国家对商务领导问题的纪要》（1953年11月14日），上海市档案馆馆藏档案，案卷号：A22—2—174，第4页。
② 《出版总署党组小组关于进一步改造商务印书馆和中华书局的请示报告》（1953年12月15日），上海市档案馆馆藏档案，案卷号：A22—2—346，第74页。

第四章
私营出版业的全面改造与结果（1953—1956）

人员留沪。对《请示报告》中提出的原则办法，1954年1月25日，中央表示同意。准许派入领导干部，投入资金，对商务印书馆、中华书局实行全面公私合营。[①] 遵照中央批准的各项原则办法，出版总署会同高等教育部、中央财政经济委员会各部门，邀集商务印书馆、中华书局董事会代表，经过迭次商谈，对出版社的名称、今后的专业方向、业务范围、组织机构和领导关系、资产负债和股权清理、人事安排、筹备工作等实行全面公私合营的原则问题取得一致意见，载入《关于商务印书馆实行全面公私合营改组为高等教育出版社的会谈纪要》和《关于中华书局实行全面公私合营改组为财政经济出版社的会谈纪要》，作为两家实行全面公私合营的指导文件。同年1月29日，出版总署批复接受商务印书馆、中华书局全面公私合营的申请[②]，决定将其改组为高等教育出版社和财政经济出版社。按照"会谈纪要"，组建公私代表组成的高等教育出版社筹备处和财政经济出版社筹备处，负责新机构的各项筹备工作，并根据筹备处简则，分别在北京和上海成立工作组，进行清产核资，确定公私股比例，负责两地商务印书馆、中华书局全面公私合营工作。华东新闻出版处也将协助出版总署完成对商务印书馆、中华书局等大型私营出版社的公私合营列入1954年上海私营出版业的改造规划。

根据中央关于改造商务印书馆、中华书局的方针和指示，"会谈纪要"以及两家筹备处简则所规定的具体任务，商务印书馆、中华书局的合营改组均以上海工作组为重点，自1954年2月15日开始，改组工作分组织队伍、拟订计划，发动职工、布置清点，资产清理、核实估价，结束估值四个阶段，至4月15日基本结束。同年5月1日，高等教育出版社和财政经济出版社正式成立，商务印书馆、中华书局

---

① 参见《中共中央批准〈出版总署党组关于进一步改造商务印书馆和中华书局的请示报告〉的指示》（1954年1月25日），上海市档案馆馆藏档案，案卷号：A22—2—346，第72页。

② 参见《出版总署关于商务印书馆实行全面公私合营的要求的批复》《出版总署关于中华书局实行全面公私合营的要求的批复》（1954年1月29日），《中华人民共和国出版史料（1954年）》，中国书籍出版社1999年版，第61、64页。

总管理处迁京，未迁京人员组成上海办事处，同北京一样，挂两块招牌，即"高等教育出版社""商务印书馆"上海办事处[①]和"财政经济出版社""中华书局"上海办事处。商务印书馆、中华书局京、沪两地的印刷厂在总馆进入公私合营后，各自独立经营，只挂"商务印书馆"和"中华书局"的招牌。由此，商务印书馆、中华书局最终由编、印、发三位一体的综合性出版企业转变为专业性的中央级公私合营出版机构。

全面公私合营后，商务印书馆、中华书局发生了深刻变化：

第一，资本意义的蜕变。工作组按照逐笔清点、逐笔转入新机构的原则进行资产清理[②]，步骤上先清用处大的后清用处小的，先清大的后清小的，先清动产后清不动产。负债则由资方负责，公方协助。股权清理后，分为三部分，公股和公方代管股、私股及未定股。经过清点、估值和核实，排除物价等影响因素，截至 1954 年 4 月底，商务印书馆资产为 456 亿余元，中华书局为 395 亿元，其中，"商务"公股（包括代管股、冻结股、未登记股）占 19.79%，"中华"公股占 24.69%。[③] 但公私股比例的确定，更多的是具有政治意义。正如李维汉在解读 1954 年发布的《公私合营工业企业暂行条例》时谈道："社会主义成分在合营企业中的领导地位和领导作用以及这种领导作用和领导地位的不断增强，不是取决于国家投资的数量（即公股比例），而是取决于国家政权的性质和社会主义经济在国民经济中的地位，取决于企业中公方代表同职工群众的结合和他们对于资本家及其代理人的教育改造工作，取决于这种领导能够确实地推动企业向前进步。"[④]

---

① 参见《高等教育出版社筹备经过报告》（1954 年 4 月 30 日），《中华人民共和国出版史料（1954 年）》，中国书籍出版社 1999 年版，第 240 页。

② 参见《出版总署关于处理商务、中华改组工作的一些意见》（1954 年 2 月 11 日），《中华人民共和国出版史料（1954 年）》，中国书籍出版社 1999 年版，第 95 页。

③ 参见《出版总署党组关于处理商务印书馆和中华书局公私合营经过的报告》（摘要）（1954 年 6 月 21 日），《中华人民共和国出版史料（1954 年）》，中国书籍出版社 1999 年版，第 331 页。

④ 李维汉：《关于"公私合营工业企业暂行条例"的说明》，《人民日报》1954 年 9 月 6 日第 2 版。

第四章
私营出版业的全面改造与结果（1953—1956）

与此同时，企业盈余分配按照《公私合营工业企业暂行条例》实行"四马分肥"的办法，因此资本、股权的确定逐渐失去融资、增值等推动企业实施资本运作的原有意义。早在国民经济恢复时期，国家通过整顿金融业、单个企业公私合营到全行业公私合营，便实现了对私营金融业的社会主义改造，私营力量退出金融领域。[①] 据统计，1951年以后，人民银行已经控制了全国存款总额的 90％，贷款总额的 97％。[②] 同时，国家开始禁止私营企业在内部的集资活动以及相互之间的拆借。1953 年以后，除了民间还存在着私人之间的借贷外，资本市场已不复存在。因此，资本市场的消失，外部环境已不能再为商务印书馆为代表的私营出版社实施股份制的企业管理模式提供融资平台。

第二，企业组织管理模式的转变。公私合营后的商务印书馆、中华书局保留了董事会制度，由公私代表组成的董事会对新机构进行管理，张元济任高等教育出版社董事长，公方艾大炎任副董事长，吴叔同任财政经济出版社董事长，黄洛峰兼任副董事长。因张元济 1950 年已瘫痪在床、吴叔同常年在香港，新机构的实际负责人是出任副董事长的公方代表。而且改组后的董事会职能也发生了重大改变，总经理制被废除，改行党委领导下的社长负责制，社长由高等教育部和中共中央宣传部派出，政务院任命，不再由董事会推举产生，进而董事会对出版社的编辑出版方针也就没有了决定权。参照 1954 年 9 月 2 日政务院第 223 次政务会议通过的《公私合营工业企业暂行条例》相关规定，公私合营企业的董事会被界定为"公私双方协商议事的机关"，所做出的重要协议必须由政府主管业务机关批准。同时，公私合营企业董事会负有"教育和改造私股股东的责任"[③]，私股股东会议

---

① 参见张徐乐《上海私营金融业研究（1949—1952 年）》，复旦大学出版社 2006 年版。
② 参见武力《论 50 年代市场萎缩的原因和结果》（2000 年 9 月 28 日），http：//www.usc.cuhk.edu.hk/papercollection/Details.aspx?id=α2335。
③ 李维汉：《关于"公私合营工业企业暂行条例"的说明》，《人民日报》1954 年 9 月 6 日第 2 版。

是公私合营企业和董事会联系私股股东并向其进行教育的重要形式之一，通过企业改造的实践，使其逐步得到改造。新机构的出版计划则由出版行政机关批准，经营方针向国营出版社看齐，董事会已不是企业的独立决策机构，股东对企业经营方针也无发言权。因而，董事会成为新政权实行企业改造和人的改造相结合方针的具体执行组织。

第三，组织编辑机构的整合。改组后的商务印书馆、中华书局实行党委领导下的社长负责制，按国营出版社的组织模式，以编辑部为中心，在社长下设编辑、经理、出版三部。由高等教育部、中央财政经济委员会各有关业务部门、华东局、上海市委和出版总署先后抽调百余名干部，对高等教育出版社派出了社长、总编辑、副总编辑、编辑、副经理、厂长等主要干部和一般干部43人，对财政经济出版社派出了61人。[①] 原高等教育部教学指导司副司长武剑西任高等教育出版社社长兼总编辑，中国科学院经济研究所副所长狄超白任财政经济出版社社长。新的组织制度，通过公方指派社长、总编辑以改造其编辑部，进而掌握出版社领导权。而出版社内部，经理、出版两部是辅助部门，经理的地位和性质已发生深刻变化。公私合营后的高等教育出版社、财政经济出版社专注编辑工作，发行由新华书店负责，印刷则归专业书刊印刷厂负责，更重要的是，作为国家出版事业的一部分，在经营上不再以营利为目标，成为兼具企业和事业属性但主要作为事业单位管理的机构。1950年为适应社会主义计划经济体制的需要，私营出版业从企业经营组织模式到出版基本制度都实行了全方位的改造和转型。

商务印书馆和中华书局在新中国的境遇和接受社会主义改造的过程，在很大程度上反映着私营出版业特别是大型私营出版社的一般样态。长期战争带来的通货膨胀，新中国的教科书国营政策，出版、发行与印刷分工和出版专业化的新体制取向以及其他时代因素的交互作

---

① 参见《出版总署党组关于处理商务印书馆和中华书局公私合营经过的报告》（摘要）（1954年6月21日），《中华人民共和国出版史料（1954年）》，中国书籍出版社1999年版，第330页。

第四章
私营出版业的全面改造与结果（1953—1956）

用带来的出版困境，不仅是大型私营出版企业而且是整个私营出版企业均面临的。当然，由于教科书在经营中所占份额较重、机构庞大等因素，商务印书馆和中华书局的困难较之中小出版企业更为严峻。1950年6月中共七届三中全会，特别是同年9月全国第一届出版会议后，在国家"合理调整工商业"的政策背景下，私营出版企业有了一个发展时期，商务印书馆、中华书局等大型出版企业因此得益于体制的力量，经营困难状况得到很大程度上的缓解。就"商务"而言，在国家帮助下与政府机关、科研单位建立供稿关系、接受加工订货任务，逐步转型为以出版大学理工科教材和科技图书为主的出版企业，实现了专业化经营，同时逐步与发行、印刷脱钩，专一于出版。而中华书局与农业部建立供稿关系，并参与大学教材与地图的出版任务，接受国家调拨价格纸张，这实际上已经走上国家资本主义的改造道路，而且较之一般工商企业接受国家指导和管理的力度更强。过渡时期总路线提出后，两家率先实现了全面公私合营。其间，对公私合营的积极主动姿态、合营过程中编辑出版机构和人员的调整、清产核资的工作部署等，也在很大程度上反映着机构健全的大型出版社的蜕变过程。

整顿改造私营出版业是贯穿出版总署1954年全年的中心工作之一，商务印书馆、中华书局实行公私合营的同时，参照两家的改造模式，中国科学院与龙门联合书局联合组建公私合营的科学出版社，中国音乐家协会与私营新音乐出版社联合组建公私合营的音乐出版社，新华地图编绘社与上海私营地图出版社合并建立公私合营的新华地图社，逐步确立起专业出版社同政府相关业务部门的指导关系。至此，民国时期"五大书局"全部完成社会主义改造。公私合营后的私营出版社从运营到管理实质上已经与国营出版社无异。

借鉴商务印书馆、中华书局全面公私合营的成功经验，1954年8月，出版总署党组向中共中央宣传部呈送关于整顿和改造私营出版业的报告，进一步明确私营出版业改造的具体政策，将全国290家私营出版社划分为两类，除237户私营出版社外，40户正当和比较正当的私营出版社按照"先大后小,先用处大的后用处小的,先历史久的后历史短的,先出版态度好一些的后出版态度差一些的"① 的原则,主要经过公私合营进行社会主义改造,而被认定为投机出版社的则逐步劝说教育或自动歇业、转业,停止出版业务。

2. 中小型私营出版业的社会主义改造

经核准营业,1953年12月31日,全国私营出版社有290家(宗教出版社12家),华东区265家,华北区21家。② 其中,北京19家③,上海252家④,京沪两地占全国总数的94%。前期经过调整改组虽然出现了诸如地图出版社、上海机电图书出版社、上海医学出版社、上海文艺联合出版社、四联出版社以及长征出版社等一系列私营联合出版社,但京沪两地仍为私营出版业最为集中的地区,除规模较大的商务印书馆、中华书局和几家私营联合出版社外,多是兼营图书发行、印刷业的中小型出版社。因此,京沪两地,特别是上海成为私营出版业社会主义改造的重点。

1953年12月,华东新闻出版局提出对252家私营出版社的改造方案,其中发给营业许可证的53家,暂时保留逐步改造的51家,在一定时期内督促其转业、歇业的148家。⑤ 对此处理原则,1954年2月10日,出版总署函复华东新闻出版局,认为"基本上是正确的",但对处理原则、策略和方式方法做出了具体指示。

(1) 对核准营业、发给营业许可证的53家私营出版社,要严格规定其专业方向,改造方法也应有所不同。

---

① 《中央宣传部批准出版总署党组关于整顿和改造私营出版业的报告》(1954年8月15日),《中华人民共和国出版史料(1954年)》,中国书籍出版社1999年版,第470页。
② 参见《全国私营出版社、杂志社、报社名单》(1953年12月31日),《中华人民共和国出版史料(1953年)》,中国书籍出版社1999年版,第685页。
③ 参见《北京市整顿与改造私营出版业的初步计划》,北京市档案馆馆藏档案,案卷号:8—2—377,第13页。
④ 参见《整顿上海私营出版业方案》(1953年12月),《中华人民共和国出版史料(1954年)》,中国书籍出版社1999年版,第82页。
⑤ 同上书,第85—86页。

第四章
私营出版业的全面改造与结果（1953—1956）

第一，新华书店经销其出版物不求一律。有相当历史、出版态度比较严肃、出版物质量有一定保证的，总经销其出版物，并由国家全部配给纸张；对部分出版物质量有保证并为群众所需要的，由新华书店部分经销其出版物；出版社虽已核准营业，但出版物质量并无经常保证的，则不一定固定经销其出版物。

第二，改造方式不求一律通过公私合营。有一些可以通过不同形式走向公私合营，少数则不一定走公私合营道路，而用其他方式进行改造，如宗教出版机构。

第三，加强与政府业务部门的联系。除公私合营或由新华书店总经售其出版物的出版社外，一般不介绍此种关系。

（2）思想上要明确暂时保留的51家做准备淘汰处理。出版总署认为这一类出版社按其本身条件及其出版物情况，与第三类出版社都属于投机出版社范围，只是投机的程度略有差别而已。采取暂时保留的办法，"并不是为了等他们健全组织、建立编辑部之后，再改为公私合营，而是因为一下子不能取缔太多……借以减少工作中的困难和阻碍。所谓'暂时保留'，所谓'限期建立编辑部'，是一种斗争策略。暂时保留之，是为了待机取缔之；限期建立编辑部，是为了便于到期不能成立编辑部时相继取缔之"[①]。鉴于此，此类出版社实行有条件的合并，将真正有著作、绘画、编辑或出版人才的，改造为公私合营出版社或并入其他公私合营出版机构，其出版物，原则上国营书店不予总经售。同时，通过规定专业出版方向、保障著作权、转移稿源、限制发行、掌握定价、广告限制、银行贷款等限制方式[②]，促其自行歇业、转业。凡兼营印刷业、发行业的，坚决责令转向专业印刷、发行。

1954年通过公私合营、联营、劝告转业或停业等办法，全国整顿

[①]《出版总署关于整顿上海私营出版业方案的意见复华东新闻出版局函》（1954年2月10日），《中华人民共和国出版史料（1954年）》，中国书籍出版社1999年版，第75页。

[②] 同上书，第78页。

187

改造了193家，截至1954年年底，全国尚存私营出版社97家①，其中北京9家，上海81家，天津等地共7家。北京完成改造的私营出版社占52.6%，上海的占67.8%。之所以有这样高的改造完成率，在于政府严格核发出版营业许可证，1953年年底，全国290家私营出版社核准登记的仅为76家，未准登记的为214家，其中华东区私营出版社263家，核准营业的53家，未核准营业的210家，有79.8%的私营出版社未能取得营业许可证。对此，上海私营出版业的反应非常强烈，1954年3月24日，以"上海一群出版社"的名义致函出版总署和中央统战部，指出："华东新闻出版处坚决不核发上海绝大多数私营出版社的出版许可证，致业务无法进行。"并且华东新闻出版处函请广州市新闻出版处命令广州市私营书店不得经销上海未领出版许可证之出版社出版物的做法，"直欲置数千职工及家属于死地"②。而出版总署将此种反映看作个别或少数私营投机出版社"对政府整顿和改造私营出版业的一种反抗"，作为反面材料，反而助推了私营出版社的改造速度。在实际改造过程中，因普遍认为"出版事业不同于一般工商业，改造速度较之其他一般工商业应该快一些"③，1954年，对近200家私营出版业实施完改造，且多数采用歇业或转业的处置方式，对原有从业人员特别是编辑出版人员没有做到妥善安置，增加了社会失业压力。此外，整顿改造后，原私营出版业务如何让其他国营和公私合营出版社继续下去，也未予重视，以致出现了"有些书籍无人出版"④的现象。

为此，1955年文化部调整政策，实施"统筹兼顾、全面安排"的

---

① 参见《1954年出版工作基本总结和1955年的方针任务（草稿）》（1955年4月30日），中国出版科学研究所、中央档案馆编《中华人民共和国出版史料（1955年）》，中国书籍出版社2001年版，第4页。

② 《转送"上海一群出版社员工"信供参考》（1954年4月14日），北京市档案馆馆藏档案，案卷号：8—2—377，第8页。

③ 周游：《北京市整顿与改造私营出版业的初步计划》（1954年），北京市档案馆馆藏档案，案卷号：8—2—377，第14页。

④ 《1954年出版工作基本总结和1955年方针任务（草案）》，《中华人民共和国出版史料（1955年）》，中国书籍出版社2001年版，第7页。

第四章
私营出版业的全面改造与结果（1953—1956）

改造方针，在前三季度放缓改造速度，但随着农业合作化高潮的出现，第四季度又加快了改造步伐，转入全行业公私合营。用联营、合并、淘汰等办法改造了 70 多家私营出版社[1]，至 1955 年年底，全国还剩下 19 家私营出版社（包括宗教出版社 13 家，全在上海）[2]，其中上海 16 家。不久，50 年代出版社上海分社并入公私合营影印图书出版社，畜牧兽医社并入上海医药出版社，泥土社停业。所以除 13 家宗教类出版社外，1956 年年初，上海已没有私营出版社。关于宗教出版业的改造，1956 年 3 月 30 日，文化部发布通知，指出由教会或宗教团体开办的出版社、杂志社和书店，不适宜采用一般私营工商业的社会主义改造方法，决定统由政府宗教事务管理机关通过教会或宗教团体加强领导和管理。[3] 因此，至 1956 年 6 月，私营出版业社会主义改造基本完成。

相比商务印书馆、中华书局的公私合营，中小型私营出版业的改造采取了多种公私合营方式。一种是由国家派入少量干部，并投入部分资金进行公私合营，如上海画片出版社、音乐出版社等。因画片通俗易懂，影响广泛，1954 年 6 月，华东新闻出版处将留存的 12 家私营画片出版社合并，改组为公私合营上海画片出版社[4]，专业出版年画和宣传画。1954 年 7 月，华东新闻出版处依照《关于新音乐出版社实行公私合营改组为音乐出版社的会谈纪要》和《音乐出版社筹备处第一次会议记录》精神[5]，以中国音乐家协会出版部资金作为国家投

---

[1] 参见《1955 年出版工作基本总结和 1956 年出版工作计划纲要》，《中华人民共和国出版史料（1955 年）》，中国书籍出版社 2001 年版，第 417 页。

[2] 参见《关于私营出版业社会主义改造的一些情况和问题》（1956 年），中国出版科学研究所、中央档案馆编《中华人民共和国出版史料（1956 年）》，中国书籍出版社 2001 年版，第 85 页。

[3] 参见《文化部关于处理宗教出版业的通知》（1956 年 3 月 30 日），《中华人民共和国出版史料（1956 年）》，中国书籍出版社 2001 年版，第 56—57 页。

[4] 参见《华东新闻出版局呈报"对上海私营画片出版业、发行业合并改组为公私合营机构的计划（草案）"》（1954 年 6 月 24 日），上海市档案馆馆藏档案，案卷号：A22—2—236，第 77 页。

[5] 参见《新音乐出版社改组为公私合营音乐出版社上海工作组工作方案》（1954 年 8 月 5 日），上海市档案馆馆藏档案，案卷号：A22—2—236，第 101—102 页。

资,将上海私营新音乐出版社改组为公私合营音乐出版社,以出版音乐书刊、图谱为主,包括通俗的音乐读物、乐谱、中小学音乐教材及若干急需的高等音乐学校教材、有关民族音乐的资料和研究著作以及系统介绍苏联及其他国家重要音乐理论的书籍和作品。[1] 另一种是以原有公私合营出版社为基础,吸收有条件的私营出版社加入,如神州国光社、晨光出版公司、新文艺出版社等。1954年,新知识出版社吸收陈铭枢创办的神州国光社[2],将其出版业务、资金、稿源关系全部转入,撤销神州国光社名义。同年,晨光出版公司并入新美术出版社[3],将全部出版物的板型、原材料、器具、现金、存书售得款等各项财产移转新美术出版社。此外,促使同类性质的私营出版社合并同时公私合营,也成为一种重要的公私合营方式,如上海文化出版社等。为配合1955年启动的处理反动的、淫秽的、荒诞的书刊图画的全国统一行动,加强新通俗读物的出版供应工作,1955年,上海市出版事业管理处以四联出版社和公私合营新文艺出版社的通俗文艺编辑组为基础,由上海市出版事业管理处调配一部分干部做骨干,吸收文娱出版社、国光书店、戏学书局等组建上海文化出版社,以具有初中、高校文化程度的工农兵及学生、家庭妇女为主要读者对象[4],专门出版反映国家建设中各方面活动的通俗文艺作品、地方戏曲、旧说部、历史故事、文娱材料及有关文化生活上所需要的各类实用常识、工具图书。实现通俗读物出版的公私合营,改变了私营出版业在通俗读物市场中的优势地位。此外,实行公私合营的中小型私营出版业借

---

[1] 参见《文化部党组周扬关于将上海新音乐出版社改组为公私合营致中央宣传部的报告》(1954年10月19日),《中华人民共和国出版史料(1954年)》,中国书籍出版社1999年版,第546—547页。

[2] 参见《华东新闻出版局对陈铭枢投资经营的神州国光社的一般情况及其要求公私合营的处理意见的请示报告》(1954年6月23日),上海市档案馆藏档案,案卷号:A22—2—236,第86—91页。

[3] 参见《私营晨光出版公司并入公私合营新美术出版社方案》(1954年),上海市档案馆馆藏档案,案卷号:A22—2—236,第48页。

[4] 参见《筹建公私合营上海文化出版社方案》(1955年7月7日),上海市档案馆馆藏档案,案卷号:A22—2—346,第17页。

第四章
私营出版业的全面改造与结果（1953—1956）

鉴大型私营出版社改造经验，对原有人员采用包下来的办法，薪金待遇一律暂维原薪。在维持私营出版社原有董事会组织形式的同时，按照国营出版社的组织模式，废除总经理制，实行党委领导下的社长负责制。

新中国政府在对私营出版业实施分类改造的同时，在稿源、资金、印刷管理、编审制度等方面采取了各种限制措施，督促私营出版业积极主动参与到改造大潮中来。

第一，控制稿源，编辑出版权国家化。新中国成立初期，稿源缺乏成为出版工作中的普遍问题。由于极大部分能写作翻译的人忙于行政工作或其他业务，不能从事著译，以致著译力量十分薄弱，稿件缺乏。同时，某些机关限制工作人员从事著译，批评写稿拿稿费为"资产阶级思想"，可以从事著译的人畏惧批评，不敢从事。鉴于稿源紧张，1952年10月，第二届全国出版行政会议要求各地党组织加强对出版工作的领导，动员各业务部门帮助出版发行工作，但规定"共产党员所写的稿件应首先交国营出版社出版，只有国营出版社不能出版时才能交私营出版社出版"①，不再赋予私营出版社同等地位。1953年年底，中共中央宣传部在《关于成立通俗读物出版社的决定》中，更是明确要求"党员作家和翻译工作者的作品，应尽先交给国营或地方国营出版社出版"，通俗作品包括通俗文艺应"尽先交给通俗读物出版社或地方人民出版社出版，只有在国营或地方国营出版社无法出版时，经党组织同意后，交给正当的私营出版社出版"②。实际上，1951年，中南军政委员会新闻出版局已通令辖区内机关、团体、学

---

① 《出版总署党组书记陈克寒关于召开第二届全国出版行政会议情况向文委党组并报党中央的报告》（1952年11月8日），《中华人民共和国出版史料（1952年）》，中国书籍出版社1998年版，第313页。

② 《中央宣传部关于成立通俗读物出版社的决定》（1953年12月8日），《中华人民共和国出版史料（1953年）》，中国书籍出版社1999年版，第488页。

校、企业等组织的自编书籍"尽可能交给公营或公私合营出版社出版"①。出版总署并将此作为典型经验，抄发各地新闻出版局依据当地实情斟酌处理，实现机关、事业单位稿件集中于国营出版社。由于个人的单位化，社会稿件在现实生活中越来越少。

在严格控制稿源的同时，1954年3月30日，出版总署发布的《关于私商要求将国营出版物复制幻灯片及私营出版社要求出版国营杂志中所载作品处理办法》规定："国营、地方国营、公私合营出版社出版的画册、画报、连环画等出版物，不得供给私营幻灯厂商复制幻灯片，所出版的杂志上发表的作品，若出版单行本，也应尽可能交由国营、地方国营或公私合营出版社出版，原则上不应供给私营出版社出版。"② 1954年4月26日，出版总署发出通报，明令"各地机关、团体、学校、国营企业所有需要公开出版、发行的书稿，原则上应尽先交给国营、地方国营、公私合营的出版社出版，不应迳交私营出版社出版"③，从稿源上，对私营出版社的发展予以限制，通过人的单位化管理，将稿源加以严格控制。

第二，控制贷款，资金实行事业化管理。在私营出版业社会主义改造过程中，政府对私营出版社的贷款严加控制。针对19家私营出版社中14家在1953年向人民银行北京分行的贷款总数超过其全部资金总额的情况，1954年4月1日，北京市新闻出版处呈报出版总署，将控制贷款作为限制私营出版社投机的必要手段之一，要求"对于准备逐步淘汰的私营投机出版商，一律不予以贷款……对于正当的私营出版社的贷款，亦应有计划地进行，并严格监督和检查他们的用

---

① 《出版总署抄发中南新闻出版局对管理各机关、团体等自编书籍的建议的通知》（1952年1月17日），《中华人民共和国出版史料（1952年）》，中国书籍出版社1998年版，第4页。

② 《关于私商要求将国营出版物复制幻灯片及私营出版社要求出版国营杂志中所载作品处理办法》（1954年3月30日），北京市档案馆馆藏档案，案卷号：8—2—385。

③ 《出版总署关于机关、团体、学校、国营企业的书稿不应交私营出版社出版的通报》（1954年4月26日），北京市档案馆馆藏档案，案卷号：8—2—385。

第四章
私营出版业的全面改造与结果（1953—1956）

途"①。1954年4月21日，出版总署批复上述报告，要求各地出版行政机关参考北京的做法，主动与当地人民银行联系，研究今后掌握和控制私营出版社贷款的内部联系办法。中国人民银行总行为配合这一措施，要求各地分支机构"原则上对私营出版业以不予贷款为宜"②。即使准予贷款，事先应与当地出版行政机关联系，区别正当的或投机的私营出版业和发行业，分别对待，配合国家对私营出版业、发行业的社会主义改造。

与一般工商业的改造有所不同，私营出版社能够在短时间内平稳完成社会主义改造，主要是时代使然，是执政党、国家和私营出版商互动的结果。当然，从更深层的原因上讲，也是计划经济理念和文化资源国家化观念落实的结果。从私营出版社的角度看，新中国成立后，特别是过渡时期总路线公布后，随着社会主义改造的深入，私营出版社认识到出版工作不是一般商业买卖，有的转业，有的停止出版，更多出版社自动提出了公私合营申请。据上海书业公会反映，"有的出版社认为私营企业搞出版工作有困难，最好快快公私合营"③。1954年9月，一般私营出版物统由公私合营上海图书发行公司发行后，在其他限制措施下，私营出版社经营更为困难，以至于把私营企业和职工当作包袱看待的现象非常普遍。因此，当时私营出版社对公私合营以及政府批准经营困难企业歇业和解雇职工，说成是"解放了"④。如商务印书馆，当在京经理史久芸将公私合营申请获得出版总署原则同意的消息带回上海后，商务印书馆同人"咸以十二万分感奋的情绪表示拥护，并愿以最大的努力做好合营工作"⑤，渴望公私合营的心情

---

① 《关于北京市私营出版社向人民银行贷款的情况及今后对控制私营出版社贷款的意见》（1954年4月1日），北京市档案馆馆藏档案，案卷号：8—2—762。
② 同上。
③ 《书业一九五四年度总结报告》，上海市档案馆馆藏档案，案卷号：S313—4—2，第628页。
④ 同上。
⑤ 《商务印书馆申请公私合营的呈文及其七项建议》（1953年11月3日），《中华人民共和国出版史料（1953年）》，中国书籍出版社1999年版，第597页。

跃然纸上。

晨光出版公司是由赵家璧和老舍等人于1946年合资创办的有限责任公司，赵家璧任经理兼总编辑，1949年前以出版文艺类图书为主。赵家璧凭借其在良友图书公司丰富的编辑出版经验，出版了《晨光文学丛书》《美国文学丛书》等丛书，迅速成长为私营出版界的一朵奇葩。新中国成立后，据赵修慧回忆，赵家璧为新中国成立兴奋不已，为新中国每一个决策欢呼，愿意为新中国出力，认为自己是新中国的主人，甚至认为自己是一个党外布尔什维克。在1950年9月第一届全国出版会议提出公私合营要求未获批准后，针对当时尚无出版画册的专业机构的情况，赵家璧转向出版画库与通俗文艺图书，先后出版《新中国画库》《苏联画库》《人民民主画库》6辑139种画册，工厂文艺习作丛书27种，木刻连环图画6种、剪纸集1种①，取得了较好的经营业绩。但经历"五反"运动痛苦的自我斗争后，赵家璧更加期望早日改变资本家的身份，回到革命阵营里去。因此，1954年3月华东新闻出版处邀约商谈公私合营事宜时，他表现得"非常兴奋"②，完全接受公私合营的各项原则。同年4月，晨光出版公司并入公私合营新美术出版社。赵家璧则调入上海人民美术出版社，担任副总编辑兼摄影编辑室主任，享受13级干部待遇。对此，他不无兴奋地向家人宣布这一消息，"从明天起我就是国家干部了，上海出版界只有我一人，以知识分子的身份安排到国家出版社工作"③。以赵家璧为代表的一批原著名私营出版企业的负责人怀着"为新中国文化出版事业作贡献"的抱负，对私营出版业社会主义改造的顺利完成起到了非常重要的作用。对此，1979年6月15日，邓小平在全国政协五届二次会议上也特别指出，我国资本主义工商业社会主义改造胜利的取

---

① 参见赵修慧（赵家璧之女）：《老舍赵家璧合力办"晨光"》，《世纪》2004年第4期，第37页。
② 《新美术出版社与晨光出版公司会谈合并情况报告》（1954年3月12日），上海市档案馆馆藏档案，案卷号：A22—2—236，第49—50页。
③ 赵修慧（赵家璧之女）：《老舍赵家璧合力办"晨光"》，《世纪》2004年第4期，第37页。

得,"资本家阶级中的进步分子和大多数人在接受改造方面也起了有益的配合作用"[1]。

(二) 私营图书发行业改造的基本完成

1954年,全国私营图书发行业共约5000户,从业人员达1万多人,其中省会以上的38个大中城市约1700户,从业人员约5500人,而京沪两地最多,上海564户,北京253户。[2] 私营图书发行业包括批发和零售两类,批发又分第一手批发和转手批发。据统计,第一手批发商约234户,几乎全部集中在上海(北京有20户)。纯粹经营发行业务的主要有上海通俗读物联合书店、连环图画出版业联合书店、儿童读物出版业联合书店三家(即通联书店、连联书店、童联书店)。这三家书商经销上海103户私营出版社的出版物,实际上是其联合发行所。自1950年成立后,三家书店通过联系各地零售商,大量发展"特约经销户",至1954年,受三家控制和影响的转手批发商约50户,零售商约2700户,逐渐形成新华书店之外另一大发行系统。另外的231户第一手批发商大都是出版社兼营发行业务。转手批发商约200户,大都散布在各大中城市,其中约50家规模较大,多系向上海、北京的私营出版社和第一手批发商批入书籍,转批给中小城市、农村的零售店和摊贩,也直接经营零售业务。而零售商(包括零售店和摊贩)则约有5000户,散布在大中小城市和广大市镇,规模一般很小,除大中城市的少数零售商外,大部分是"自东自伙"的个体经济。因此,单从数量上看,私营发行力量在图书市场仍占据强大优势,成为私营出版物的主要发行渠道。此外在营业额上,私营发行业也是一支不可忽视的力量。据不完全统计,1953年第一手批发商的批销额约为2700亿元,占全国出版物总价的12%左右;零售商的营业

---

[1] 《新时期的统一战线和人民政协的任务》(1979年6月15日),《邓小平文选》(第2卷),人民出版社1983年版,第186页。

[2] 参见《中央宣传部转发出版总署党组关于改造私营图书发行业的报告》(1954年8月14日),上海市档案馆馆藏档案,案卷号:A22—2—236,第131页。季节性摊贩和兼营少量图书的商店、摊贩不在此列。

额约为 3500 亿元，占全国图书零售额的 17% 左右。[1] 因此，234 户第一手批发商和 200 户转手批发商以及散布各地的 5000 余户零售商成了 1954 年后私营图书发行业社会主义改造的对象。

过渡时期总路线提出后，新华书店在安排和改造私营发行业工作中存在急躁情绪，强调多方面限制私营书店的业务，不重视领导、利用和改造；强调行政命令，不重视业务竞赛；强调排挤，不重视安置。[2] 少数地方甚至出现企图迅速搞垮私营发行业的现象，如不许私商跨行跨业、不准私营发行业向私营出版社和私营图书批发商进货，而只准向新华书店进货。针对这种情况，1954 年 8 月，出版总署确立了"统一规划、分工负责、一面前进、一面安排"[3] 的改造方针，配合国家以出版业为重点的改造政策，私营发行业社会主义改造分类别、分阶段、有侧重地开展，依照不同的经济成分、业务性质、规模大小、经营作风，有区别地、有步骤地对私营批发商采取排挤方针，对于私营图书零售业，则注意领导、利用和改造，使其接受国营书店经营代销业务，逐步地成为国家发行网的一部分。总体而言，私营发行业的社会主义改造先侧重对私营图书批发业逐步进行排挤和改造，后开展对私营图书零售业租赁业的限制与改造。

1. 逐步排挤和改造私营图书批发商，控制批发业务

为进一步掌握私营出版物（货源），使其直接或间接地通过国营力量发行，扩大国营发行阵地，必须逐步割断私营出版社、批发商、零售商三者之间的联系。政府一方面发挥新华书店的作用，在北京、上海建立发行所，新华书店北京发行所总经售北京所有国营和公私合营以及少数私营出版社的图书，新华书店上海发行所总经售华东地区

---

[1] 参见《中央宣传部转发出版总署党组关于改造私营图书发行业的报告》（1954 年 8 月 14 日），上海市档案馆馆藏档案，案卷号：A22—2—236，第 131 页。季节性摊贩和兼营少量图书的商店、摊贩不在此列。

[2] 参见《关于 1955 年全国安排私营发行业的初步意见》，上海市档案馆馆藏档案，案卷号：B167—1—79，第 5 页。

[3] 《中央宣传部转发出版总署党组关于改造私营图书发行业的报告》（1954 年 8 月 14 日），上海市档案馆馆藏档案，案卷号：A22—2—236，第 131 页。

第四章
私营出版业的全面改造与结果（1953—1956）

所有地方国营以及原有的和新成立的公私合营出版社的图书。同时与商务印书馆、中华书局等约 10 家私营出版社订立总经售合同，掌握其全部出版物，对出版物质量平庸，但尚为部分读者需要，而予以暂时保留的私营出版社，建立一般的经销关系，掌握其一部分出版物，以此控制京沪两地公私出版社的出版物。此外，各地新华书店积极参加当地书业公会和工商业联合会的活动，加强对私营书店从业人员的社会主义教育[①]，阐明改造的意义和必然性，促其内部变革，主动配合国家对私营发行业的改造政策。另一方面，推动上海通联书店、连联书店、童联书店和重庆新渝图书公司等私营专业批发商公私合营。

1953 年申请核准营业中，按照《管理书刊出版业印刷业发行业暂行条例》规定，上海通联书店、连联书店、童联书店三店展开了进一步的整顿，股东出版社中有 30 家停业、转业，7 家仅有投资关系而无业务关系，19 家参加了公私合营出版社，其中参加新美术出版社的 17 家，参加少年儿童出版社的 2 家，发行关系也一并移转至新华书店。股东单位中尚在继续出版或有存书通过三店出售的单位仅余 77 家。因此，三店货源大为减少，营业逐渐缩小。1953 年三店营业额为 631 亿余元，盈余约 12.9 亿余元，而 1954 年第一季度营业额锐减至 98 亿元，比 1953 年同季的 194 亿元几乎减少一半[②]，仅能做到收支相抵，其中通联轧平，连联亏本，童联有盈。过渡时期总路线公布后，三店联名要求改组为公私合营，并通过上海市书业同业公会转请华东新闻出版局尽速考虑这一问题。就公方而言，上海作为私营出版业最为集中的城市，私营出版物由新华书店销售的仅占 20％，20％由通联、连联、童联三店批发给全国各地的私营零售书店或直接出售给读者，另外 60％则由出版社直接销售。[③] 私营出版业改造中，按照出

---

① 参见《新华书店安排和改造私营图书发行业的方针和办法》（1955 年），《中华人民共和国出版史料（1955 年）》，中国书籍出版社 2001 年版，第 95 页。

② 参见《华东新闻出版局改组上海市私营通联书店、连联书店、童联书店为公私合营发行企业的计划》（1954 年 5 月 18 日），上海市档案馆馆藏档案，案卷号：A22—2—236，第 66 页。

③ 同上书，第 67 页。

版分工专业化原则，公私合营后均实行出版、印刷、发行分工，各专一业，或专门出版某类图书，或转业印刷或发行。而新华书店则以有选择地销售公私合营出版社出版物的方式对私营出版社加以限制。因此，公私合营出版社出版物的发行需要专门发行机构负责。而三家公私合营，一方面可以配合新华书店掌握货源，控制图书发行市场；另一方面可逐渐切断私营出版社与图书零售商之间相当大一部分的直接联系，对私营出版物起限制作用，配合政府对私营出版社的整顿改造工作。因为与三店有业务往来的3300家贩卖商基本上专销私营出版物，所以形成了脱离新华书店的另一发行系统。公私合营后，可以利用三店原有的发行网络，团结、利用、改造私营零售商，扩大发行阵地，并逐步转变成新华书店发行网的一部分。

因此，在1953年年底调查研究基础上，1954年3月新华书店总店拟订了《改组上海私营通联书店、连联书店、童联书店为公私合营企业的计划》，随后华东新闻出版局邀请通联、连联、童联三店私股及职工代表协商公私合营的各项原则及进行步骤，形成《关于通联书店、连联书店、童联书店合并改组为公私合营上海图书发行公司的会谈纪要》（以下简称《会谈纪要》），作为三店公私合营的指导性文件。按照《会谈纪要》，1954年7月22日，在华东新闻出版局领导下，成立包括公私双方和职工代表参加的工作组，工作组除负责筹备新机构外，主要是以公私协商方式进行清产核资。同年8月31日筹备工作结束后，三店停止营业。经清产估值，三店资产净值为1.9亿余元，加上可收回的应收账款6.6亿余元（应收账款是三店资产的主要部分），三店私股全部资金为7亿余元。[①] 同年9月初国家注资5亿元，三店合并，改组为公私合营上海图书发行公司。公司设董事会，由公私双方组成（公方董事4人，私方董事5人），公方董事周天泽任董事长，毕青任公司经理，副经理为刘季康（原通联经理）、郭小丹

[①] 参见《华东新闻出版局向上海市委宣传部呈送的关于通联、连联、童联筹备改组工作中有关清产核资、组织机构、人事安排、职工福利及业务经营等情况的报告》（1955年1月8日），上海市档案馆藏档案，案卷号：A22—2—346，第3页。

第四章
私营出版业的全面改造与结果（1953—1956）

（原连联经理），经理室下设人事、秘书、会计、进货、批发、营业、栈务7科。1954年11月27日，董事会成立并举行第一次会议，通过清产核资方案。1954年12月11日，上海图书发行公司正式成立，在行政上受华东新闻出版局直接领导，业务上受新华书店上海发行所及新华书店上海分店指导。三店原有人员新机构全部包下来，工资待遇在合并改组后，一律维持现状。

公私合营后，三店不但在经济成分上由私有变为公私共有，而且根本任务也发生了变化，从原来专为其股东出版社推销图书的专业机构，改变为以发行上海私营出版物为主和发行一部分公私合营出版社出版物为辅的发行机构，协助新华书店加强对私营图书转手批发商和零售租赁业的进一步改造。上海图书发行公司除继续经售原三店股东出版单位出版物外，按照出版物质量高低与新华书店实行分工，"公营、公私合营及部分好的私营出版社出版物，由新华书店发行，私营出版社和某些公私合营出版社的出版物（适合通过公私合营发行机构来发行的），则通过上海图书发行公司发行"[1]。但就出版物质量的高低并未出台具体明确的衡量标准，因此就操作层面而言，公营与私营实质上就成了判断出版物质量高低的主要标准，"公与私"同出版物好与坏等量齐观。在这种理念指导下，新华书店通过上海图书发行公司逐步掌握私营出版物的发行渠道，进而把批发业务集中于国家直接管理的发行系统——新华书店和上海图书发行公司，减少私营出版社与零售商的直接联系。在经营方针上，上海图书发行公司以协助国营书店经营批发为主，门市、邮购为辅[2]，对三店原有的特约经销户关系（即转批户），采取逐步排挤收缩方针，使其逐渐转为专营零售，不做批发，减少二手批发商，将其发行关系转变为公私合营发行机构的直接往来关系，承担零售业务。在此基础上，上海图书发行公司一方面与更多的私营出版社建立总经售或经销关系，在进货和销货的尺度

---

[1] 《华东新闻出版局改组上海市私营通联书店、连联书店、童联书店为公私合营发行企业的计划》（1954年5月18日），上海市档案馆馆藏档案，案卷号：A22—2—236，第68页。
[2] 同上书，第69页。

上，比新华书店略宽，协助国营书店间接地掌握私营出版物。另一方面利用改造一手批发商所掌握的全国大中小城市 3300 家贩卖商，选择作风较好、有经营经验的作为基本经销户，主动向其发货，进一步扩大新华书店发行阵地，使私营图书零售业不得不向国营书店批销图书，进而接受国营书店领导。1954 年新华书店进货总额占全国图书出版总额的 98%[1]，几乎掌握了全部批发环节。由此，新中国政府基本实现了对公私出版物的统购，控制了广大私营零售业的货源，通过控制货源和掌握批发，稳定了图书发行市场，为进一步改造私营图书零售业创造了有利条件。

2. 开展经销代销业务，将私营零售商纳入国家计划发行轨道

在进一步控制货源和掌握批发的同时，1954 年出版总署对私营零售商采取弹性政策，一方面要求新华书店"积极地领导、利用和改造私营图书零售商"，增加对私营图书零售商的批发营业额，使其围绕国营书店经营代销业务，逐步地成为国家发行网的一部分。另一方面严格批销标准，要求新华书店对私营零售商的批发，以能维持其生计、并略有利润为准，强调扩大批发业务，"不等于扶植和发展私营发行业"[2]。这一政策的设想是既做到维持私营零售商的基本就业，减轻社会不安情绪，又借此加强新华书店与私营零售商的联系，扩大国营发行阵地，可谓一举两得。

但实际执行中并不尽如人意，发行市场上存在着"只挤不管"的现象，国家对私营零售商的改造政策并未得到切实贯彻。1954 年新华书店的零售比重虽有提高，由 1953 年的 82% 上升为 92%，但对私批发方面指标一减再减，仅完成 607 万元（1953 年新华书店对私营书店的批发额完成 687 万元，仅占全国营业额的 3.3%），全国私营图书发

---

[1] 参见《中央宣传部转发出版总署党组关于改造私营图书发行业的报告》（1954 年 8 月 14 日），上海市档案馆馆藏档案，案卷号：A22—2—236，第 133 页。
[2] 同上书，第 134 页。

第四章
私营出版业的全面改造与结果（1953—1956）

行业的营业额较 1953 年猛跌约 50%①，不少私营书店已呈摇摇欲坠之势。据统计，1954 年全国私营图书发行业（包括兼营发行业，不包括租书业和季节性的摊贩）约 3500 户，从业人员 8000 人，其中营业困难急需加以安排者约为 4000 人。即使情况较好的北京，全年营业额平均也降低了 39%，97 户中尚略有盈余的 52 户，亏损的 45 户。②这主要因为在改造私营零售商中，笼统地把私营发行业从业人员看作资产阶级，不加分析地"怕沾边""怕发展资本主义"，盲目排挤，致使在实现出版物"统购"后，却不实行"统销"。故此，"统购独销"局面导致大部分"自东自伙"的私营图书零售业因无法维持而歇业、转业，失业现象非常严重。

　　为有效安排私营图书发行业和协助安排私营租书业，迅速扭转图书发行市场上的紧张形势，遵照中央提出的"统筹兼顾、全面安排"方针，1955 年年初文化部出版事业管理局要求新华书店负责安排图书发行市场，承担所有私营发行业的改造任务。对专营的私营图书发行业和图书租赁业（不论经营新书旧书）的改造坚持"全面安排，争取不再让一家歇业、一人失业"③。私营图书发行业和租赁业得到全面改造和妥善安排前，新华书店"一般地不发展零售业务"④，积极发展批发业务，充分利用和改造私营零售商，指导和协助私营书刊租赁业改营或兼营发行，以省会以上城市的新书业和租书业为重点，开展批销、经销和代销业务，一般不采用公私合营方式，以保障私营发行业足以维持经营和生活的零售额。为加强对私营发行业安排和改造工作的管理，1955 年，新华书店专设"第二办公室"，抽调干部分赴十大

---

　　① 参见《1954 年出版工作基本总结和 1955 年方针任务（草案）》，《中华人民共和国出版史料（1955 年）》，中国书籍出版社 2001 年版，第 7 页。
　　② 参见《关于 1955 年全国安排私营发行业的初步意见》，上海市档案馆藏档案，案卷号：B167—1—79，第 6 页。
　　③ 《1954 年出版工作基本总结和 1955 年方针任务（草案）》，《中华人民共和国出版史料（1955 年）》，中国书籍出版社 2001 年版，第 11 页。
　　④ 《文化部党组关于加强对于私营文化事业和企业的领导、管理和改造的请示报告》（1955 年 3 月 4 日），《中华人民共和国出版史料（1955 年）》，中国书籍出版社 2001 年版，第 129 页。

城市，协助安排改造私营书店。制定《新华书店安排和改造私营图书发行业的方针办法》，积极扩大书刊供应范围，指导1955年私营图书发行业改造工作。

新华书店改造私营零售商的主要措施有：（1）将省会以上城市私营新书店改为代销店，兼营的新书店全部改为经销店，一律挂牌营业，订立经销代销合同，加强管理。（2）对建有经销或代销关系的私营发行业，以能够维持经营和生活为标准的营业额，作为内部控制数字，并通过同业公会、企业工会和日常业务关系，加强教育监督。（3）扩大批发业务，以维持私营发行业一定的营业额。第一，保证货源，尽量满足私营发行业所需的品种和数量。第二，实行"三让"[①]政策，即让出一定品种的书籍，在一定地区，新华书店对让出的品种，不再办理门市零售；让出部分营业时间，每周营业七天的门市部在星期一至星期五五天内，选择一天停止营业，平日不再延长营业时间；让出部分发行阵地，控制新华书店发行网的发展，增设销货据点严格限于没有私营书店而又必要的工矿地区、新扩展的市区、新建设的农林区、偏远地区及少数民族地区。第三，扩大部分书籍品种的批零差价。针对新华书店对私批发图书的批零差价太低问题，为配合组织私营发行业实行代销、经销或批销，1955年6月10日，文化部发布关于调整一部分图书批零差价的通知，扩大连环图画、年画、宣传画、肖像画、画片、历书、地图出版社出版的全部挂图以及宝文堂书店和通俗文艺出版社出版的小说、戏曲、唱本等的批零差价，新华书店对私营图书发行业的图书批发折扣一律由8折改为7.5折[②]，鼓励私营零售业推销图书的积极性。

在上述一系列措施下，私营图书零售业和租赁业情况有所好转，1955年对私批发额逐步上升，90%的店户已达到或超过（少数）维持

[①] 《新华书店安排和改造私营图书发行业的方针和办法》（1955年），《中华人民共和国出版史料（1955年）》，中国书籍出版社2001年版，第98页。

[②] 参见《文化部关于调整一部分图书批零差价的通知》（1955年6月10日），《中华人民共和国出版史料（1955年）》，中国书籍出版社2001年版，第178页。

经营和生活的标准。① 但实际中存在着"脱批",未能充分保证私营发行业货源的现象,在这些问题未得到有效解决时,随着社会主义改造高潮,文化部出版事业管理局提出 1956 年的改造计划,对全国各城市的私营新书店和古旧书店(1413 家)实行全行业公私合营,对全部书摊书贩(975 家)用组织合作小组或仍旧以代销经销的办法进行进一步的改造。② 通过全行业公私合营形式,在 1955 年底至 1956 年年初,快速完成私营零售商的社会主义改造。

3. 私营租赁业的体制化

私营图书租赁业的社会主义改造主要是结合处理反动的、淫秽的、荒诞的书刊图画而展开的。1955 年 7 月 22 日,发布《国务院关于处理反动的、淫秽的、荒诞的书刊图画的指示》,要求"必须把处理有毒害图书的工作与对租书铺摊和有关行业(包括私营出版业、印刷业、发行业、照相业)实行社会主义改造的工作结合起来",对一般租书铺摊,采取"加强管理、利用、改造和限制发展"③ 的方针,以一定的形式和方法加以组织,逐步改变其租赁的图书内容,发展成为国家领导的流通图书场所。同时,通过行政法规,限制新租书铺摊的设立和登记。1955 年 7 月 20 日,国务院批转《管理书刊租赁业暂行办法》,规定"凡经营报纸、期刊、书籍、画册、图片租赁业务的店铺摊贩,不论专营、兼营,不论已否领有营业许可证,都必须重新向当地文化行政机关申请核准营业,经文化行政机关核准发给营业许可证后,凭许可证向当地工商行政机关登记,领取营业执照,始得营业"④,将书刊租赁业的设立、变更牌记、转业、合并、停业、歇业、变更营业负责人以及营业范围、地点等全部纳入各级文化行政机关和

---

① 参见《1955 年出版工作基本总结和 1956 年出版工作计划纲要》,《中华人民共和国出版史料(1955 年)》,中国书籍出版社 2001 年版,第 417 页。
② 同上书,第 422 页。
③ 《国务院关于处理反动的、淫秽的、荒诞的书刊图画的指示》(1955 年 7 月 22 日),《中华人民共和国出版史料(1955 年)》,中国书籍出版社 2001 年版,第 200 页。
④ 《管理书刊租赁业暂行办法》(1955 年 7 月 20 日),《中华人民共和国出版史料(1955 年)》,中国书籍出版社 2001 年版,第 205 页。

文化行政机关管辖范围内。在核准尺度上，对新申请营业的实行"限制发展"① 政策，对原有租书铺摊"放宽尺度，除极少数必须淘汰外，一般均核准营业"。对《管理书刊租赁业暂行办法》公布后申请开业的，一般不予核准。由于私营图书租赁业情况复杂，有坐商、有摊贩，户数分散，从业人员老弱病残居多，资金极微，难于集中也不宜太集中。据此，在限制私营租赁业新增数量基础上，对原有私营租赁业的改造，1956年1月文化部下发通知，要求各省市"因地制宜，采取多种多样的形式和方法，不强求一律"②，各地根据当地私营租赁业的具体情况，同疏散城市人口、安排劳动就业等工作相结合，将安排和改造私营图书租赁业列为城市社会主义改造工作全面规划的一部分。

  按照国务院和文化部的相关指示，上海市文化局在处理反动的、淫秽的、荒诞的书刊图画告一段落后，开始集中办理书刊租赁业核准登记工作，截至1956年4月6日，上海市已办理登记的书刊租赁业共2357户，其中，连环画出租摊2253户，占95.6%，小说出租摊104户。③ 为充分发挥私营租赁业扩大书刊流通范围、拓展国营发行阵地的作用，上海市文化局采取"加强管理、利用改造、限制发展的方针"④，加强私营租赁业的组织化管理。第一，严把核准营业关。严格控制新设书摊的发展。对一般摊户（80%左右）基本上仍维持其独资经营、分散租赁、各计盈亏、自食其力的形式。对其中具有一定条件的摊户（15%左右）逐步组织成为合作租书小组或转为里弄租书站等。对政治历史清楚具有特殊技能的或具有一定工作能力的人（5%左右），则逐步予以安排转业。第二，区别情况，分类指导。对已核

---

  ① 《文化部有关处理反动、淫秽、荒诞图书工作中若干问题的规定》（1955年7月23日），《中华人民共和国出版史料（1955年）》，中国书籍出版社2001年版，第208页。
  ② 《文化部关于改造私营图书租赁业的通知》（1956年1月19日），《中华人民共和国出版史料（1956年）》，中国书籍出版社2001年版，第7页。
  ③ 参见上海市处理反动、淫秽、荒诞书刊图画联合办公室《上海市文化局对本市书刊租赁业进行社会主义改造的方案（初稿）》（1956年4月6日），上海市档案馆馆藏档案，案卷号：B9—2—2，第1页。
  ④ 《上海市文化局对本市书刊租赁业进行社会主义改造的方案（初稿）》（1956年4月6日），上海市档案馆馆藏档案，案卷号：B9—2—2，第2页。

第四章
私营出版业的全面改造与结果（1953—1956）

准营业的书刊租赁业，分区按地段，在区委文化科领导下建立行业小组。行业小组协商划分经营地区范围，统一议定租价，根据互利原则，进行互助，如统一采购新书，互相调剂品种，累积互助基金等。并定期进行政治文化学习，如读报活动与识字活动。新华书店与行业小组建立批售关系，给予优惠折扣。而所在地公共图书馆、文化馆则有重点地进行业务辅导，协助其宣传图书、组织读者。第三，组织有条件的摊户建立合作租书小组、合作租书商店，集中资金，扩大图书品种，发挥图书流通能力。摊户参加合作租书小组或商店采取自愿原则，但要有一定的资金和图书，经营场所要比较适宜集中，且合作小组或商店中有一定数量的积极分子。合作小组或商店还必须建立比较完善的制度和管理办法，保证实现增收，以增强对其他私营书刊租赁业的吸引力。此外，组织某些摊户成立里弄租书站，接受居民文教组织具体领导，丰富里弄文化生活并配合里弄文教组织进行扫盲工作。第四，办理歇业转业。结合城市人口紧缩及劳动就业和行业合理安排等凡在农村有土地并有条件回乡参加农业生产的，安排返乡。有其他收入，不设摊对生活影响不大的，则办理歇业转业。而具有特殊技能的或有一定工作能力的人则逐步吸收参加工作。

　　上述改造措施实现了对条件较好的书刊租赁业的安排和改造，但大多数"本小微利，吃着不够"的书刊租赁业由于资金不足，无钱购置新书，处于半失业状态。为此，1956年7月20日，文化部下发通知，要求各省、自治区、直辖市文化局及出版局，新华书店总店以及上海出版处，人民美术出版社安排专项救济资金，对困难户给予必要的生活救济。同时增加出租的图书品种，对适合出租的图书品种给予书价上的折扣优惠，并推广成都成立国营租书商店的成功经验。成都市采取"统一管理、分散经营、各计盈亏"①的办法，通过国营租书商店的形式，租书铺摊分次付款向租书商店租书，解决其无钱购买新

---

① 《中华人民共和国文化部关于抓紧对图书租赁业进行安排和救济的通知》（1956年7月20日），上海市档案馆藏档案，案卷号：B9—2—2，第124页。

书的困难，以此全部控制了租书业的货源，加强对租书业的领导和管理。

纵览全国各地的实践经验，私营书刊租赁业的社会主义改造主要采取了以下几种办法：第一，政府组织国营租书商店，购置一些适合租书铺摊读者需要的图书，供给书铺书摊，租给读者。租书公司或租书商店向租书铺摊收取一定的折旧费。第二，租书铺摊自愿组织联合租书店或租书合作小组，采取统一管理，分散经营办法，实行资金和图书的内部调剂和流转，政府则加强对联合租书店和租书合作小组的领导。第三，新华书店同书铺书摊建立代销、经销关系，使租书铺摊实际上转业发行，成为国家发行网的一部分。第四，吸收一些具备必要条件的人员到书店、图书馆、文化馆、文化站、郊区农村俱乐部、农村文化货郎担等工作。第五，在自愿原则下，动员在农村有土地房室的，回乡生产或动员有劳动力者，移民垦殖。随着私营图书批发商、零售商和租赁业改造的逐步完成，新华书店在全国发行领域确立起独尊独大的主渠道地位，私营发行力量逐渐退出图书市场。

（三）私营印刷业公私合营的完成

国民经济恢复时期，对私营印刷厂的委托印制政策，刺激私营印刷厂纷纷扩大设备，一部分原承印零件的印刷厂也转业书刊印刷，造成私营印刷生产能力激增。加之新中国成立后，政府机关、人民团体的各业务系统为满足自身需要，盲目地建立印刷厂和增加印刷生产设备，导致全国印刷生产力过剩。据出版总署1953年的调查，全国书刊印刷生产力全年剩余约30％（唯北京略紧）。[①] 因此，印刷生产力过剩也成为促进私营印刷业社会主义改造的动因之一。为完成《出版总署第一次出版建设五年计划（草案）》中提出的"充分利用并逐步改造私营印刷厂和装订厂"[②] 任务，1953年年底，出版总署开始制定

[①] 参见《出版总署关于制订防止盲目发展书刊印刷办法向政务院文委的请示》（1953年6月12日），《中华人民共和国出版史料（1953年）》，中国书籍出版社1999年版，第334页。

[②] 《出版总署第一次出版建设五年计划（草案）》（1953年2月7日），《中华人民共和国出版史料（1953年）》，中国书籍出版社1999年版，第69页。

第四章
私营出版业的全面改造与结果（1953—1956）

实施新的纸张分配办法，实施按出版计划统一订购和分配纸张的办法，执行优先采取国产纸的原则（达70%以上），停止对任何私营出版社按调拨价配售纸张（调拨价1952年年底比市价低30%）。[1]

此外，为配合《出版总署全国出版建设五年计划大纲》的实施，解决印刷生产力过剩问题，除对印刷厂扩建及印刷设备的增购实行严格行政审批手续外，国家加大了对私营印刷业的限制。第一，严格对委托印制的管理。规定中央一级出版社"如需托外地印制的印刷任务，应事先向出版总署印刷管理局提出印刷计划，由印刷管理局指定承印地区，开具介绍函件，由当地出版行政机关分配承印的印刷厂"[2]，从而加强了对私营印刷厂委托印制业务的控制和管理，改变了以往国营出版社自主决定委托印制的方式。第二，先公后私分配印刷任务。1953年6月29日，出版总署印刷管理局主持召开的各大区新华印刷厂厂长会议对出版行政机关统一调度印刷生产力，确立了"先公后私"[3] 原则。这种处理公私关系的原则，实际上是采纳了陈克寒1953年4月9日呈送中共中央的《关于防止印刷生产力继续盲目发展和合理地使用现有印刷生产力的报告》中的观点，即主张"在分配书刊印制任务时，不能使私营印刷厂一点没有活干，但也不能因为照顾私营，而使公营印刷厂的生产力大量闲置起来，以致肥私损公"[4]。对统一调度印刷生产任务的原则，出版总署在1954年出版事业计划中更明确规定为"先公后私、公多于私"[5]。并确定以北京、上海、汉口

---

[1] 参见《出版总署党组小组关于1953年出版工作情况和今后方针任务的报告》（1953年12月5日），《中华人民共和国出版史料（1953年）》，中国书籍出版社1999年版，第650页。

[2] 《出版总署关于中央一级出版社委托北京以外地区印刷厂造货问题的几项规定》（1953年6月12日），《中华人民共和国出版史料（1953年）》，中国书籍出版社1999年版，第336页。

[3] 《出版总署党组小组关于印刷工作问题的报告》（1953年8月8日），《中华人民共和国出版史料（1953年）》，中国书籍出版社1999年版，第448页。

[4] 《关于防止印刷生产力继续盲目发展和合理地使用现有印刷生产力的报告》（1953年4月9日），《中华人民共和国出版史料（1953年）》，中国书籍出版社1999年版，第158—159页。

[5] 《中央人民政府出版总署1954年出版事业计划》（1954年1月8日），《中华人民共和国出版史料（1954年）》，中国书籍出版社1999年版，第17页。

为重点，对私营印刷厂进行分类排队，有计划、有组织地委托印制，通过这种承印关系，进行严格监督。

过渡时期总路线提出后，出版总署在1953年出版工作情况和今后方针任务的报告中指出，要"有计划有组织地委托印制，逐步将其纳入国家计划化的轨道"①。1954年，国家对私营印刷业的社会主义改造先从条件比较成熟的印刷厂开始，采取分别对待的政策，有计划地进行。② 首先，组织有条件承印书刊的印厂联营、合并，接受国家出版社的委托加工，为公私合营创造条件。不具备承印书刊条件的零星小户，则由地方工业部门根据社会需要，有的转业，有的承担社会零件印刷。其次，对于历史悠久、规模较大、技术设备良好的印刷厂，如上海商务印书馆印刷厂、中华书局印刷厂、北京京华印书局等，在印刷厂自愿申请合营后，由出版总署派出领导骨干，改组为公私合营企业。经过改造，截至1954年年底，在30个大中城市中，私营书刊印刷厂（零件印厂不在内）还有732家，年铅印生产力约占全国的10%，年胶印生产力占全国的39%左右。③

1954年，在"先公后私、公多于私"原则下，私营印刷业的公私合营和委托印制的推行，虽然在改变印刷业所有制上取得了成效，但出现了不少私营印刷厂无生意、以卖机器卖铅字度日的现象。为扭转这一局面，1955年，在总结加工订货经验、加强对私营印刷厂指导基础上，进一步改进对私营书刊印刷业印刷任务的调配办法，要求做到"大城市的私营印刷厂基本上可以稳定下来，不倒闭，有活干"④，因此确定了"统筹兼顾、全面安排"的改造方针。文化部党组制定组织

---

① 《中共中央批发出版总署党组关于1953年出版工作情况和今后方针任务的报告》（1954年1月16日），《中华人民共和国出版史料（1954年）》，中国书籍出版社1999年版，第2页。

② 参见《1954年出版工作基本总结和1955年方针任务（草案）》，《中华人民共和国出版史料（1955年）》，中国书籍出版社2001年版，第4页。

③ 参见《文化部党组关于加强对于私营文化事业和企业的领导、管理和改造的请示报告》（1955年3月4日），《中华人民共和国出版史料（1955年）》，中国书籍出版社2001年版，第124页。

④ 《1954年出版工作基本总结和1955年方针任务（草案）》，《中华人民共和国出版史料（1955年）》，中国书籍出版社2001年版，第11页。

私营书刊印刷厂委托印制的管理办法,规定:"凡在省会以上城市委托私营印刷厂印制书刊的,须通过市文化局或出版处介绍和安排。"[①]同时,鼓励稍具规模的私营书刊印刷厂实行联营或合并,改进生产组织和管理方式。对个别规模较大、技术较好的私营印刷厂,实行公私合营。受社会主义改造高潮的推动,私营书刊印刷厂的改造在1955年下半年加速进行,改变之前的委托印制、联营合并、公私合营等多种改造方式,实行全行业公私合营,1956年年初即全部改造完成。

公私合营后的私营出版业,从运营到管理实质上已经与国营出版社无异(与其他公私合营企业一样,因股东继续拿定息,所以还不是形式上完全的国营出版社,但这一点只具象征意义)。至1956年6月,国家基本完成对私营出版业、印刷业、发行业的社会主义改造。私营出版业、印刷业、发行业通过公私合营方式,成为实质上的国营企业,国家不再允许私营出版、印刷、发行力量的存在。出版业作为一种文化事业,基本上形成了公有制一统天下的所有制结构。

三 私营出版业改造的结果

1956年私营出版业社会主义改造基本完成后,出版、印刷、发行领域的私营力量逐步退出,真正实现了出版资源的国家化,书刊出版、印刷、发行完全由国家掌握。由此,相比民国时期私营出版业的多元格局及其运作模式,新中国出版业在体制、机制上都发生了巨大变化。

(一)出版中心的北移

私营出版业社会主义改造的结果之一,就是出版中心北移。北京

[①]《文化部党组关于加强对于私营文化事业和企业的领导、管理和改造的请示报告》(1955年3月4日),《中华人民共和国出版史料(1955年)》,中国书籍出版社2001年版,第129—130页。

由于政治、经济地位的特殊性，成为新中国的出版中心，而民国时期的出版中心——上海，逐渐地方化。

首先，上海出版业的地方化。清朝末年起，上海凭借其对外通商口岸的地理优势，在西方先进出版管理理念和印刷技术熏陶下，孕育出一批如商务印书馆、中华书局等现代化的综合性出版企业，成为近代中国的出版中心。特别是"五四"运动后的20世纪二三十年代上海相继出现一大批新兴出版机构，在30年代形成出版界的"黄金时代"。仅商务印书馆、中华书局、世界书局三家1934年就出版新书3786种，占全国出版物的61%。历史最高年份是1936年，出版新书6717种，占全国出版物的71%。① 新中国成立初期，上海仍占据出版业中的主导地位。据统计1952年10月上海有321家私营出版社，占全国375家的85%以上。② 而到1955年上海各出版社共出版了书籍、画册、画片5496种，2.3亿余册，仅占全国书籍出版的22%。③ 至1956年3月，上海只剩下10家国营和公私合营出版社④，包括上海人民出版社，出版政治书籍；上海人民美术出版社，出版连环画、宣传画和照片画册；新文艺出版社，出版中国和外国文学作品；新知识出版社，出版文化教育读物；上海画片出版社，主要出版年画；上海科学技术出版社，出版综合性科学技术读物；上海卫生出版社，出版医药卫生读物；教育图书出版社，出版教育图片和画册以及影印图书出版社。每家出版社基本上只出版一种类型的图书，完全丧失了其在近代中国的出版中心地位。

除出版社数量锐减外，上海出版社的出版业务也存在着很大的局限，如某些中央级出版社将在沪出版社作为其副牌，将某些质量不高的出版物移交上海出版。因此随着私营出版业社会主义改造的完成，

---

① 参见宋原放《出版纵横》，上海人民出版社1998年版，第40页。
② 参见《整顿上海私营出版业方案》（1953年12月），《中华人民共和国出版史料（1954年）》，中国书籍出版社1999年版，第81页。
③ 参见万启盈（上海市人民委员会出版事业管理处副处长）《改进出版工作，贯彻"百家争鸣"的方针》（1956年4月），上海市档案馆馆藏档案，案卷号：B167—1—122，第9页。
④ 同上。

上海的近代出版业中心地位迅速被新中国首都北京所取代，在全国的出版格局中，上海被彻底地"地方化"①。

其次，北京成为新中国出版中心。私营出版业社会主义改造完成后，据统计，1956年7月全国公营和公私合营出版社共105家，其中中央一级出版社47家，包括14家副牌，地方出版社42家（副牌2家）。② 在地方除上海有诸如新知识出版社、新文艺出版社、上海卫生出版社、上海画片出版社、科学技术出版社等几家专业出版社外，其他省份则主要是1951年由新华书店划分而组建的各地人民出版社。因此，新中国的各类专业出版社主要集中在首都北京，不仅在数量上占优势，在专业划分上，任何地方省份也难以望其项背。在北京的出版社覆盖社会科学、文化教育、文学艺术以及科学技术等各个领域，并与各部委建立专业对口关系。1956年11月在文化部召开的改进出版工作座谈会上，王任叔就曾指出"出版社是否过于集中在北京了"③？至1957年9月北京地区图书出版单位（包括副牌）共有72家④，全部为国营或公私合营性质，无一私营出版机构，除接受文化部出版事业管理局（1954年11月出版总署撤销，相关业务转入文化部出版事业管理局）的行政领导外，业务上都有各自的领导机关。既有综合性出版社，如人民出版社，也有专业性出版社。在1980年以前，北京在出版上的优势地位一直未有改变。1982年以前，北京地区出版社的数量超过其他地区出版社数量的总和。

（二）市场的萎缩与计划出版体制的确立

民国时期私营出版业是在市场经济条件下开展自由竞争，出版企业实行产业化运作，运用股份公司制形式，进行社会融资。1949年

---

① 周武：《从全国性到地方化：1945年至1956年上海出版业的变迁》，《史林》2006年第6期，第72页。

② 参见《全国出版社名单》（1956年7月21日），《中华人民共和国出版史料（1956年）》，中国书籍出版社2001年版，第195页。

③ 《文化部召开改进出版工作座谈会纪要》（1956年11月22日、23日），《中华人民共和国出版史料（1956年）》，中国书籍出版社2001年版，第302页。

④ 参见北京市地方志编纂委员会《北京志·出版志》，北京出版社2005年版，第146页。

后，随着私营金融业社会主义改造的提前完成，私营出版业融资渠道受阻。特别是社会主义改造完成后，各出版社、印刷厂、书店严格按照国家计划进行生产，自由竞争市场逐渐萎缩，这也成为私营出版业社会主义改造的另一种重要结果。

解放战争时期，面对国民政府压制出版自由的种种做法，中国共产党利用在国统区创办的《新华日报》，阐发出版主张，要求出版自由。指出"出版是文明的指标，但文明国决不以其政府出版物而自豪，文明国常以民间出版事业之兴盛而自豪，常以其民间出版物的品质之优良、种数与数量之众多而自豪"①。主张解除对民营出版业的一切束缚，给予其在纸张、印刷、交通运输各方面的自由，"以出版自由实现出版业的繁荣发展"②。这种"出版自由"观强调的是民间资本参与出版业，在同台竞技中，实现合理的多元化的出版格局。

1949年后，对"出版自由"的解读更多地受到了苏联经验的影响。1917年11月，列宁在《关于出版自由的决议草案》中指出："出版自由就是使报刊摆脱资本的控制，把造纸厂和印刷厂变成国家的财产，让每一个达到一定人数（如1万人）的公民团体都享有使用相当数量的纸张和相当数量的印刷劳动的同等权利。"③由此，出版资源国家化原则成为苏联社会主义出版体制形成的指导原则。依循这一原则，新中国政府将出版业作为事业而不是产业经营，认为"出版工作是思想教育工作，必须逐步做到完全由国家领导和掌握"④。为实现出版资源国家化和资产的公有化，出版总署一方面积极地发展国营出版力量，另一方面对私营出版业实施利用、限制和改造政策，全面推行

---

① 何思敬：《出版法应是民间出版事业的自由保障书》，笑蜀编《历史的先声——半个世纪前的庄严承诺》，汕头大学出版社1999年版，第157页。

② 《以出版自由繁荣出版业：解除精神匮乏的不二法门》（原题《出版业的危机》，《新华日报》1945年6月26日），笑蜀编《历史的先声——半个世纪前的庄严承诺》，汕头大学出版社1999年版，第190页。

③ 《列宁全集》（第26卷），人民出版社1984年版，第264页。

④ 《陈克寒致习仲勋并政务院文委党组、中央宣传部并黄洛峰和出版总署党组小组》（1953年4月18日），《中华人民共和国出版史料（1953年）》，中国书籍出版社1999年版，第165页。

第四章
私营出版业的全面改造与结果（1953—1956）

出版计划化，在出版工作上形成了一些新的创见，这主要表现在：

第一，将出版的政治宣教功能上升为国家政策。新中国建设蓝图中，图书出版是"党和国家对人民进行政治、思想、文化教育的工具，是思想战线上有力武器之一"①。将出版工作看作政治工作，而且是"非常了不起的、头等重要的政治工作"②，成为党和政府要求各级政府机关和出版单位重视出版工作的第一要义。为适应国家建设的各项需要，国家逐步加强对各级干部和各阶层、各行业人员广泛而系统的政治思想教育，因而开展思想教育所需的马克思主义类书刊被看作"教育工作的重要武器之一"③，宣传马克思主义成为出版工作的第一要务。对此，胡乔木指出："各出版社都要有宣传马克思主义的专门计划，人民出版社是以出版政治读物为主，固然要有这样的计划，其他如人民文学出版社、人民美术出版社、工人出版社、青年出版社、各地方出版社等，也都应该有这样的计划。甚至每一个刊物，无论是财经刊物、工业刊物，不管是什么性质，都应该宣传马克思主义。"④出版马列主义经典和通俗著作成为1950年国营出版社的主要任务，甚至要求"把马克思列宁主义和毛泽东思想融化在一切出版物里头。不问深的浅的，不问讲的什么东西什么事情，都要贯彻着马克思列宁主义和毛泽东思想，即使是初步认字的《三字经》也得如此"⑤，把出版工作突出政治推至无以复加的境地。当年政治运动的学习读物也主要是马列主义经典著作，特别是毛泽东著作以及党和政府的文件法令。由此，新中国成立至1956年，我国出版的图书在品种、数量和

---

① 《中央宣传部批准出版总署党组关于整顿和改造私营出版业的报告》（1954年8月15日），《中华人民共和国出版史料（1954年）》，中国书籍出版社1999年版，第469页。

② 《第一届全国出版行政会议的结论》（1951年9月4日），《中华人民共和国出版史料（1951年）》，中国书籍出版社1996年版，第309页。

③ 《为提高出版物的质量而奋斗》（1951年8月27日），《中华人民共和国出版史料（1951年）》，中国书籍出版社1996年版，第217页。

④ 《改进出版工作的几个问题》（1951年8月28日），《中华人民共和国出版史料（1951年）》，中国书籍出版社1996年版，第246页。

⑤ 《第一届全国出版行政会议的结论》（1951年9月4日），《中华人民共和国出版史料（1951年）》，中国书籍出版社1996年版，第311页。

内容方面都出现了新的变化。其中最显著的是马克思、恩格斯、列宁、斯大林、毛泽东经典著作有计划地大量出版。1953年起，国家有计划、有步骤、系统地重新组织翻译出版马克思、恩格斯、列宁、斯大林的全部著作。据统计，从1949年10月至1956年，马克思、恩格斯、列宁、斯大林著作共计出版241种，印行2700多万册，而毛泽东著作出版了48种，印行6200多万册。① 这类配合政治运动、学习运动的图书之所以数量大主要还在于被重版再版的次数多，如为纪念中国共产党建党30周年出版的《中国共产党的三年》，在1951年7月一个月中，全国印了12版250万册。② 而在配合政府政策宣传方面，成绩更为突出。在新中国三大政治运动——抗美援朝、土地改革、镇压反革命运动中，宣传解释三大政策的出版物出版了约1000种，其中以抗美援朝为主题的约900余种，配合镇压反革命运动的约80种，配合土地改革运动的约50种。③ 在配合思想政治运动中，出版业所起的作用曾被形象描述为"思想战线的武库，以大量的武器装备了一切干部与学习人员"④。

在这种背景下，宣传党的政策成为政治出版社的主要任务。据时任上海人民出版社副社长兼总编辑宋原放回忆，作为地方国营政治出版社，1951年上海人民出版社成立后，恰值《惩治反革命条例》发布，中央要求大力宣传，让人人都知道。上海人民出版社立即行动，组织力量，编写了三本书——图解本（以图为主，配以极简明的文字注音、释义）、讲话、说唱。图解本以《解放日报》上发表的"条例"插图为基础，请作者补画或修改，逐条加上注音和释义。由华东局宣传部审定发稿后，一个月内就发行了600万册，总共发行900万册。后被作为宣传党的政策的创新方式，参加中宣部主持召开的通俗读物

---

　① 参见方厚枢、魏玉山《中国出版通史》（中华人民共和国卷），中国书籍出版社2008年版，第67页。
　② 参见《为提高出版物的质量而奋斗》（1951年8月27日），《中华人民共和国出版史料（1951年）》，中国书籍出版社1996年版，第218页。
　③ 同上书，第219页。
　④ 叶圣陶：《叶圣陶集》（第17卷），江苏教育出版社2004年版，第312页。

第四章
私营出版业的全面改造与结果（1953—1956）

出版工作会议，做总结发言。上海人民出版社用图解方式出版宣传解释政策法令的通俗读物的成功经验，胡乔木将其总结为"字大、图多、定价低"①，以典型经验加以推广。

1950年将图书出版看作"社会政治表达工具和教育引导工具"，突出强调出版工作的意识形态属性，强调中国共产党对人民群众的思想教育工作许多方面要依靠书籍去进行。在阶级斗争主导社会话语权的情况下，甚至认为"思想阵地，社会主义不去占领，资本主义就会去占领，资产阶级正在力图通过书籍的出版发行去影响劳动人民的思想和生活，这在私营出版业存在的情形下，特别值得注意"②。由此，将加强宣传社会主义思想书籍的出版发行作为"文化战线上的严重的政治任务之一"加以对待。在这种背景下，忽视了出版的文化属性和商业属性，随着社会主义改造的基本完成，出版工作的政治宣教功能逐渐被极端化，商业属性则成为禁区。

第二，避免竞争，消灭自由市场。差异化是竞争优势之源③，近代中国出版业发展中，正是因为自由竞争，才催生了商务印书馆、中华书局等众多著名的私营出版企业，并获得了快速发展。竞争有利于出版物质量的提高，有利于企业经营管理的改善，亦有利于社会进步，成为民国时期"出版界的共识"④。正因为有竞争，所以民国时期的私营出版业的"成活率"非常低。依据《民国时期总书目》，近代中国出现过近1万家出版社，但至新中国成立前夕，除解放区外，能留存下来的出版社仅有200家。⑤但自由竞争"增加了近代出版业的商业气息，促使各出版企业确立了各自的经营特色，促进了中国近代

---

① 宋原放：《出版纵横》，上海人民出版社1998年版，第82页。
② 陈文：《加强图书发行工作》，《人民日报》1954年7月4日第3版。
③ 参见程三国《现代出版业的结构与商业模式》，张晓明《2004年：中国文化产业发展报告》，社会科学文献出版社2004年版，第82页。
④ 钱炳寰：《20年代教科书竞争二三事》，《出版科学》1997年第4期，第44页。
⑤ 参见汪家熔《商务印书馆史及其他——汪家熔出版史研究文集》，中国书籍出版社1998年版，第334页。

出版观念的转变、经营方式的更新以及技术的发展"[1]，锻造出商务印书馆、中华书局等著名出版社，并出版了一批高质量的书刊，形成了多元化的出版格局，为近代中国出版业发展积累了成熟经验。

新中国成立后，随着国家大规模经济建设的开展，自由市场逐渐难以适应国家计划化建设目标。为此，出版总署在1950年推进出版专业化政策的同时，敦促各国营出版社的创立应按照性质及读者对象专业化，避免重复及相互竞争。1952年10月，第二届全国出版行政会议决定实行出版工作的计划化。由此，配合出版计划，主动掌握市场，摆脱盲目地受自由市场支配的状况[2]，成为新中国政府在市场管理上的主要任务。1953年12月8日，《胡愈之关于发行工作贯彻总路线问题给陈克寒的信》中也将自由市场的消灭作为"过渡时期发行工作的一项中心任务"和"完成出版印刷业社会主义改造的最有效的一种手段"，指出要"逐步排挤并最后消灭书籍的自由市场，建立国家垄断市场"[3]，其途径是"逐步把几千家的中小发行商转变为新华书店的代销店"，后再将代销店合并为新华书店支店，进而使得新华书店成为全国唯一的书籍发行机构。随着私营出版业社会主义改造的完成，出版业完全实现国有化，出版、印刷、发行机构均属于国有企业，不再存在竞争问题。

与自由市场消失同步的是，新中国政府在整顿改造私营出版业的同时，借鉴苏联出版经验，先后出台出版新政策，包括出版、印刷、发行分工及出版专业化和实行出版计划化等，大力巩固发展国营出版、印刷、发行力量，并制定实施一系列编辑审校制度和印刷发行企业管理规章，逐步形成配合国家计划经济建设需要的计划出版体制，

---

[1] 王建辉：《书业竞争——考察近代出版史的一条辅线》，《编辑学刊》1997年第6期，第75页。

[2] 参见《进一步地实行计划发行（第二届全国出版行政会议发行组的中心发言）》（1952年10月），《中华人民共和国出版史料（1952年）》，中国书籍出版社1998年版，第290页。

[3] 《胡愈之关于发行工作贯彻总路线问题给陈克寒的信》（1953年12月8日），《中华人民共和国出版史料（1953年）》，中国书籍出版社1999年版，第644页。

第四章
私营出版业的全面改造与结果（1953—1956）

这也成为私营出版业改造最重要的成果。

计划经济体制下，当代中国出版管理体制很重要的特点是一元化和计划化。一元化是出版业作为一种文化事业，服务于国家发展需要，完全国营化，不允许私营出版社、印刷厂和书店的存在。所谓"计划化"，时任出版总署副署长叶圣陶指出："根据国家和人民的需要，把国家方针政策体现在具体的工作项目上，体现在精确的数目字上。"① 关于出版与计划的关系，1951年8月，时任中共中央宣传部副部长胡乔木强调："国营出版社具有社会主义的性质，计划是社会主义经济的特点，所以一定要有计划。没有计划，就要退步，出版物的水平就要往下掉，有几分是社会主义，几分又是资本主义。"② 在阶级斗争主导社会话语的时代，将实行计划与否同社会主义成分多一些还是资本主义成分多一些联系起来，足见出版工作计划化推行过程中压倒一切的强势劲头。

为保证出版工作计划化的实施，1952年11月26日，出版总署下发第65次署务会议修正通过的《实行出版计划初步办法》，要求各国营和公私合营出版单位每年年度开始前3个月和每季季度开始前1个月，分别制订年度和季度出版计划（包括初版、重版），报请当地出版行政机关批准（中央级出版社报出版总署；大行政区与省市级出版社分别报大行政区与省市新闻出版局或新闻出版处，同时抄送出版总署）。③ 出版计划包括书刊名称、内容大要、作译者、读者对象和发行地区、发稿时期和出版时期、字数和开本、用纸数量和品种、印刷地点和印厂名称、发行册数、定价等十项内容。在计划出版体制下，整个出版工作从编印发到产供销，都有归口管理的国家行政机关。出版行政机关核准出版计划后，通知掌管印刷、发行的部门或单位，并报

---

① 《叶圣陶副署长在第二届全国出版行政会议上的开幕词》（1952年10月25日），《中华人民共和国出版史料（1952年）》，中国书籍出版社1998年版，第268页。

② 《改进出版工作的几个问题》（1951年8月28日），《中华人民共和国出版史料（1951年）》，中国书籍出版社1996年版，第248页。

③ 参见《出版总署关于〈实行出版计划初步办法〉的指示》（1952年11月26日），《中华人民共和国出版史料（1952年）》，中国书籍出版社1998年版，第331—332页。

告当地人民政府和上级出版行政机关。出版单位接到业经核准的出版计划后，编制用纸计划送出版行政机关掌管纸张的部门，由该部门按计划组织出版单位与纸张生产单位订货，分期拨给各该出版单位一定品种、规格和数量的纸张，并严格监督其用途。而掌管印刷的部门按照计划调度印刷生产力，在必要和可能的情况下，为出版单位指定或介绍承印的印刷厂。出版单位与承印的印刷单位直接订立年度印刷协议与季度印刷合同。出版单位与承办发行的书店订立年度产销合同与季度产销合同。因此，在这一体制下，新中国出版管理在制度上呈现出不同以往的特点。

新中国成立初期，因政权初创，机构建设、人事干部等方面还未健全，更重要的是，对全国私营出版业整体情况未做到全面了解，出版总署作为最高国家出版行政管理机构，担负更多的是出版业务职能，如编辑中小学教科书、编译马列主义经典著作及中国共产党领导人论著和政府文件，而未能承担起本职的行政管理职能。各地因未建立专门的出版管理机构，地方出版行政管理工作也难以开展。据此，为加强地方出版行政管理工作，1950年5月30日，出版总署、新闻总署联合下发《关于各级新闻出版行政机关的任务与组织暂行规定（草案）》，规定"各大行政区设新闻出版局，或分设新闻与出版两局，重要省市设新闻出版处，一般省市有必要时设新闻出版室。大行政区新闻出版局下设出版处，分设书店管理、书刊审查及调查登记三科（室）；重要省市新闻出版处内部设出版科，一般省市设新闻出版室"[①]。此后，各级出版行政机构依托各地已有的新闻处才逐步建立健全，承担起地方出版行政管理职能。如北京，1950年5月才在新闻处增设出版管理科，改称新闻出版处[②]，承担指导、协助北京市出版业、

---

① 《出版总署、新闻总署关于各级新闻出版行政机关的任务与组织暂行规定》（1950年5月30日），《中华人民共和国出版史料（1950年）》，中国书籍出版社1996年版，第271—272页。

② 参见《北京市人民政府新闻出版处1950年八个月工作总结报告》（1950年9月5日），北京市档案馆馆藏档案，案卷号：8—1—20。

第四章
私营出版业的全面改造与结果（1953—1956）

贩卖业和期刊（特别是私营的行业）的行政管理职能。从中央到地方、自上而下的出版行政管理系统，为集中出版力量、实行出版资源的行政化配置奠定了组织基础。

1950年第一届全国出版会议后，为进一步发展国营出版事业，加强计划性，建立新的出版格局。出版总署发布《关于国营书刊出版印刷发行企业分工专业化与调整公私关系的决定》，要求新华书店首先实行分工与专业化，划分为三个独立的企业单位，即出版企业、印刷企业和发行企业，"全国各级新华书店原有的编辑和出版机构改组为中央和地方人民出版社"[①]。自1950年12月起，全国省市以上各级新华书店编辑力量陆续建立的中央人民出版社和大行政区、省（市）级的地方国营人民出版社，均为综合性出版社。为巩固和发展国营出版力量，1952年第二届全国出版行政会议推行计划出版与计划发行制度，进一步加强出版资源行政化的制度建设。

第一，明确中央级国营出版社和地方国营出版社的分工，规定"通行全国的一般图书，由中央一级的国营专业出版社出版"。地方国营出版社则"按照当地人民生活状况和每一时期的中心任务，出版当地所需要的、解决群众思想问题的、传播先进经验、介绍先进人物的、指导工农群众的生产、学习的通俗读物"[②]。在普及与提高并重方针下，侧重于普及任务。在此原则下，中共中央宣传部将地方出版社的方针确定为"地方化、群众化、通俗化"[③]，即"三化"方针。但在实际执行中，地方出版社对"三化"和"配合中心工作"机械理解，认为"化"就是彻头彻尾，一切书籍都要求有地方色彩、地方材料、

[①] 《出版总署关于国营书刊出版印刷发行企业分工专业化与调整公私关系的决定》（1950年10月28日），《中华人民共和国出版史料（1950年）》，中国书籍出版社1996年版，第654页。

[②] 《出版总署署长胡愈之关于召开第二届全国出版行政会议经过向文委并周总理的报告》（1952年11月15日），《中华人民共和国出版史料（1952年）》，中国书籍出版社1998年版，第319页。

[③] 《关于地方出版社的几个问题的报告》（1954年），《中华人民共和国出版史料（1954年）》，中国书籍出版社1999年版，第572页。

地方地名，不如此就认为不合方针，不愿出版；"以办报的办法办出版社"①，认为出版社出版的每一本书都应该直接配合当时当地的中心工作，否则，就是政治性思想性薄弱，脱离实际，脱离群众，将出版范围仅限于出版时事性鼓动性小册子。为此，中共中央宣传部逐步加强对地方出版社的指导，进一步明确地方出版社的出版范围，规定了可出版的六类图书。②并区分各地情况，要求一般省人民出版社"服务的重点是农村，以农村工作干部和识字的农民为主要对象，同时适当注意工业干部和工人群众的需要"，而大城市和工业发达省的人民出版社"服务重点是工业干部和工人群众"③。在具体出版任务上，地方人民出版社一方面担负出版解释政策法令、配合国家中心工作的政治鼓动性书籍及配合文化识字运动书籍的任务，另一方面还负有理论宣传、普及科学文化知识和总结介绍地方生产经验的任务，负有保存和发扬科技、文化遗产，团结和培养地方作家的任务。根据中共中央宣传部关于地方出版社工作的指示精神，1956年4月，文化部党组召开地方出版社工作座谈会，讨论省级出版社12年内的工作方向和规划。除新疆、内蒙古等民族自治区出版社及北京、天津、上海、重庆等大城市出版社和个别工业比重较大的省出版社（如辽宁）的方针任务由各地自行制定外，规定一般省的人民出版社则"根据党的方针政策，结合地方实际情况，团结、组织和培养当地写作力量，继续贯彻地方化、群众化、通俗化的方针，出版以基层干部和广大人民群众（主要是农民和区乡社干部）为对象的通俗读物，宣传马克思列宁主义，普及文化科学知识"④，以组织出版通俗读物为主，兼及中级读物

---

① 陈克寒：《关于出版社工作的某些问题》（1954年6月），《中华人民共和国出版史料（1954年）》，中国书籍出版社1999年版，第320页。
② 参见《中央宣传部关于地方出版社工作的指示（草稿）》（1954年12月1日），《中华人民共和国出版史料（1954年）》，中国书籍出版社1999年版，第585页。
③ 《中央宣传部关于改进地方人民出版社工作问题给中央的报告》（1955年5月27日），《中华人民共和国出版史料（1955年）》，中国书籍出版社2001年版，第170页。
④ 《文化部党组关于召开地方出版社工作座谈会的报告》（1956年5月17日），《中华人民共和国出版史料（1956年）》，中国书籍出版社2001年版，第103页。

第四章
私营出版业的全面改造与结果（1953—1956）

及其他读物。同时，将省级出版社的组稿限定在本省范围内，若跨省组稿则必须和当地文化行政部门和当地出版社联系。由此确立的"地方化、群众化、通俗化"地方出版社出版方针一直延续到1980年。

第二，集中大行政区一级的专业出版社，加强中央级的专业出版社。确定专业出版社由中央各业务部门主办为宜的原则[1]，整理、健全和收缩部分地方国营出版社，将属东北财政经济委员会各部和卫生部的财经、工业、农业、林业、医药5个出版社，改隶属于中央财政经济委员会各部和中央卫生部，组建全国性的专业出版社。各大区的工人、青年出版社则由全国总工会和青年团中央分别集中。随着大行政区的撤销，大区级人民出版社一般均与大区所在地省的人民出版社合并。按照归口管理和出版专业分工原则，以中央各专业部门为指导机关，教育科技、体育卫生、文学艺术、机械化工、邮电水利等各类中央级专业出版社纷纷成立，省区市则以综合性人民出版社为主。计划经济体制下出版资源行政化配置造成的出版资源过于分散、结构趋同和地区封锁等问题突出。按照部门、行政区划和行政级次分配出版资源和产品的传统体制，导致条块分割、地区封锁、城乡分离。

新中国成立后，把出版业作为一种文化事业看待，而不是文化产业。因此，社会主义改造完成后，我国出版业管理严格按照分工专业化原则，分作出版社、印刷厂、发行书店（主要是新华书店）和物资机构（纸张供应公司和印刷物资公司）四个系统[2]，由各级出版行政机关统一管理。出版社和印刷厂实行专业分工，而新华书店总店只从事管理，不搞具体业务。省店负责向出版社采购和内部调拨，不搞零售。分支店从事销货业务，并开设专业门市部，如科技书门市部、儿童读物门市部、美术书门市部、外文书店、古旧书店等。而图书的进出口工作则由国际书店、中国图书进出口总公司和中国出版对外贸易

---

[1] 参见《出版总署党组书记陈克寒关于召开第二届全国出版行政会议情况向文委党组并报党中央的报告》（1952年11月8日），《中华人民共和国出版史料（1952年）》，中国书籍出版社1998年版，第314页。

[2] 参见王益《我国出版事业的管理体制》，《编辑之友》1984年第1期，第135页。

总公司经营。出版业各系统在经营上，坚持事业单位企业化经营，内部实行经济核算，利润上缴国家，亏损由国家补贴，凸显了兼具企业和事业属性的经营特征。

在出版业基本制度建设上，新中国政府也进行了积极探索。如实行三级审稿制度，即"三审制"。1951年第一届全国出版行政会议讨论通过《关于公营出版社编辑机构及工作制度的规定》，要求书稿"实行编辑初审、编辑主任复审、总编辑终审和社长批准的编审制度"①。这样，在编辑工作中的稿件采用和加工修改阶段，正式建立起"三审制"，在改进完善中沿用至今。书刊定价方面，根据1954年周恩来关于"出版业没有为国家积累资金的任务，只要能够解决自我发展的问题就行了，因此书价以尽可能低廉为宜"②的指示，实行"保本微利"的低书价政策，出版社把利润控制在5%—10%。③作为我国书刊定价的基本原则，这一政策一直延续到1980年。同时，推行新的图书定价计算办法，改变以往成本加利润的定价方法，实行书籍正文以印张为计算定价的单位，封面以个、插页以页为计算单位，全书定价以正文加封面、插页的定价办法。④出版社职工工资、奖金、福利等费用不在成本中列支，全部由国家财政拨付。重视书刊的社会效益，忽视出版社作为企业所应追求的经济效益；凸显书刊的精神产品属性，而商品属性则成为思想禁区。由于不承认图书的商品属性和脑体倒挂、重体力劳动轻脑力劳动等"左"倾思想干扰，新中国成立后，逐步取消近代以来形成的买稿制和版税制，规定"稿酬原则上应不采取卖绝著作权的办法。计算稿酬的标准，原则上应根据著作物的

---

① 《出版总署关于公营出版社编辑机构及工作制度的规定》（1952年9月8日），《中华人民共和国出版史料（1952年）》，中国书籍出版社1998年版，第201页。

② 王益、谢冰岩等：《深切怀念出版战线上的老领导陈克寒同志》，《中国图书商报》1999年12月24日。

③ 参见王仿子《王仿子出版文集》，中国书籍出版社1994年版，第61页。

④ 参见《文化部出版事业管理局关于局部调整中央级出版社一般书籍、课本定价标准给文化部领导的报告》（1954年12月16日），《中华人民共和国出版史料（1954年）》，中国书籍出版社1999年版，第616页。

性质、数量、字数及印数"[①]。依据这一原则，先后实行定额印数稿酬、基本稿酬加印数稿酬等低稿酬制度[②]，1958年"大跃进"期间，各级出版社纷纷降低稿酬，甚至在"文化大革命"中取消稿酬。计划经济理念下一系列出版业新制度的推行，不仅使得私营出版业在社会主义改造过程中，以此为模板实现了自身的内部变革，更重要的是，建立起计划出版体制。

四 小结

过渡时期总路线提出前后，国家颁布《管理书刊出版业印刷业发行业暂行条例》，对出版业进行核准营业，实行出版业许可制度，原则上不再核准私营力量进入出版业，参与出版、印刷、发行业务。在此基础上，以商务印书馆、中华书局公私合营为开端，以出版业为重点，国家对私营出版、印刷、发行业进行全面公私合营。新中国对私营出版业的社会主义改造，采取了循序渐进、有所区别、富有弹性的改造政策，在逐步改造中实现了私营出版业的改组与转型，以私有制向公有制的过渡为根本特征，完成企业的"国家化"与体制化。出版业作为一种文化事业，基本上形成了公有制一统天下的所有制结构。出版社在经营机制上，原有董事会职能发生重大转变，彻底废除总经理制，以国营出版社为样板，改行社长负责制，而社长不再由董事会推举产生，进而董事会对出版社的编辑出版方针也就没有了决定权。相比民国时期，新中国出版管理体制和出版企业在微观运行机制上的重大调整，实现了私营出版业的资本运作与组织管理方式向"国家

---

① 《出版总署关于发布第一届全国出版会议五项决议的通知》（1950年10月28日），《中华人民共和国出版史料（1950年）》，中国书籍出版社1996年版，第649页。

② 参见《1949.10—1999年稿酬制度变动情况简表》，《出版经济》2001年第3期，第55页。

化"的转轨。出版业逐步由国家完全领导和掌握,实现了出版资源国家化和资产的公有化。

  总体而言,我国私营出版业的社会主义改造在借鉴苏联出版经验基础上,一方面得益于国家的强势主导,另一方面则是出版、印刷、发行分工和出版分工专业化政策对我国出版业发展在制度设计上的彻底调整。需要特别指出的是,新中国出版业公有制一统天下的所有制结构和新的出版制度更多的是人为设计的结果,而非近代以来我国出版业发展的自然选择。并且这种制度设计在 1950 年国际冷战格局形势下,深受苏联经验的影响。其中,新中国出版领域的大变革——实行出版、印刷、发行分工和出版分工专业化,就是学习苏联经验的重要成果。1950 年年初,苏联被国人看作"先进国家",对新中国的缔造者而言,苏联出版经验就具有了先验的吸引力。1950 年 4 月 1 日,黄洛峰在新华书店总管理处成立大会上指出,在苏联,"这三个部门却是完全独立的","国家书店,专管发行不出书","200 多家出版局专门出版,不做发行业务。印刷大体上又是与出版和发行分开的"。[①]因此,苏联出版工作实行出版、印刷、发行分工的做法,作为先进经验,得到新中国出版工作者的高度评价,认为"只有这样,才能把文化出版工作搞好"。出版、印刷、发行"各别独立经营是有好处的",也是"完全必要且合理的"[②],因此将其作为新中国搞好出版工作的必然选择。出版总署署长胡愈之更是对苏联经验推崇备至,多次谈到苏联出版经验对新中国出版事业发展的重要作用。1950 年 5 月 5 日,在华北新华书店总分店第三次分店会议上强调:"苏联出版事业走在我们的前边,有 30 多年的历史,是我们今后努力的方向。"[③] 1953 年 3 月 27 日,在会见苏联国际图书公司总经理兹米乌尔时更进一步表示

  [①]《黄洛峰总经理在新华书店总管理处成立大会上的讲话》(1950 年 4 月 1 日),《中华人民共和国出版史料 (1950 年)》,中国书籍出版社 1996 年版,第 133 页。
  [②] 同上书,第 133—134 页。
  [③]《胡署长在华北总分店第三次分店会议开幕式上的讲话》(1950 年 5 月 5 日),《中华人民共和国出版史料 (1950 年)》,中国书籍出版社 1996 年版,第 176—177 页。

第四章
私营出版业的全面改造与结果（1953—1956）

"我们走的是苏联的道路，我们一切都是向苏联学习"①。

在这种背景下，对苏联出版经验的学习，全国付出了极大的热诚。1950至1951年间，出版总署在苏联国际图书公司总经理塞米金和副总经理德奥米多夫访华期间，邀请其为出版总署科级以上干部介绍苏联出版工作情况和经验，并先后出版了一系列介绍苏联出版工作情况和经验的书籍。1952年起，我国出版系统还选派在校学生和在职干部赴苏联学习，接受正规的出版业务训练。过渡时期总路线提出后，作为国营出版社龙头的人民出版社更是在1954年工作计划中要求更普遍地系统地学习苏联经验，改进编辑出版业务，组织重点学习，把苏联经验同各部门的工作经验总结结合起来学习，同专业会议所讨论和研究的问题结合起来学习。②对学习苏联出版制度这一点上，有没有另外的选择，王仿子作为亲历者，坦言新中国"出版发行体制仿照苏联模式，是历史的产物。学习苏联是当时路程进程决定要走的一步，除了向苏联学习之外，没有别的榜样可供选择"③。这是时代的必然，也为新中国的出版业深深打上了苏联印迹。

与此同时，伴随着新中国出版业中心由上海北移至北京，自由竞争市场的萎缩，国营出版社编辑制度以及国家出版行政管理体系的建立，逐步形成了配合国家计划经济建设需要的计划出版体制。至1980年发行体制改革前，在出版、印刷、发行领域已不存在私营经济成分。计划经济体制下，出版资源配置行政化，所有出版社分属于国家有关部委、各地方部门、高校等。同时，不同领域、系统、行业间多为单一经营，基本上不会"越界"。在性质上，国营出版社被明确界定为"出版企业"，实行"企业化经营"。但由于出版业负有意识形态工作的特殊性，以社会效益为最高原则，在实际运行中，实行的是

---

① 《苏联国际图书公司总经理兹米乌尔来访与胡愈之署长谈话摘要》（1953年3月27日），《中华人民共和国出版史料（1953年）》，中国书籍出版社1999年版，第248页。

② 参见《人民出版社1953年工作情况和1954年方针任务》（1954年3月25日），《中华人民共和国出版史料（1954年）》，中国书籍出版社1999年版，第170页。

③ 王仿子：《人民出版事业的先驱者——胡愈之》，宋应离等编《中国当代出版史料（1949—1999）》（第5册），大象出版社1999年版，第57—58页。

"事业单位、企业化管理"。在发行体制上则形成新华书店一元化的发行体制,而书刊印刷业因为被限定在专业印刷范围内,不允许接受社会印件,存在着严重的技术和设备落后状况。1980年出现了"出书难""卖书难"的"书荒"现象。

结　语

私营出版业社会主义改造与1980年以来的出版体制改革

新中国成立后，在推行出版新政，即实行全国新华书店集中统一和出版、印刷、发行业分工专业化的过程中，通过对私营出版业进行社会主义改造，我国出版业经营管理体制和出版业格局发生了巨大转变，私营出版、印刷、发行业完全退出，形成了国营一统天下的计划出版体制。出版社只管编辑出版，不搞发行，图书全部由新华书店负责发行；印刷厂按专业分工，将书版印刷厂同杂件印刷厂等其他类别印刷厂分开，归轻工业部门领导。而在发行领域，新华书店形成了集中管理、集中经营的模式，新华书店总店通过分店和支店，统一领导全国新华书店。同时，借助邮局和供销合作社等社会发行力量，创建遍布全国的书刊发行网和流通渠道，确立了新华书店独家经营的发行主渠道局面。在这种高度集中的管理体制下，图书从发货店（即发行所）直接发到全国销货店，书款能及时从全国销货店直接划拨到发货店。社店之间实行征订包销制度，新华书店包销出版的各类图书，滞销积压造成的经济损失全部由新华书店销货店负担。不同于民国时期私营出版业的编印发三位一体、自主经营、自负盈亏的经营模式，新华书店虽为企业单位，实行经济核算制度，但实际上，更多注重的是完成国家发行计划，实现其社会效益。据王益回忆，全国新华书店从解放初期到"文化大革命"结束,"一直靠财政补贴维持,历年上缴的利润总额,低于财政补贴总额,为负利润单位"①。

任何新体制的正常运行都需要一个调适期,新中国计划出版体制是处于意识形态的考虑在较短时间内主要依靠行政手段通过改造私营出版业而建立起来的,并非出版业长期发展选择的结果,因此具有更多的人为设计建构意味。关于其运行状况及成效,1956年年初"百花齐放,百家争鸣"方针提出后以及1957年整风运动初期,我国出版行政机关和出版界即开展了座谈讨论,指出存在的问题,提出改进对策,致力于改进完善新体制。

一

文化部出版事业管理局为贯彻执行"百花齐放,百家争鸣"方针和开展整风运动,邀请业界人士先后多次召开各类座谈会,对新的出版制度在执行过程中出现的问题,展开了热烈的讨论。这些讨论主要集中在:要求改变一元化的发行体制。因为社店之间实行征订包销购销形式,销不出去的图书由新华书店负担,故此新华书店基层销货店不愿多进货,且也不备货,最终导致备货主体缺失,不能实现图书的充足供应,出现了"买书难"现象。针对这一问题,与会者认为新华书店的管理"过于集中",经营的图书品种"又太多太杂,任务很重,很难管好",在一元化的发行管理模式下"多样化不足,也缺乏竞赛"②。因此,建议首先把新华书店集中管理、集中经营的管理模式改

---

① 王益:《王益出版发行文集》,中国书籍出版社1993年版,第273页。王益曾任新华书店总店总经理、出版总署发行事业管理局副局长、文化部出版事业管理局副局长、国家出版局副局长等职,是新时期出版体制改革的主要倡导者和组织者。

② 《文化部各局讨论"百花齐放,百家争鸣"问题的情况汇报(第1号)》(1956年8月1日),《中华人民共和国出版史料(1956年)》,中国书籍出版社2001年版,第213页。

结　语
私营出版业社会主义改造与 1980 年以来的出版体制改革

为"集中管理、分散经营",以扩大新华书店基层店的经营自主权和灵活性;其次,"在一元化方针下发展多样化,发展竞赛"[①],改变大一统的发行体制,"分设几个发行系统"[②]。不但可以设立专业书籍的发行系统,如"科技书籍发行系统"[③],而且提议"出版社也可以自己搞发行"[④],以此打破社店之间征订包销的单一购销形式,满足读者的多样需求。科学出版社赵仲池特别强调发行工作"不能再由新华书店无所不包,趋向是分"[⑤]。因此,集中统一的新华书店管理模式在协助完成私营发行业社会主义改造任务,实现发行力量的全部国有化后,实际上面临着由"一元化"向"多样化"发展的现实需求。此外,还要求改革订货制度,由出版社和书店协商印数,出版社也应负经济责任,书店订货数以外多印的书交书店做寄售[⑥],让出版社参与发行,同新华书店共担经营风险,提高图书供应的满足率。

与此同时,出版管理体制也成为整风运动中出版界意见比较多的问题。社会主义改造完成后,书籍的"滥"和"乏"成为出版工作中的主要问题,"自然科学书籍、资料性的书籍以及工具书都十分缺乏,而一般读物则泛滥成灾"[⑦]。特别是在社会主义改造高潮中,出版社出书过于强调"配合中心任务",盲目追求出版数量,"赶浪头、一窝蜂"出书现象严重。许多配合运动、宣传政策和交流工作经验的通俗小册子,印刷数字偏高偏大,超过实际需要,造成严重的积压和浪

[①]　《文化部召开改进出版工作座谈会纪要》(1956 年 11 月 22 日、23 日),《中华人民共和国出版史料(1956 年)》,中国书籍出版社 2001 年版,第 304 页。
[②]　《文化部召开直属出版单位负责人座谈会纪要》(1957 年 5 月 7 日、10 日、11 日),《中华人民共和国出版史料(1957、1958 年)》,中国书籍出版社 2004 年版,第 154 页。
[③]　《文化部召开改进出版工作座谈会纪要》(1956 年 11 月 22 日、23 日),《中华人民共和国出版史料(1956 年)》,中国书籍出版社 2001 年版,第 282 页。
[④]　《文化部召开老出版工作者座谈会纪要》(1957 年 5 月 14 日、15 日),《中华人民共和国出版史料(1957、1958 年)》,中国书籍出版社 2004 年版,第 161 页。
[⑤]　《文化部召开改进出版工作座谈会纪要》(1956 年 11 月 22 日、23 日),《中华人民共和国出版史料(1956 年)》,中国书籍出版社 2001 年版,第 306 页。
[⑥]　参见《文化部召开老出版工作者座谈会纪要》(1957 年 5 月 14 日、15 日),《中华人民共和国出版史料(1957、1958 年)》,中国书籍出版社 2004 年版,第 162 页。
[⑦]　《文化部召开改进出版工作座谈会纪要》(1956 年 11 月 22 日、23 日),《中华人民共和国出版史料(1956 年)》,中国书籍出版社 2001 年版,第 286 页。

费。据统计，仅在1956年内，有关农业生产合作社的劳动组织和农业社生产规划的读物，在市场上发行的便各有30多种，水稻、小麦等丰产经验、造林、养猪和喂牲口等方面的常识书本，分别不下二三十种。① 甚至某些书只是出版社为"表明态度"，因为不出怕戴上"不问政治"② 的帽子。这种情况下，就出版了很多"剪刀加糨糊"一类的图书。针对这一状况，出版界人士多认为必须从解决"统得太死，统而不通"的出版体制入手，调整新中国出版管理体制。首先，出版行政机关"权力下放，只管政策方针，少管具体业务……让出版社自己有权决定一些事"③。其次，主张开放自由市场，设立同人出版社，取消出版社的中央地方之分，允许出版社之间自由竞争。④ 最后，加强出版、印刷、发行业的联系，避免将三个环节孤立起来，出版分工专业化执行中"不能分得太细，专得太死"，"避免垄断"⑤，有大体的分工和出书范围即可。此外，还指出出版社的机构编制不能千篇一律，应根据性质和规模的不同，各有不同的编制，出版社可以设有自己的印刷厂或排字房，还可以自办发行。

上述关于调整出版管理体制的意见，实质上是对近代以来我国出版业成熟发展经验的总结和借鉴。而在私营出版业社会主义改造过程中，一些值得保留的好的制度办法一律被抛弃，对一些非党的老出版工作者未给予足够的信任、尊重和任用，留下了总结经验不够、割断历史传统的缺憾。对此，人民文学出版社社长王任叔特别强调："如何很好地接受过去出版工作的经验，以适应今天工作的需要，是一个很重要的问题。"批评文化工作中存在着"若有改革就得将过去的东

---

① 参见《克服书籍出版中的重复紊乱现象——〈光明日报〉社论》（1956年11月24日），《中华人民共和国出版史料（1956年）》，中国书籍出版社2001年版，第310页。
② 《文化部召开改进出版工作座谈会纪要》（1956年11月22日、23日），《中华人民共和国出版史料（1956年）》，中国书籍出版社2001年版，第305页。
③ 《文化部召开直属出版单位负责人座谈会纪要》（1957年5月7日、10日、11日），《中华人民共和国出版史料（1957、1958年）》，中国书籍出版社2004年版，第153页。
④ 同上书，第154页。
⑤ 同上。

西一脚踢开，另起炉灶"的思想，指出"文化和政治不一样，政治必须将旧的彻底摧毁，而文化则必须很好地继承过去的遗产。不能一切打乱、拆散，另立新的'条条''框框'"①。以商务印书馆为例，公私合营后，对"商务"一些好的传统也未予以足够重视，"商务"老工作人员有时提到过去有些好的传统，在思想改造时被批判是"反对社会主义"的思想，大家就不敢再提。此外，繁体字的铜模、雕版印刷技术以及古书拍照技术、民族形式装帧（如线装）技术以及石印技术等中国传统印刷技术也被荒废，后继乏人。

此外，对出版工作上学习苏联经验，在1957年文化部召开的整风座谈会上，曾被选派赴苏学习，回国后供职于人民出版社的曾彦修认为在学习苏联上，教条主义、公式主义很厉害，"缺点是主要的，成绩是次要的"②。可以说，这段时期出版界对新中国出版管理体制的讨论涉及了新体制的方方面面，提出了许多中肯的意见。1956年12月8日，根据座谈会反映上来的意见，文化部党组向中共中央呈报关于整顿新闻出版事业的初步建议，确定1957年实施"切实整顿，适当收缩，削滥补缺，提高质量"③的整顿方针，纠正片面追逐品种的倾向，同时收缩、整顿中央和地方出版社，进一步调整中央一级出版社之间、中央与地方之间、地方出版社之间的分工和范围。但这些建议和方针因1957年整风运动转向反右，被看作"出版工作方面两条道路，即社会主义道路和资本主义道路谁胜谁负的斗争"④而未能加以吸收实施。对1950年确立起来的计划出版体制重又加以调整改革，则成了"文化大革命"结束以后的事情。

---

① 《文化部召开改进出版工作座谈会纪要》（1956年11月22日、23日），《中华人民共和国出版史料（1956年）》，中国书籍出版社2001年版，第301页。

② 《文化部召开直属出版单位负责人座谈会纪要》（1957年5月7日、10日、11日），《中华人民共和国出版史料（1957、1958年）》，中国书籍出版社2004年版，第152页。

③ 《文化部党组关于整顿新闻事业的初步建议和安排明年新闻出版用纸的报告》（1956年12月8日），《中华人民共和国出版史料（1956年）》，中国书籍出版社2001年版，第327页。

④ 《文化部张致祥副部长在首都出版界'反右派斗争'座谈会上的总结报告》（1957年10月24日），《中华人民共和国出版史料（1957、1958年）》，中国书籍出版社2004年版，第250页。

二

受"左"的思想影响,特别是"文化大革命"期间,出版作为一种政治宣教工具,服务于国家的政治需要,将其意识形态属性突出到无以复加的极端境地,忽视了它的商品属性和产业属性,出版业的商品属性成为思想禁区,制约了出版业的发展活力和空间。"出书难、出书慢、买书难、卖书难",特别是"买难""卖难",成为"文化大革命"结束后,我国出版业面临的棘手问题。

为解决上述难题,1981年12月,中国民主促进会中央副主席徐伯昕以民进中央名义向中共中央呈送关于改进出版工作的报告,提出借鉴编印发三位一体管理体制,改革图书发行管理体制的建议,在坚持新华书店在我国图书发行主渠道地位的同时,推动"有条件的出版社自办发行",既可在出版社所在地设门市部,也可在其他一些大城市设门市部或办事处,或联合几家出版社共设门市部或办事处,"改变图书发行只有新华书店一条渠道为多条渠道",利用"集体和个人的力量经营书店或书摊"①。这些建议得到胡乔木、王任重等中央领导的批示,随后国家出版局借鉴商业部门多渠道、多种经济成分、多种经营方式、少环节等的体制改革经验,着手制定图书发行体制改革方案。由此,以发行业为切入点,开启了新时期我国出版体制改革的进程。

1980年改革是在恢复和反思新中国出版管理体制基础上逐步展开的,其中关键的一环就是出版、印刷、发行分工专业化政策。胡愈之晚年曾谈到出版、印刷、发行分工政策在1950年执行中还是"绝对化了一些","把出版与发行完全分开,使出版社与读者之间隔了一个中间环节,有的书读者需要但出版社印得少,有的书却又在各个新华

---

① 王益:《王益出版发行文集》,中国书籍出版社1993年版,第191页。

书店里积压起来",而且"一律都实行专业分工,各专业都独此一家,没有比较和竞争,影响出版质量的提高"。① 对此,王益也指出出版、印刷、发行由"三位一体"变为"三权分立","相互谅解少,互不通气,互相抱怨,造成出书慢,买书难"。而且出版社专业分工,不但造成"独此一家"的局面,而且也出现了苦乐不均的现象。有的书赚钱,有的书亏本;大量发行的赚钱,发行量少的要亏本;综合出版社可以以盈补亏,有些专业出版社很难以盈补亏。② 因此,认为"出版和发行,不宜一律规定,强制分工,应该有分有合,或分或合,由具体情况决定"③。作为出版新政的亲历者,王益也指出出版与发行绝对分工体制存在着缺陷,但1950年出版总署推行分工专业化,并不是没有看到出版与发行的密切关系,只是"在中央高度集中的计划经济体制和阶级斗争为纲的年代,出版和发行必然走上绝对分工的道路,是谁也抗拒不了的"④。"文化大革命"后,因意识到出版、印刷、发行三环节的"唇齿相依"关系,1980年出版体制改革特别强调"综合治理"的改革原则,要求实行专业分工的同时,强调协作。在发行领域,1981年10月起,文化部出版事业管理局先后召开了20多次中小型座谈会,最终形成《关于图书发行体制改革问题的报告》,提出以国营新华书店为主体,多种经济成分、多条流通渠道、多种购销形式,少流转环节⑤,即"一主三多一少"的发行体制改革措施。以改变图书购销形式,允许出版社自办发行、发展集体和个体书店书摊为改革重点,开辟多种渠道,发展多种经济成分,实行多种经营方式,打破新华书店独家经营的局面,引入竞争机制,促进发行主渠道——新华书店管理体制改革。"一主三多一少"的改革试点,彻底打破了出版与发行的绝对分工。但由于习惯势力的阻碍,收效并不显著,至

---

① 戴文葆、胡愈之:《胡愈之出版文集》,中国书籍出版社1998年版,第14页。
② 参见王益《我国出版事业的管理体制》,《编辑之友》1984年第1期,第136—137页。
③ 王益:《出版、发行的分与合》(一),《中国出版》1991年第1期,第14页。
④ 王益:《出版、发行的分与合》(二),《中国出版》1997年第2期,第17页。
⑤ 参见《关于图书发行体制改革工作的通知》(1982年7月10日),文化部出版事业管理局办公室编印《出版工作文件选编(1981—1983.12)》,1984年9月内部发行,第350页。

1986年，新华书店的销货额仍占全国图书市场销货额的90%左右①，购销形式仍以征订包销为主，多渠道并未形成。为扭转这一局面，深化图书发行体制改革，1988年5月6日，中共中央宣传部和新闻出版署联合发布《关于当前图书发行体制改革的若干意见》，强调在继续完善和发展"一主三多一少"新格局基础上，推进"三放一联"②，即放权承包，搞活国营书店；放开批发渠道，搞活图书市场；放开购销形式和发行折扣，搞活购销机制；推行横向经济联合，发展各种出版发行企业群体和企业集团。"三放一联"的各项改革措施在图书发行领域的实施，一方面是各地发行企业集团的逐步组建，另一方面则是民营发行力量的迅猛发展，对21世纪深化出版体制改革产生了巨大的助推作用。

1980年出版业改革改变了以阶级斗争为纲、围绕政治运动转的状况，扩宽了出书领域。地方出版社的办社方针由"地方化、群众化、通俗化"改变为"立足本地、面向全国"③。大多数出版社开始重视经营，逐步由生产型向生产经营型转变。④ 但出版社的改革仅仅是出版范围的改变，出版方式的改良，并未触及计划经济体制下"事业性质，企业管理"的出版社管理机制。相比同一时期经济领域实施"兼并、重组、跨地区、跨行业、跨所有制经营"的市场化改革，出版业改革明显滞后，大多数仍按计划经济模式运行，出版业市场主体、竞争能力尚未形成。由于出版业所具有的意识形态属性，使得出版业改革更加艰难，而且是渐进式的，同经济社会改革拉开了一定的距离，比教育、卫生、体育、科技等改革都晚了许多年，成为"改革的最后一个堡垒"⑤。

---

① 参见王益《王益出版发行文集》，中国书籍出版社1993年版，第192页。
② 《关于当前图书发行体制改革的若干意见》（1988年4月），新闻出版署办公室编《新闻出版工作文件选编（1988—1989年）》，中国ISBN中心1990年6月，第479页。
③ 《中共中央、国务院关于加强出版工作的决定》（1983年6月6日），文化部出版事业管理局办公室编印《出版工作文件选编（1981—1983.12）》，1984年9月内部发行，第36页。
④ 参见《关于当前出版社改革的若干意见》（1988年4月），新闻出版署办公室编《新闻出版工作文件选编（1988—1989年）》，中国ISBN中心1990年版，第472页。
⑤ 曲志红：《打破坚冰——我国新闻出版体制改革成效卓著》，《人民日报》2004年12月31日第11版。

三

我国出版业的实质性改革是在中共十六大后逐步展开的。中共十六大提出深化文化体制改革、发展出版产业的战略任务,积极推动经营性出版单位"转企改制",开创了我国出版体制改革的新局面。相比1950年私营出版业社会主义改造在"出版分工专业化"政策下,出版、印刷、发行业实行分工,形成公有制一统天下的计划出版体制。21世纪以来,在1980年和1990年改革基础上,国家区分公益性出版事业和经营性出版产业,积极发展出版产业,重塑出版市场主体,实行跨行业、跨地区、跨所有制的产业结构,鼓励非公有资本以多种形式进入政策许可的出版产业领域,打造以公有制为主体、多种所有制共同发展的出版产业格局。在出版领域的所有制结构、出版机构属性以及管理模式上都有了突破性转变,除少数公益性出版事业外,2010年年底经营性出版社已全部完成转企改制。转企改制后的出版企业实行国有控股,或者是绝对控股,仍执行出版业许可制度。总体而言,我国出版体制改革中,发行、印刷业的改革更充分地利用和发挥了民营资本和民营力量的作用,多元化发展态势比较明显。而出版业务因其意识形态的特殊属性,对民营资本实行国有控股或绝对控股下的有限度开放,积极探索非公有出版工作室参与出版的通道,开展出版合作,发展新兴出版生产力,进一步夯实了我国出版体制改革的基础和未来的发展方向。

当下出版体制改革是对私营出版业社会主义改造后确立的新中国出版体制进行变革,取得了重大突破,同时也有着一定的历史继承,即更加注重吸收借鉴20世纪前期我国出版业发展的成熟经验,一定意义上存在着某种历史的复归或者说对1950年出版业社会主义改造的否定。但毕竟当前出版业发展的经济基础、体制环境、社会条件、传播技术相比民国时期,已发生深刻变化。因此,积极发展经营性出版产业方针下的"复归",绝不仅仅是完成转企改制,更重要的是创新机制,革除体制性障碍,破解难点问题,转变政府职能,推动经营性出版产业按照市场经济原则,建立现代企业制度,重塑出版市场主体。

积极发展经营性出版产业,越来越弱化分工专业化对出版业发展的规约,各类出版企业得以在创新发展中,拥有自己的品牌、特色和市场规模,以此在市场博弈中形成各自的竞争优势。对此,2009年3月,新闻出版总署发布的《关于进一步推进新闻出版体制改革的指导意见》要求,"打破按部门、按行政区划和行政级次分配新闻出版资源和产品的传统体制,打破条块分割、地区封锁、城乡分离的市场格局,加强资本、产权、信息、技术、人才等新闻出版生产要素市场建设,实现生产要素合理流动和资源优化配置"[1],加快推进现代出版物市场体系建设。在培育大型出版企业的同时,积极发展导向正确、主业突出、实力雄厚、影响力大、核心竞争力强的专业出版企业。同时,在2003年9月修订的《出版物市场管理规定》对民营书业"放开总发行权"[2]的基础上,国家进一步推动发行渠道的资源整合,并着力提升印刷复制业的科技含量,以珠三角、长三角和环渤海等特色印刷产业带建设带动中西部印刷产业的开发与崛起。因此,出版领域的变革将使当下的出版体制改革在更高的基础上以更加开放的姿态解放和发展出版生产力。因此,从"中华民国"到社会主义改造再到改革开放,我国出版业恰好走了一条"否定之否定"的道路。

---

[1] 《关于进一步推进新闻出版体制改革的指导意见》(2009年3月2日),http://www.china.com.cn/policy/txt/2009—04/06/content_17560588.htm。

[2] 刘波(新闻出版总署发行司原司长):《放开民营总发行权的前前后后》,《中国出版》2008年第10期,第15页。

参考文献

一　馆藏档案

1. 北京市档案馆馆藏档案

　　8——北京市新闻出版处档案

2. 上海市档案馆馆藏档案

　　A22——上海市委宣传部档案

　　B1——上海市军事管制委员会档案

　　B105——上海市教育局档案

　　B167——上海市出版局档案

　　B3——上海市人民委员会文化教育办公室档案

　　B34——上海市文化教育委员会档案

　　B35——上海市新闻出版处档案

　　C48——上海市工商业联合会档案

　　S313——上海市书业同业公会档案

　　Q431——军管会新闻出版署暨旧政权新闻出版机构档案汇集

二　资料汇编

1. 中国出版科学研究所、中央档案馆编：《中华人民共和国出版史料（1949年）》，中国书籍出版社1995年版。

2. 中国出版科学研究所、中央档案馆编：《中华人民共和国出版史料（1950年）》，中国书籍出版社1996年版。

3. 中国出版科学研究所、中央档案馆编：《中华人民共和国出版史料（1951年）》，中国书籍出版社1996年版。

4. 中国出版科学研究所、中央档案馆编：《中华人民共和国出版史料（1952年）》，中国书籍出版社1998年版。

5. 中国出版科学研究所、中央档案馆编：《中华人民共和国出版史料（1953年）》，中国书籍出版社1999年版。

6. 中国出版科学研究所、中央档案馆编：《中华人民共和国出版史料（1954年）》，中国书籍出版社1999年版。

7. 中国出版科学研究所、中央档案馆编：《中华人民共和国出版史料（1955年）》，中国书籍出版社2001年版。

8. 中国出版科学研究所、中央档案馆编：《中华人民共和国出版史料（1956年）》，中国书籍出版社2001年版。

9. 中国出版科学研究所、中央档案馆编：《中华人民共和国出版史料（1957、1958年）》，中国书籍出版社2004年版。

10. 中国出版科学研究所、中央档案馆编：《中华人民共和国出版史料（1959、1960年）》，中国书籍出版社2005年版。

11. 中国出版科学研究所、中央档案馆编：《中华人民共和国出版史料（1961年）》，中国书籍出版社2007年版。

12. 中国出版科学研究所、中央档案馆编：《中华人民共和国出版史料（1962、1963年）》，中国书籍出版社2009年版。

13. 中国出版科学研究所、中央档案馆编：《中华人民共和国出版史料（1964—1966年4月）》，中国书籍出版社2009年版。

14. 文化部出版事业管理局办公室编印：《出版工作文件选编1949—1957》，1982年版。

15. 文化部出版事业管理局办公室编印：《出版工作文件选编1958—1961》，1982年版。

16. 文化部出版事业管理局办公室编印：《出版工作文件选编1962—1966.5》，1983年版。

17. 文化部出版事业管理局办公室编印：《出版工作文件选编 1976.10—1980.12》，1981 年版。

18. 文化部出版事业管理局办公室编印：《出版工作文件选编 (1981—1983.12)》，1984 年版。

19. 国家出版局办公室编印：《出版工作文件选编（1984—1985.12)》，1986 年版。

20. 新闻出版署办公室编印：《新闻出版工作文件选编（1986—1987)》，1987 年版。

21. 新闻出版署办公室编印：《新闻出版工作文件选编（1988—1989)》，1990 年版。

22. 中央档案馆编：《中共中央文件选集》（第 1 册），中共中央党校出版社 1989 年版。

23. 中共中央宣传部办公厅编：《党的宣传工作文件选编》（第 1 册），中共中央党校出版社 1994 年版。

24. 中共中央宣传部办公厅、中央档案馆编研部编：《中国共产党宣传工作文献选编》（第 2、3、4 册）内部发行，学习出版社 1996 年版。

25. 中央文献研究室编：《建国以来重要文献选编》（第 1 册），中央文献出版社 1992 年版。

26. 中央文献研究室编：《三中全会以来重要文献选编（下）》，人民出版社 1982 年版。

27. 《中国报刊发行史料》编辑组：《中国报刊发行史料》（第一辑），光明日报出版社 1987 年版。

28. 宋应离等：《中国当代出版史料 1949—1999》（9 卷），大象出版社 1999 年版。

29. 宋原放：《中国出版史料》（现代部分）（3 卷），山东教育出版社 2001 年版。

30. 张静庐：《中国近现代出版史料》（4），上海书店出版社 2003 年版。

31. 张静庐：《中国近现代出版史料（现代丁编）》（下）（8），上海书店出版社 2003 年版。

32. 宋原放：《中国出版史料》（现代部分）（补卷），山东教育出版社、湖北教育出版社 2006 年版。

33. 陈文斌、邵伟生主编：《中国资本主义工商业的社会主义改造》（中央卷、上海卷、北京卷），中共党史出版社 1992 年版。

34. 中共上海市委统战部等编：《中国资本主义工商业的社会主义改造》（上海卷），中共党史出版社 1993 年版。

35. 郎冠英、许顺：《中国资本主义工商业的社会主义改造》（北京卷），中共党史出版社 1991 年版。

三　年谱、传记、文集

1. 《列宁全集》（第 26 卷），人民出版社 1984 年版。

2. 《毛泽东选集》（第 2 卷），人民出版社 1991 年版。

3. 《建国以来毛泽东文稿》（1—6 册），中央文献出版社 1987—1992 年版。

4. 《周恩来年谱（1949—1976）》（修订本），中央文献出版社 1998 年版。

5. 《建国以来刘少奇文稿》（第 1—7 册）（1949—1955.12），中央文献出版社 2005—2008 年版。

6. 《邓小平文选》（第 2 卷），人民出版社 1994 年版。

7. 胡愈之：《胡愈之出版文集》，中国书籍出版社 1998 年版。

8. 叶圣陶：《叶圣陶出版文集》，中国书籍出版社 1996 年版。

9. 叶圣陶：《叶圣陶集》（第 17 卷），江苏教育出版社 2004 年版。

10. 许力以：《许力以出版文集》，中国书籍出版社 1993 年版。

11. 王益：《王益出版发行文集》，中国书籍出版社 1993 年版。

12. 边春光：《边春光出版文集》，中国书籍出版社 1994 年版。

13. 王仿子：《王仿子出版文集》，中国书籍出版社 1994 年版。

14. 王仿子：《王仿子出版文集续编》，清华大学出版社 2005 年版。

15. 陈翰伯：《陈翰伯出版文集》，中国书籍出版社 1995 年版。

16. 陈原：《陈原出版文集》，中国书籍出版社 1995 年版。

17. 王子野：《王子野出版文集》，中国书籍出版社 1997 年版。

18. 刘杲：《刘杲出版文集》，中国书籍出版社 1996 年版。

19. 宋木文：《宋木文出版文集》，中国书籍出版社 1996 年版。

20. 宋木文：《亲历出版三十年：新时期出版纪事与思考》，商务印书馆 2007 年版。

21. 徐雪寒：《徐雪寒文集》，中国财政经济出版社 1989 年版。

四 社史、回忆录、日记

1. 上海市新闻出版局、上海商务印书馆职工运动史编写组：《上海商务印书馆职工运动史》，中共党史出版社 1991 年版。

2. 《商务印书馆九十年——我和商务印书馆 1897—1987》，商务印书馆 1987 年版。

3. 《商务印书馆九十五年——我和商务印书馆 1897—1992》，商务印书馆 1992 年版。

4. 张树年：《张元济年谱》，商务印书馆 1991 年版。

5. 张树年：《张元济书札》（增订本），商务印书馆 1997 年版。

6. 张人凤：《智民之师：张元济》，山东画报出版社 2001 年版。

7. 张人凤整理：《张元济日记》，河北教育出版社 2001 年版。

8. ［法］戴仁：《上海商务印书馆：1897—1949》，李桐实译，商务印书馆 2000 年版。

9. 汪家熔：《大变动时代的建设者》，四川人民出版社 1985 年版。

10. 商务印书馆总编室：《商务印书馆 110 年大事记（1897—2007)》，商务印书馆 2007 年版。

11. 中华书局编辑部：《回忆中华书局》（上、下册），中华书局

1982、1987年版。

12. 上海市新闻出版局、中华书局总厂职工运动史编写组：《中华书局总厂职工运动史》，中共党史出版社1991年版。

13. 中华书局编辑部：《中华文化的过去现在和未来 中华书局成立八十周年纪念论文集》，中华书局1992年版。

14. 中华书局编辑部：《我与中华书局：中华书局成立九十周年纪念文集》，中华书局2002年版。

15. 钱炳寰：《中华书局大事纪要1912—1954》，中华书局2002年版。

16. 周如鼐：《龙门联合书局简史》，科学出版社1991年版。

17. 生活书店史稿编辑委员会：《生活书店史稿》，生活·读书·新知三联书店2007年版。

18. 邹凯：《守望家园——生活·读书·新知三联书店》，生活·读书·新知三联书店2008年版。

19. 新华书店总店史编辑委员会：《新华书店总店史（1951—1992年）》，人民出版社1996年版。

20. 《中原——中南新华书店史》编辑委员会：《中原——中南新华书店史（1948—1954）》，湖北人民出版社1991年版。

21. 何长凤：《贵阳文通书局》，贵州教育出版社2002年版。

22. 赵晓恩：《六十年出版风云散记》，中国书籍出版社1994年版。

23. 赵晓恩：《延安出版的光辉：六十年出版风云散记续编》，中国书籍出版社2002年版。

24. 张静庐：《在出版界二十年》，江苏教育出版社2005年版。

25. 黎鲁：《连坛回首录》，上海画报出版社2005年版。

26. 夏衍：《懒寻旧梦录》（增补本），生活·读书·新知三联书店2006年版。

27. 沈昌文口述：《知道——沈昌文口述自传》，花城出版社2008年版。

五　地方史志、文史资料

1. 湖南省地方志编纂委员会：《湖南省志·新闻出版志》，湖南出版社 1991 年版。

2. 吉林省地方志编纂委员会：《吉林省志·文化艺术·出版》，吉林人民出版社 1993 年版。

3. 山东省地方史志编纂委员会：《山东省志·出版志》，山东人民出版社 1993 年版。

4. 甘肃省地方史志编纂委员会：《甘肃省志·新闻出版志·出版》，甘肃人民出版社 1994 年版。

5. 青海省地方志编纂委员会：《青海省志·出版志》，黄山书社 1995 年版。

6. 河南省地方史志编纂委员会：《河南省志·出版志》，河南人民出版社 1995 年版。

7. 湖北省地方志编纂委员会：《湖北省志·新闻出版》（下），湖北人民出版社 1995 年版。

8. 贵州省地方志编纂委员会：《贵州省志·出版志》，贵州人民出版社 1996 年版。

9. 黑龙江省地方志编纂委员会：《黑龙江省志·出版志》，黑龙江人民出版社 1996 年版。

10. 江苏省地方志编纂委员会：《江苏省志·出版志》，江苏人民出版社 1996 年版。

11. 河北省地方志编纂委员会：《河北省志·出版志》，河北人民出版社 1996 年版。

12. 广东省地方史志编纂委员会：《广东省志·出版志》，广东人民出版社 1997 年版。

13. 熊向东主编：《江西省志·出版志》，江西人民出版社 1998 年版。

14. 安徽省地方志编纂委员会：《安徽省志·出版志》，方志出版社1998年版。

15. 陕西省地方志编纂委员会：《陕西省志·出版志》，三秦出版社1998年版。

16. 辽宁省地方志编纂委员会办公室：《辽宁省志·出版志》，辽宁科学技术出版社1999年版。

17. 山西省史志研究院：《山西通志·新闻出版志·出版篇》，中华书局1999年版。

18. 宋原放：《上海出版志》，上海社会科学院出版社2000年版。

19. 四川省地方志编纂委员会：《四川省志·出版志》（第2册），四川人民出版社2001年版。

20. 天津市地方志编修委员会：《天津通志·出版志》，天津人民出版社2001年版。

21. 北京市地方志编纂委员会：《北京志·出版志》，北京出版社2005年版。

22. 上海通志编纂委员会：《上海通志》第9册，上海社会科学出版社、上海人民出版社2005年版。

23. 北京市地方志编纂委员会：《北京志·期刊志》，北京出版社2006年版。

24. 《浙江省出版志》编纂委员会：《浙江省出版志》，浙江人民出版社2007年版。

25. 上海市政协文史资料委员会、上海政协之友社编：《20世纪上海文史资料文库》（第6辑 新闻出版），上海书店出版社1999年版。

26. 俞洪帆等：《江苏出版大事记（1949—1992）》，江苏人民出版社1993年版。

27. 龚如平：《江西出版纪事》，江西人民出版社1996年版。

28. 刘杲、石峰：《新中国出版五十年纪事》，新华出版社1999年版。

六　专著

1. 杨寿清：《中国出版界简史》，永祥印书馆1946年版。

2. 第一届全国出版会议大会秘书处编辑：《第一届全国出版会议纪念刊》，人民出版社1950年版。

3. 晨光出版公司辑：《苏联的出版事业》，晨光出版公司1950年版。

4. 时代出版社辑：《苏联出版印刷工作人员会议文件》，时代出版社1955年版。

5. ［苏］钠扎罗夫：《苏联出版事业简史》，高长荣等译，时代出版社1955年版。

6. ［苏］马尔库斯：《书籍出版事业的组织和经营》，张造勋等译，时代出版社1957年版。

7. ［苏］贝利季诺维奇：《出版社和印刷厂的协作》，朱希译，商务印书馆1958年版。

8. 邹韬奋：《事业管理与职业修养》，上海三联书店1982年版。

9. 郑士德：《新华书店五十春秋》，新华书店总店1987年版。

10. 周保昌：《东北解放区出版发行工作的回顾》，辽宁人民出版社1988年版。

11. 中国近代现代出版史编纂组编：《中国近代现代出版史学术讨论会文集》，中国书籍出版社1990年版。

12. 李子超、卢彦：《当代中国价格简史》，中国商业出版社1990年版。

13. 巴金等：《书海知音（1952—1992）》，上海文艺出版社1992年版。

14. 朱联保：《近现代上海出版业印象记》，学林出版社1993年版。

15. 曹治雄：《当代中国的出版事业》，当代中国出版社1993年版。

16. 中国近代现代出版史编纂组编：《新民主主义革命时期出版史学术讨论会文集》，中国书籍出版社 1993 年版。

17. 陈原：《记胡愈之》，生活·读书·新知三联书店 1994 年版。

18. 费孝通等：《胡愈之印象记》（增补本），中国友谊出版公司 1996 年版。

19. 宋原放：《出版纵横》，上海人民出版社 1998 年版。

20. 汪家熔：《商务印书馆史及其他 汪家熔出版史研究文集》，中国书籍出版社 1998 年版。

21. 熊月之：《上海通史》（第 10 卷），上海人民出版社 1999 年版。

22. 熊月之：《上海通史》（第 14 卷），上海人民出版社 1999 年版。

23. 笑蜀：《历史的先声——半个世纪前的庄严承诺》，汕头大学出版社 1999 年版。

24. 上海市出版工作者协会：《我与上海出版》，学林出版社 1999 年版。

25. 曹国辉、李俊杰：《华北区新华书店编年纪事（1937—1954 年）》，中国盲文出版社 2000 年版。

26. 杨扬：《商务印书馆 民间出版业的兴衰》，上海教育出版社 2000 年版。

27. 邹振环：《20 世纪上海翻译出版与文化变迁》，广西教育出版社 2000 年版。

28. 叶再生：《中国近代现代出版通史》（第 1—4 卷），华文出版社 2002 年版。

29. 余敏：《前苏联俄罗斯出版管理研究》，中国书籍出版社 2002 年版。

30. 袁亮：《出版和出版学丛谈》，人民教育出版社 2004 年版。

31. 姚福申：《中国编辑史》（修订本），复旦大学出版社 2004 年版。

32. 张道梁：《天津年画百年》，天津人民美术出版社 2004 年版。

33. 张晓明：《2004 年：中国文化产业发展报告》，社会科学文献出版社 2004 年版。

34. 张志强：《20 世纪中国的出版研究》，广西教育出版社 2004 年版。

35. 张徐乐：《上海私营金融业研究（1949—1952 年）》，复旦大学出版社 2006 年版。

36. 汪耀华：《民国书业经营规章》，上海书店出版社 2006 年版。

37. 王建辉：《出版与近代文明》，河南大学出版社 2006 年版。

38. 方厚枢：《中国当代出版史料文丛》，中国书籍出版社 2007 年版。

39. 龚育之：《党史札记末篇》，中共党史出版社 2008 年版。

40. 吴景平、徐思彦：《1950 年代的中国》，复旦大学出版社 2008 年版。

41. 方厚枢、魏玉山：《中国出版通史》（中华人民共和国卷），中国书籍出版社 2008 年版。

42. 王云五：《商务印书馆与新教育年谱》，江西教育出版社 2008 年版。

43. 喻建章：《我的七十年出版生涯》，江西教育出版社 2008 年版。

44. 郑士德：《中国图书发行史》（增订本），中国时代经济出版社 2009 年版。

45. 宋应离、刘小敏：《亲历新中国出版六十年》，河南大学出版社 2009 年版。

七　法令法规

1. 中华人民共和国新闻出版署政策法规司：《中华人民共和国现行新闻出版法规汇编：1949—1990》，人民出版社 1991 年版。

2. 刘哲民：《近现代出版新闻法规汇编》，学林出版社1992年版。

3. 西南军政委员会办公厅编：《法令汇编（1951年）》。

4. 云南省人民委员会办公厅编印：《云南省人民委员会法令汇编（1956）》，1957年版。

5. 中央人民政府法制委员会编：《中央人民政府法令汇编1949—1950》，人民出版社1952年版。

八 报刊

1. 中央人民政府出版总署编印：《出版通讯》第41—56期

2. 《出版史料》（上海版）

3. 《出版史料》（北京版）

4. 《出版发行研究》

5. 《中国出版》

6. 《编辑学刊》

7. 《编辑之友》

8. 《出版科学》

9. 《出版参考》

10. 《出版经济》

11. 《北京出版史志》（第1—6辑）

12. 《出版史研究》（1993—1998）

13. 《人民日报》

14. 《解放日报》

九 论文

1. 蔡若虹：《关于连环图画的改造问题——就商于改造连环图画的出版家和编绘工作者》，《美术》1950年第1期。

2. 邹雅：《年画的创作组织与出版发行工作》，《美术》1950年第2期。

3. 赵家璧：《共同努力办好〈出版史料〉》（代发刊辞），《出版史料》1982 年第 1 期。

4. 王益：《我国出版事业的管理体制》，《编辑之友》1984 年第 1 期。

5. 王益：《悼念出版总署的好署长胡愈之同志——对新中国出版事业开创工作的回忆》，《中国出版》1986 年第 4 期。

6. 丁之翔、王知伊：《忆述上海解放初期处理反动淫秽荒诞图书的情况》，《出版史料》1991 年第 3 期。

7. 黎鲁：《新美术出版社始末》，《编辑学刊》1993 年第 2 期。

8. 赵晓恩：《按企业原则进行文化生产经营活动的生活书店》，《出版发行研究》1993 年第 3 期。

9. 汪家熔：《旧时出版社成功诸因素——史料杂录之一、二、三、四、五》，《出版发行研究》1994 年第 3、4、5、6 期，1995 年第 1 期。

10. 吉少甫：《新中国出版事业的开拓者——建国初期胡愈之在出版署的活动纪要》，《编辑学刊》1996 年第 4 期。

11. 胡序介：《回忆伯父在出版署的工作》，《编辑学刊》1996 年第 4 期。

12. 钱炳寰：《20 年代教科书竞争二三事》，《出版科学》1997 年第 4 期。

13. 王建辉：《书业竞争——考察近代出版史的一条辅线》，《编辑学刊》1997 年第 6 期。

14. 方厚枢：《也谈重视出版史的研究》，《出版发行研究》1999 年第 8 期。

15. 王益、谢冰岩等：《深切怀念出版战线上的老领导陈克寒同志》，《中国图书商报》1999 年 12 月 24 日。

16. 王益：《出版、发行的分与合》（一），《中国出版》1997 年第 1 期。

17. 王益：《出版、发行的分与合》（二），《中国出版》1997 年第

2 期。

18. 汪家熔:《黎明前后的商务印书馆》,《编辑学刊》1997 年第 3 期。

19. 黄品良:《1949 年大转折时期党的出版业政策管窥》,《广西师范大学学报》1998 年第 2 期。

20. 王建辉:《新中国出版事业的良好开端——1950 年第一届全国出版会议》,《出版科学》1998 年第 3 期。

21. 曹国辉:《五十年前北平新华书店建店纪实》,《出版参考》1999 年第 4 期。

22. 陈峰(口述):《关于商务印书馆史的研究》,《出版科学》1999 年第 4 期。

23. 汪家熔:《商务印书馆的老档案及其出版品》,《档案与史学》1999 年第 6 期。

24. 王益、王仿子、方厚枢:《推动出版史的研究和学习——谈我国出版史著作和史料出版》,《中国出版》2000 年第 3 期。

25. 方厚枢:《新中国稿酬制度 50 年纪事》,《出版经济》2000 年第 3、4、5、6 期,2001 年第 1、2、3 期。

26. 武力:《1949.10—1999 年稿酬制度变动情况简表》,《出版经济》2001 年第 3 期。

27. 方厚枢:《历史回望:新中国出版事业的开端》(上下),《中国出版》2002 年第 4、8 期。

28. 方厚枢:《建国初期提高出版物质量的主要措施》,《出版发行研究》2002 年第 12 期。

29. 高华:《叙事视角的多样性与当代史研究——以 50 年代历史研究为例》,《南京大学学报》(哲学·人文科学·社会科学版)2003 年第 3 期。

30. 姜维朴:《周恩来与连环画书刊出版》,《出版史料》2003 年第 3 期。

31. 陈元直:《机械工业出版社创立往事》,《出版史料》2003 年第 4 期。

32. 黎汉基：《重点发行与强迫摊派——中共建国初期出版政策研究》，《中研院近代史研究所集刊》第 40 期。

33. 王久安：《新中国最先实行股份制的出版社——中国青年出版社》，《出版史料》2004 年第 3 期。

34. 赵修慧：《老舍赵家璧合力办"晨光"》，《世纪》2004 年第 4 期。

35. 白泊：《要办跻身世界的地图出版社——新中国地图出版事业的开拓者恽逸群》，《地图》2004 年第 6 期。

36. 方厚枢：《新中国重视通俗读物出版工作的历史回顾》，《中国出版》2004 年第 8 期。

37. 方厚枢：《建国初期北京市处理反动、淫秽出版物的历史回顾》，《北京党史》2005 年第 1 期。

38. 方厚枢：《对私营出版业的社会主义改造》，《出版史料》2006 年第 2 期。

39. 逄先知：《毛泽东传——对建国以来几个重大历史问题的研究》，《党的文献》2006 年第 2 期。

40. 王仿子：《记首次全国出版会议》，《出版史料》2006 年第 3 期。

41. 周武：《全国性到地方化：1945 至 1956 年上海出版业的变迁》，《史林》2006 年第 6 期。

42. 朱晋平：《1949—1956 年私营出版业的改造》，博士学位论文，中共中央党校，2006 年。

43. 耿化敏：《从宏大叙事到实证分析——"1950 年代的中国"研究热述论》，《党史研究与教学》2006 年第 1 期。

44. 袁亮：《建国后中央宣传部出版机构四十年演变考》，《出版史料》2007 年第 2 期。

45. 曹国辉：《关于"中国新闻出版印刷工会筹委会"的回忆》，《出版史料》2007 年第 2 期。

46. 包之静：《新中国初期出版工作部署——我国出版工作发展概况和出版工作的方针政策问题》，《出版史料》2007年第4期。

47. 韩钢：《中共历史研究的若干难点热点问题》（下），《晚霞》2007年第6期。

48. 朱晋平：《一种考察——建国初期国营—私营出版发行领袖像之比较》，《中国图书评论》2007年第7期。

49. 朱晋平：《对私营图书零售业社会主义改造的历史考察》，《中共中央党校学报》2008年第5期。

50. 刘波：《放开民营总发行权的前前后后》，《中国出版》2008年第10期。

51. 胡国祥：《近代传教士出版研究（1807—1911）》，华中师范大学博士学位论文，华中师范大学，2008年。

52. 方厚枢：《我了解的商务印书馆若干史事——八十回望访谈录》，《出版科学》2009年第1期。

十　年鉴、百科全书

1. 中国出版工作者协会：《中国出版年鉴（1980）》，商务印书馆1980年版。

2. 中国印刷技术协会：《中国印刷年鉴（1982—1983年）》，印刷工业出版社1984年版。

3. 中国大百科全书总编辑委员会：《中国大百科全书·新闻出版》，中国大百科全书出版社1990年版。

4. 许力以：《中国出版百科全书》，书海出版社1997年版。

后　记

本书是在我博士论文基础上不断修改完善而成的，现在得以出版付梓，心中不禁感慨万千。2001年9月，我有幸考入中国人民大学中共党史专业，投身恩师刘辉老师门下，作为大弟子开始了三年充实的硕士求学生活。刘辉老师及先生黄兴涛老师待我亦师亦友，在学习和生活上给予了我悉心的指导和无微不至的关怀，现在回想起来，仍使我心怀感念，倍感温暖。本人生性愚钝，但人民大学三年的求学经历让我开阔了眼界，增长了学识，也切身体会到国内名校对一个人的塑造力有多强，给了我"世界那么大，我想去看看"的信心与勇气。2004年硕士毕业后我入职青岛大学，如愿以偿地成了一名高校教师，三尺讲台成为我传授专业知识、徜徉学术海洋的神圣殿堂。这期间，我在收获无数宝贵的人生经历和友谊的同时，也更强烈地意识到自身知识储备的不足和能力的欠缺，需要再充电，再起航。2007年8月，怀抱一颗学术之心，再赴中国人民大学攻读中共党史专业博士学位，希望接受更系统、更规范的学术熏陶与洗礼，为自己今后的学术道路打下坚实的基础。

2008年年初书稿选题确定后，我开始在国家图书馆、北京市档案馆、上海市档案馆、校图书馆等处查阅收集相关文献档案史料。在上海市档案馆查阅档案时，借住复旦大学好友刘丽珍处，收集了大量的一手史料和文献，仅摘抄、录入、复印的资料有一米多高。"磨刀不误砍柴工"，前期扎实细致的档案文献收集工作，为接下来的文献整理、消化理解、观点提炼,进而形成系统的学术理论成果打下了扎实的基础。这一过程也倾注了我的博士导师杨凤城教授大量的心血,让我近距离感受到了杨老师的深厚学养和无私心地。读博的前两年,师门的读书会每期都会事先确定主题和阅读书目,选定主讲人,忙碌于学术和行政事务的杨老师总是挤出时间在读书会上给予我们具体的点评与指导,这也成为我获取学术前沿动态、接受学术熏陶的难得经历。现在翻看当年的读书会笔记,仍能感受到学术经典带给我的震撼与共鸣,只可惜这种形式的学术思想交流毕业后再难遇到。它不仅开阔了我的学术视野,而且给我树立了一个做学术研究的标杆,"虽不能至,心向往之"。书稿从选题、架构,乃至行文的细微之处,无不蕴含着杨老师严谨的治学作风和开阔的学术思维。每每念及这段经历,心中充满了感激之情。在此,还要感谢师母刘晶老师在生活上对我的关怀与呵护,难忘春节留校撰写博士论文时喊我回家吃饭;更难忘在我放弃留京机会远赴云南工作后,师母利用出差之便给我介绍在昆明工作的校友,让我不至远离故乡而太寂寞;在博士毕业五年后的春天,携爱人、孩子回京探望师母时,师母又将这份关爱延续到我女儿身上,让我觉得自己是一个幸运而又幸福的人。

书稿写作过程中,还得到众多老师、同学的指导与帮助。在论文开题报告过程中,齐鹏飞老师、王东老师、吴美华老师对书稿的框架结构给予了热心的指导与斧正;在论文评阅、答辩过程中,中央党史研究室的郑谦老师、高远戎老师、中国社会科学院的武力老师、刘国新老师,中央党校的罗平汉老师等都对书稿提出了中肯的修改意见。此外,中国人民大学马克思主义学院于国虹老师、母稷祥老师、孔薇老师,在学习和生活上给了我无私的帮助;师门耿化敏师兄、苏海舟师兄、闫茂旭师弟都对我的论文提出了宝贵意见,并在生活上提供了很多帮助。中国人民大学图书馆馆际互借室、北京大学图书馆、北京市档案馆、上海市档案馆的工作人员,也给予我热情接待,在此对他们一并表示谢意!

本书能够顺利出版,离不开云南大学马克思主义学院的大力支

后　记

持，特别是蒋红院长、李维昌副院长的指导与帮助，从实力提升工程"马克思主义理论学科建设"项目中给予经费支持。最后。我还要特别感谢我的父母、兄妹、丈夫和孩子在幕后对我的支持。有你们陪伴在身边，我就有无穷的动力去好好工作，好好生活，回馈你们带给我的幸福和快乐。

张春燕

2016 年春于昆明银海畅园